루만 전체 입문

루만 전체 입문

데틀레프 크라우제

이철 옮김

Detlef Krause: *Luhmann-Lexikon: Eine Einführung in das Gesamtwerk von Niklas Luhmann. 4., neu bearbeitete und erweiterte Auflage*, © Detlef Krause Estate, Germany.
All rights reserved.

Korean translation copyright © 2024 by Theorie Publishing
This Korean edition is published by arrangement with Detlef Krause Estate, Germany through Sigma Literary Agency, Korea.
이 책의 한국어판 저작권은 시그마 에이전시를 통한 저작권자와의 독점 계약으로 이론 출판사에 있습니다. 저작권법에 의해 한국 내에서 보호를 받는 저작물이므로 무단 전재와 무단 복제를 금합니다.

루만 전체 입문

인쇄	2024년 7월 31일
발행	2024년 7월 31일
저자	데틀레프 크라우제
번역	이 철
펴낸곳	이론출판사(yeol6204@gmail.com)
펴낸이	현숙열
주소	서울 중랑구 면목동 겸재40길7, E-202
전화	070-7522-2700 FAX 0504 166 6149
출판등록	323-2014-000062(2014. 07. 07)
ISBN	979-11-967860-9-0 93330
가격	30,000

목 차

그림 목차 8
역자 서문 9
4판 서문 12
일러두기 13

제1장 도입: 반쪽 루만 해석에 맞서 15

제2장 복잡성을 통한 계몽 25
  2.1 체계 문제로서의 복잡성 28
    2.1.1 목적 — 행위 28
    2.1.2 체계 — 환경 30
    2.1.3 의미 33
  2.2 계몽의 방법론 35

제3장 체계들의 생성과 구분 41
  3.1 체계들의 생성 43
    3.1.1 이중 우연성 44
    3.1.2 사회적 진화 46
  3.2 일반적인 체계 구분들 52

3.3 자기생산 체계들   54
3.3.1 자기생산 체계 개념   54
3.3.2 자기생산 체계의 구분들   62
3.3.2.1 심리적 체계들   62
3.3.2.2 사회적 체계들   64
(1) 사회적 체계들의 구분들   64
(2) 사회적 체계들의 특징   67
  (a) 소통과 행위   67
  (b) 상호침투: 심리적 체계들과 사회적 체계들   71
(3) 기능적 부분체계들   74
  (a) 상징적으로 일반화된 소통 매체들   77
  (b) 부분체계들의 기능성   80
  (c) 코드화와 프로그램화   84
(4) 상호작용체계들 ― 조직체계들   87
  (a) 상호작용체계들   87
  (b) 조직체계들   90
(5) 사회   94

제4장 연동과 통합   101
4.1 연동   103
4.1.1 체계 관계들 또는 연동들?   104
4.1.1.1 체계 관계들   104
4.1.1.2 연동들   106
(1) 구조적 연동   106
(2) 느슨한 연동과 단단한 연동   109
4.1.2 체계 관계들은 체계화되어 있다.   112
4.2 통합   115
4.2.1 사회의 통합   117
4.2.2 사회 내 통합   120
4.2.2.1 체계 소속성   120
4.2.2.2 배제를 통한 포함   124

4.2.3 가치와 도덕을 통한 통합?　　　128

제5장　관찰이론　　　131
　　5.1 관찰과 관찰자　　　134
　　　　5.1.1 관찰　　　134
　　　　5.1.2 관찰자　　　139
　　5.2 1계-관찰과 2계-관찰　　　141
　　5.3 관찰함의 실재와 관찰된 실재　　　143
　　5.4 관찰 프로그램으로서의 체계이론　　　144
　　　　5.4.1 체계이론적 석재들　　　145
　　　　5.4.2 무엇-질문, 어떻게-질문, 왜-질문　　　148

제6장　패러다임 전환　　　155

제7장　루만의 체계이론에 대한 찬성과 반대　　　165
　　7.1 루만 찬성　　　168
　　7.2 루만 반대　　　174

저자 유족 후기　　　182
참고문헌　　　183
　루만 참고문헌　　　183
　일반 참고문헌　　　223
인명 색인　　　273
사항 색인　　　281

그림 목차

그림 1:   관찰의 주안점
그림 2:   복잡성
그림 3:   진화상 분화
그림 4:   사회 진화의 측면들
그림 5:   체계 구분들
그림 6:   자기생산적 소통체계
그림 7:   자기생산 체계의 개념
그림 8:   사회적 체계들
그림 9:   이중 우연성 – 소통 – 행위
그림 10: 심리적 체계들과 사회적 체계들의 상호침투
그림 11: 기능적 분화의 기능적 특성들
그림 12: 상징적으로 일반화된 소통매체: 생성의 연관과 효과의 연관
그림 13a: 사회적 체계들과 소통적 현실의 특징 I
그림 13b: 사회적 체계들과 소통적 현실의 특징 II
그림 14: 상호작용체계들의 특징
그림 15: 조직체계들의 특징
그림 16: 사회와 환경들
그림 17: 체계 관계들의 구분들
그림 18: 연동의 구분들
그림 19: 느슨한 연동과 단단한 연동
그림 20: 체계 관계들은 체계화되어 있다.
그림 21: 기능적 분화, 조직 분화, 상호작용 분화에서의 체계 관계들
그림 22: 체계 소속성
그림 23: 배제를 통한 포함
그림 24: 체계 – 환경 – 구분
그림 25: 작동
그림 26: 관찰자
그림 27: 체계이론의 개념 석재들
그림 28: 무엇-질문, 어떻게-질문, 왜-질문
그림 29: 체계들과 체계이론에 관한 진술들
그림 30: 패러다임 전환
그림 31: 루만 찬성 표제어들
그림 32: 루만 반대 표제어들

역자 서문

　루만의 "연구계획 30년" 사회이론 프로젝트를 데틀레프 크라우제 교수는 "루만 전체 입문"을 집필하는 20년 계획으로 따라잡는다. 이 작업은 『루만 — 사전: 니클라스 루만 전체 저작에의 입문』이라는 제목으로 1996년 초판에서 수정, 증보를 거치며 2005년 4판에 이르러 완성되었다. 이 책은 텍스트 부분과 사전 부분의 이중 구성을 통해 루만을 전체적으로 보여주는데, 본 국역본은 텍스트 부분만 취하여 『루만 전체 입문』이라는 제목으로 출간한다. 텍스트 부분과 용어 사전을 순차적으로 출간함으로써 독자들이 이 책의 각주 대부분을 차지하는 용어 사전을 기다려야 하게 되는 문제에 대한 너그러운 이해를 구한다.

　이 책은 원문 118쪽(번역본 200여 쪽)에 루만 이론의 기본 개념들을 구조화된 관점에서 압축적으로 재구성하고 있다. 이 책의 가장 큰 덕목과 효용은 흩어진 루만 개념들을 집중하여 다루어내고 있으며, 그 중 이론의 근본적인 내용을 고도로 압축적인 텍스트로 제시하고 있다는 데 있다. 특히 체계 개념과 사회적 체계 개념 및 이중 우연성에서 소통이 창발하는 과정에 대한 간결한 설명은 『사회적 체계들』의 복잡한 설명을 — 경우에 따라서는 단 하나의 그림으로 — 선명하게 전달하고 있다. 그뿐 아니라, 기능적 부분체계들과 조직체계들 및 상호작용체계의 조합을 가지고 사회와 사회의 부분체계들을 설명하는 관점은 루만의 개별 저작에서 간과하기 쉬운 내용을 정확하고 간결하게 요약한다. 행위이론과의 비교 분석과 "연동과 통합" 장은 사회(societal)통합과 사회적(sozial) 통합의 해체와 재조합을 통한 대안적인 사회적(sozial) 통합이론을 제시하고 있다. 이 책은 루만의 핵심 개념이면서 국내에서 아직 제대로 논의되지 않은 "구조적 연동"이 정확하게 어떻게 발생하는 것인지 그리고 서로 다른 기능체계들 사이의 교환관계가 정확하게 어떻게 이루어지는지에 대해서도 멋지게 설명하고 있다. 그 밖에도 관찰이론과 역설이론의 핵심 쟁점들은 루만이 1988년 헤겔 철학상을 수상한 이유를 알게 해준다.

이런 이유에서 이 책은 — 제대로 읽힌다면 — 그동안 루만의 부분적인 사유를 오해하여 비판하는 생산성 없는 논의를 불식시키고 제출된 이론에 합당한 토론과 연구를 불러일으킬 수 있을 것이다. 이 책은 또한 독일어권에서 진행된 후속 연구 문헌들에 대한 검토와 참조문헌 지시를 거의 1,100개 이상의 참고문헌으로 제시한다. 이 참고문헌 목록은 독일어권의 논의를 빠짐없이 제공하고 있어서, 국내 연구자들에게 요긴한 자료다.

간단히 말하면, 크라우제 교수는 새로운 입문서가 루만 이론 전체를 더 적은 낱말들로 보여줄 수 있다는 과제를 성공적으로 수행했다고 할 수 있다. 이 책은 새로운 입문자에게 대해서뿐만 아니라, 기존 루만 연구자들에게도 루만 이론의 주요 측면들을 선명하게 보여주고 있다. 루만 주저 연구에서 필수적인 현미경과 망원경을 제공한다.

"통일성"은 (삼중)동일성으로서 "동일성"의 의미로 읽을 것을 당부한다. 본문에서 일부 "통일성(동일성)"으로 옮긴 것은 독자들에게 이 점을 환기시키기 위한 것이며, 이 책의 모든 곳에서 "통일성"은 "동일성"의 의미로 읽을 일이다. "잠재성/실현 가능성/현재성"의 동일성을 뜻한다.

루만이 사회적(sozial)과 사회의(gesellschaftlich)를 기본 개념으로 분류한다는 점을 번역에서 고려하기 위해 gesellschaftlich는 "사회의"나 — 가끔 문맥에 어울리지 않지만 — "사회전체적인"으로 옮겼다. 역자는 몇 년 전부터 bestimmt를 무심코 "특정한"으로 번역했던 것이 중요한 실수였음을 깨달았다. "가능성"을 중요한 현실 관찰 지점으로 생각하는 루만 이론에서 bestimmt와 unbestimmt를 "규정된"과 "미규정된"으로 번역하는 것은 아주 중요하다. 또한 역자는 지금까지 사용해온 "1차 질서 관찰"과 "2차 질서 관찰"을 "1계(系) 관찰"과 "2계(系) 관찰"로 옮겼는데, 이 개념의 수학적인 연원을 명시하는 것이 중요하다고 생각했기 때문이다.

이 책이 루만의 자기준거적-자기생산 체계 이론의 국내 수용에 전기를 마련할 수 있을 것을 희망한다. 역자는 초학제적 연구를 가능하게 하는 이 이론을 방법론적 도구로 하여 교차학제적인 한국사회 분석을 실행할 꿈을 가지고 있다. 역자는 소속 학과의 한계를 돌파하고자 시도하는 모든 인문사회과학 분과의 학자들과 공동연구를 실행할 꿈을 현실화시키는 작업을 동시에 추진 중이며, 이 작업이 성공하여 그들을 공동연구팀에 초청할 마음이 있다는 것을 이 자리를 빌어 밝혀 둔다.

오역 검토와 참고문헌 및 색인 정리 작업을 도와준 권혁민 군과 이론출판 현숙열 대표에게 심심한 감사의 마음을 전한다.

2024년 5월 15일
이철

4판 서문

이 판에서는 600개가 넘는 단어들에 대해 루만의 관련 문헌들을 첨부하였고, 특별히 해당 문헌에서 선별된 핵심 근거들을 기록했다. 그래서 독자들은 중요한 이론의 개념들과 루만이 이론을 적용하는 방식과 그렇게 적용하면서 사고하는 방식을 직접 손쉽게 확인할 수 있게 되었다. 그 밖에도 이 판에서는 사전적 개념들을 입증하고 참조하는 루만 인용문을 개념 설명에 훨씬 포괄적으로 포함했다. 이 책에서는 서지사항에 관해 체계적인 목록을 구성함으로써, 기록의 분량을 줄이는 동시에 루만의 사전적 개념들에 관한 서지사항을 독자들에게 더 풍부하게 제공할 수 있게 되었다. 그리고 그렇게 함으로써 텍스트 부분과 사전 부분이 훨씬 더 긴밀하게 연결되었다. 그 밖에도 나는 텍스트 부분과 사전 부분을 근본적으로 개정하고 확장했다. 텍스트 부분에서는 특히 "자기생산 체계"와 "연동과 통합"에 관한 절을 추가했다.

일러두기

1. 판본은 Detlef Krause, *Luhmann-Lexikon: Eine Einführung in das Gesamtwerk von Niklas Luhmann. 4., neu bearbeitete und erweiterte Auflage*, 2005를 사용했다.
2. 원문의 이탤릭체 표현은 이 책에서는 진한 활자로 강조했다.
3. 옮긴이가 덧붙인 내용들은 [ ] 안에 넣었다.
4. 참고문헌은 Leopold von Wiese, *System der Allgemeinen Soziologie als Lehre von den sozialen Prozessen und den sozialen Gebilden der Menschen (Beziehungslehre)*, 2. Aufl., München 1933, 또는 Friedrich H. Tenbruck, "Emile Durkheim oder die Geburt der Gesellschaft aus dem Geist der Soziologie", *Zeitschrift für Soziologie* 10 (1981), 333-350의 형식을 취했다.
5. f.는 "다음 쪽까지"를 뜻한다. 예컨대 9f.는 9쪽과 10쪽을 가리킨다. 9ff.는 9쪽 이하 여러 쪽을 뜻한다. a.a.O.는 "위 인용 장소"를 뜻하는 것으로, "윗책"이나 "윗글"을 뜻한다. Aufl.는 Ed.을 뜻하며, Hrsg.는 Editor를 뜻한다. ders.나 dies.는 "같은 이"를 뜻한다.

제1장

도입: 반쪽 루만 해석에 맞서

제1장: 도입
― 반쪽 루만 해석에 맞서

    그동안 루만의 체계이론에 관해 수많은 입문서가 출간되었다. 입문서의 고전이 된 키스(Kiss, 1990)는 "초기" 루만을, 크네어/낫세이(Kneer/Nassehi, 1993)는 "후기" 루만을 중점적으로 다루고 있다.[1] 이 두 저작은 루만의 저작에 합당하게 구성되었다. 베커/라인하르트-베커(Becker/Reinhardt-Becker, 2001)는 루만의 사유를 일상생활에 사용할 수 있도록 바꾸고자 시도한다. 그래서 내용을 단순화시켜야 했지만, 너무 지나치게 단순화하지는 않았다. 베르크하우스(Berghaus, 2003)는 대중매체의 커뮤니케이션이라는 적용 분야에 집중하는 저술을 매우 독자 친화적인 형식으로 완성했다. 홈(Hohm, 2000)은 루만의 사유에 어울리면서도 "초기" 저작과 "후기" 저작을 혼합하여, 상이한 유형의 사회적 체계들의 형식과 그 체계들에 대한 "인간"의 참여 형식들과 결과들을 평이하고 적용하기 쉽게 기술하는 데 집중했다. 그 와중에 사소하지 않은 기본 질문과 다른 핵심적인 이론 조각들을 배제할 수밖에 없었는데, 그것은 감수하지 못할 정도는 아니었다.

---

1   초기/후기 구분은 여기서 순수하게 범주적인 의미로 사용되었다. "초기"는 80년대 초반까지의 저술들에 해당하고, "후기"는 그 후의 저술들에 해당한다.

입문서로 불리거나 입문서로 이해될 수 있는 다른 모든 연구는 "후기" 루만에 주안점을 두고 있다. 페터 푹스(P. Fuchs)는 루만을 독창적인 방식으로 관찰했다. 푹스의 『니클라스 루만, 관찰하다』(1993)는 딱딱한 것으로 치부되는 대상을 계속 작업해나갈 수 있도록 도와주는 신선한 초대를 하고 있다. 『세계 사회의 이상한 문제』(1997), 『사랑, 성 그리고 그런 사태들』(1999b), 『세계 화랑과 현대의 일곱 가지 사태』(2001) 같은 푹스의 저술들은 비록 몇몇 내용을 더 까다롭게 다루고 매우 도발적이기는 하지만, 입문서 성격이 다분하다. 바랄디/코르지/에스포지토(Baraldi/Corsi/Esposito, 1997)는 사전적으로 파악된 핵심적인 이론 개념들을 가지고 루만의 저작을 멋지게 소개하여 루만의 사유를 분명하게 보여주고 있다. 레제-셰퍼(Reese-Schäfer, 2001)는 대표적인 질문들을 선별하여 루만 작업의 방식과 대상들을 적절하게 설명하고 있다. 기본 개념들에 대한 달만(Dallmann, 1994: 1부)의 설명은 언제라도 참조할 수 있다. 뒤르(Dür, 1997)의 책도 마찬가지다. 브로집스키(Broziewski, 2002)는 오해하기 쉬운 축약 표현들을 어떻게 이해할 것인가의 문제를 핵심적인 범주들을 가지고 다루어낸다. 파이퍼(Pfeiffer, 1998)는 기본 개념들을 의미에 적절하게 소개하고 핵심적인 인식의 질문들을 매우 이해하기 쉽도록 다루어내고 있다. 호르스터(Horster, 1997)와 크리거(Krieger, 1996)는 그들이 이해하는 버전으로 루만을 약간 변형하여 전달하고자 시도한다. 그립-하겔슈탕에(1995)는 인식론적 내용만 다루고 있다. 마찬가지로 입문서라고 말할 수 있는 슈타르크(Stark, 1994)의 저술은 소정의 목표에 도달하지 못했다. 바르트만/람프레흐트(Bardmann/Ramprecht, 1999)가 학습자 친화적인 컴퓨터 프로그램을 가지고 루만의 사상 세계로 안내하려는 것은 신선한 시도다. 그 밖에도 개괄하기 힘들 정도로 무수한 문헌들이 있지만, 그 중 벤델(Bendel, 1993)과 쥔트겐(Soentgen, 1992)의 작업은 탁월하다.[2] 벤델

---

2 이와 관련하여 Preyer 1992도 참조할 수 있다.

은 루만이 관찰하는 것을 잘 정돈된 형식으로 소개했다. 쥔트겐은 장인 기술자 루만을 공감적이며 비유적인 방식으로 설명한다.

비록 입문서 차원을 훨씬 넘어서는 박사학위 논문 형식이기는 하지만, "나누어지지 않는" 루만을 추적하고 있다고 당당하게 주장할 수 있는 저술 셋을 특별히 언급할 수 있겠다. 바르벤(Barben, 1996)과 괴벨(Göbel, 2000)은 루만의 저작을 전체적인 발전의 맥락에서 재구성한다. 바르벤은 몇 가지 구획 연습을 통해 그 작업을 했다. 괴벨은 '만약의 경우(if)와 그러나(but)'의 경우를 상정하지 않고 루만의 관찰을 확인하려는 조심스럽지만 대범한 의도를 성공시키면서 그 작업을 했다. 쉬츠아이헬(Schützeichel, 2003)은 루만이 구분한 세 가지 의미 차원인 시간 차원, 사실 차원, 사회적 차원에 따라 주목할 만한 재구성 작업을 완성했다.

그러면 새로운 입문서는 어떤 일을 할 것인가? 지금까지 열거한 모든 입문서에도 불구하고, 특별히 많은 기본 개념을 포함하여(!) 루만의 전체 건축물에 대한 구조화된 관점에 관한 입문서는 아직 없다.[3] 나는 "나뉘지 않은" 루만을 관찰하는 입문을 통해 이 공백을 메우고자 하며, 이때 아래 관점을 따랐다.

1. 마지막 순간까지 끊임없이 펼쳐지는 루만의 사상 세계는 되풀이해서 설명하는 부분이 없이는 그 폭과 깊이를 전체적으로 소개할 수는 없을 것이다. 나는 어느 정도의 중복을 감수하면서, 구조화된 인상을 전체적으로 전달하려고 노력할 것이다. 이 사전은 이 입문서의 제1부에서 주로 이 작업에 매진할 것이다.[4] 나는 핵심 개념들 외에도 주변적인 개념들과 쉬운 표현들도 끌어들여 루만의 작업방식에 따라 다루었는데, 이렇게 한

---

3 그 점에 있어서는 이 용어사전 1996, 1999, 2001년 판에서 달라지지 않았다. Krause 1998 도 참조.
4 용어사전은 20년 이상 규칙적으로 실행된 루만 체계이론에 대한 강의와 연관된 가운데 단계적으로 생성되었다.

것은 의도적인 것이었다. 그러나 어떤 것을 설명할 때, 많은 다른 내용들을 지시할 수밖에 없었는데, 이것은 한꺼번에 많은 것을 말할 수밖에 없었고 그렇지 않으면 전혀 다르게 시작했을 것이었다는 이유 때문이었다. 그러나 나는 맥락을 놓치지 않으면서, 그리고 세부 사항에 있어서 루만의 설명을 적절하게 전달했다고 어느 정도 자신할 수 있다. 사전 부분은 주로 루만의 표현 방식을 따라 기술했다.

2. 내용적이며 언어적으로 다양한 것으로부터, 단순화시키는 설명을 위한 몇 가지 전략을 끌어내려고 시도한다면, 이것은 의미 있는 일일 것이다. 그러나 모든 것은 다른 모든 것과 어떤 식으로든 임의로 관련된 것이 아니다. 그 반대다! 그러면 가능한 적은 문장을 투입해 문장들 간 관계의 수를 줄이고자 노력할 수 있을 것이다.[5] 나는 그림을 통해 연관성을 개괄하려는 시도도 병행할 것이다.[6] 나 스스로는 어쨌든 끊임없이 역설에 몰두할 것이다. 그래서 명목상 단순하게 표현될 수 없는 것과 그림으로 그려내기는 더욱 어려운 것을 그래도 최대한 단순하게 말하고 그림으로 정돈해내려 노력할 것이다. 그렇게 하는 것은 학문을 수행하는 일반적인 방식에 대한 비판이라고 볼 수도 있을 것이다. 이것은 물론 루만의 방식에 대한 비판인 것만은 아니다. 이 입문서 텍스트의 콘텐츠들은 루만이 직접 사고했다는 차원에서 루만 자신이 직접 만들어낸 보기로 기여할 수도 있을 것이다.

3. 근본적으로는 모든 개념 규정(사전 부분)과 질서화하는 모든 진술들(텍스

---

5 나는 각주에서 중요한 단원들에 대한 중요한 입증과 지지들만 제시한다. 그리고 색인 등 재를 상세하게 구축하였다.
6 바로 사회과학에서는 내용을 도식적으로 제시하는 것이 인기가 없는데도 그렇게 할 것이다.

트 부분)을 자세하게 인용으로 뒷받침할 수는 있을 것이다.[7] 그러나 그렇게 하는 것은 견뎌내기 어려울 정도로 소모적일 것이다. 가령 복잡성, 의미, 소통 또는 관찰 같은 개념들에 대해, 루만의 모든 긴 진술을 일일이 인용하려 시도한다고 생각해보라! 루만은 풍성하면서도 조밀한 지시를 통해 자신의 관찰을 알려주는 방식을 취하는데, 그는 이런 방식을 통해 언어적으로 전달되었거나 전달될 수 있는 정확한 개념을 추구하는 경우가 거의 없다. 그래서 특별히 루만의 단어를 붙들고 늘어지는 비판자들은 비판 대상을 놓치게 된다.[8] 그 대신 나는 다음 절차를 따를 것이다. a) 먼저 고유한 요약과 인용 모음의 결과 생성된, 사전 부분의 핵심 표제어들을 지시할 것이다. 사전에 등재된 개념을 지시하는 것은 루만의 저서와 그 저서에서 그때그때 그렇게 지시하기 위해 실행된 자세한 입증 자료를 지시하는 것으로 이해해도 될 것이다. b) 오직 필요한 경우에, 특히 논쟁적으로 토론된 몇몇 이론 조각들에 대해서는 문제가 되는 사태에 대한 가장 확실한 기술이 포함되었다고 판단되는 루만의 저술을 인용할 것이다.[9]

루만의 저작은 다음처럼 재구성될 것이다(그림 1).[10]

---

7 그러나 용어사전 부분에서는 수많은 인용들을 함께 기록해넣었다.
8 예를 들어 Bußhoff 1976 참조. 그리고 그 점에 대해 Luhmann 299 참조.
9 읽기 불편한 수많은 참고문헌을 피하기 위해, 관련된 정보는 각주에서만 제공한다. 아주 중요한 용어사전 부분만 기록할 것이다. 이 부분은 그 밖에도 여전히 중요한 문헌들을 포함하고 있기 때문이다.
10 그림 27, 체계이론의 개념 석재들에 따라 작성된, 체계 개념을 지향하는 다른 체계화 참조.

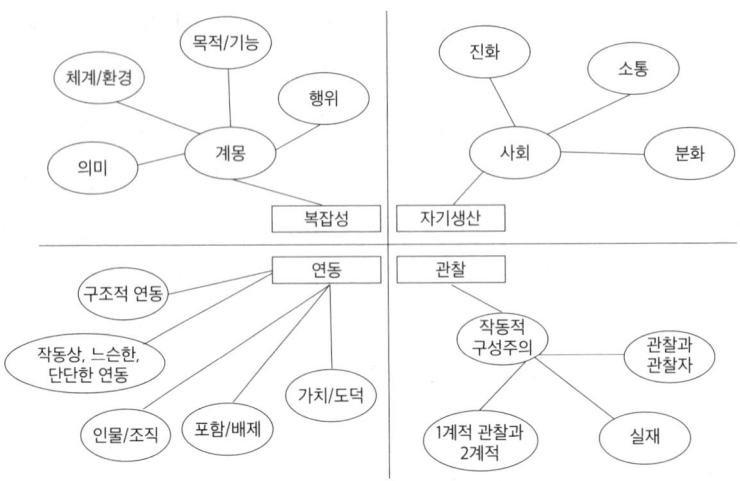

그림 1: 관찰의 주안점

1. 첫 번째 주도 문제는 복잡성 문제다(제2장). 세 가지 구분, 즉 목적-행위와 체계-환경 및 의미는 체험과 행위로 이루어지는 세계의 복잡성을 관찰할 가능성을 등가기능주의적 관점에서 구조화된 체계이론으로 설명하는 데서 서로 관련된 초점들을 형성한다.

2. 제3장에서는 체계의 자기생산이라는 주도 문제를 문제의 통합적인 핵심 내용으로 삼을 것이다. 그곳에서는 진화와 소통과 분화의 구분에 관련된 채,[11] 사회적 체계와 궁극적으로는 사회를 관찰할 가능성에 관해 설명할 것이다.

3. 그 후 체계들의 체계 관계들이나 체계들의 연동 문제를 주도 문제로 다

---

11 시간적 차원(진화), 사회적 차원(소통), 사실적 차원(분화)에 상응한다.

룰 것이다(제4장). 사회의 통합과 사회 안에서 통합을 관찰할 가능성을 어떻게 설명할 수 있을 것인지를 질문할 것이다.

4. 모든 체계이론적 사고는 관찰이라는 주도 문제에서 다른 문제로 넘어간다(제5장). 그래서 여기서는 어떻게 체계이론이 가능한가, 또는 체계이론은 어떻게 스스로 성립되는가의 질문을 다룰 것이다.

5. 실제 이루어졌든지 아니면 단지 주장되기만 했든지 간에, 마지막으로 패러다임 전환에 관해 언급해야 할 것이다(제6장). 그림 1의 좌상 사분면과 그 밖의 사분면 셋 사이의 연결점에 있는, 주도 문제들(복잡성, 자기생산, 연동, 관찰)을 지시하는 것으로 패러다임 전환을 언급할 수 있을 것이다.

6. 마지막으로 루만 저작에 대한 찬반 주장을 주요 항목으로 나누어 정리할 것이다(제7장). 이 모든 것을 검토한다면, "초기" 루만과 "후기" 루만을 구분하는 것이 결국 근거가 허약하다는 것을 알게 될 것이며, 반쪽이 아닌 전체적인 루만의 모습이 드러날 것이다.

제2장

복잡성에 관한 계몽

제2장 복잡성에 관한 계몽

　루만의 저작을 한번 훑어보면, 복잡성 문제에서 자기생산의[12] 문제로 이전했다는 느낌을 받을 수 있을 것이다.[13] 루만은 초기에 복잡성을 체계 문제로서 핵심 관련점으로 삼았으며, 그에 기초하면서 그 후 주장한 패러다임 전환과 함께 체계 문제가 등장했고, 그 후 관찰을 작동으로 구분하는 데 주목한다. 그러나 복잡성 문제를 체계 형성을 통해 해결하는 공식은 사안에 부합하게 유지되었으며, 결코 뒷전으로 밀려난 것은 아니었다.[14] 체계가 궁극적인 변화가 없는 문제를 다루어내는 방식을 더 정확하게 규정한 것일 뿐이다.[15]

12　자기생산 체계는 단순하게 말하면, 자신의 요소들을 사용하여 자신을 가능하게 하는 체계다. 3.3.1 참조
13　제6장 참조
14　Luhmann 073: 11.8. 에도 불구하고 Luhmann 129: Kap.1 IX만 참조.
15　불연속성보다 지속성에 관해서 특히 Gobel 2000 참조 Kiss 1990: 1 ff., Kneer/Nassehi 1993: 35, Preyer 1992, Preyer/Grünberger 1980의 문헌들도 볼 것.

2.1 체계 문제로서의 복잡성

루만은 법체계 내의[16] 법적 프로그램에 의존해 논증하던 최초 저작에서는 아직 복잡성도 체계도 중요하게 다루지 않았다. 그러나 예컨대 공법상 배상 문제를 법교의적으로 다루고 입법안이 제정될 때[17] 하나의 보편적인 주제가 뚜렷해지는데 그것은 오늘날까지 바뀌지 않은 채 유지되었다. 그 문제는 결정 문제를 행위 문제로 규정할 가능성이 전혀 없으며 문제해결 가능성 자체가 없다는 것이다. 문제들과 문제해결 방식들은 적어도 다르게도 가능하다는 의미에서 우연적으로 서로 접합되어 있다. 이 맥락에서 (그리고 그 후에는 잘 알려진 개별 저작에서), 처음에는 목적-수단 문제, 그 다음에는 행위 문제, 마지막으로 의미 문제를, 복잡성 문제를 체계의 관련점으로 부각하는 핵심 논점으로 취했다.

2.1.1 목적-행위[18]

루만은 처음부터 우연성을 전제하고서 행위를 관찰했다. 루만은 행위를 목적론에서 해방시키고(탈목적론화) 의도로부터 분리하려는(탈의도화) 특별한 목적에서 그렇게 했다. 탈목적론화는 행위를 자연의 자기실현으로 보는 관점이나 인간의 자연이 행위를 통해 지속적으로 실현되는 것으로 보는 관점으로부터 결별한다는 것을 뜻한다. 그리고 탈의도화는 인과적으로 통제하며 효과를 야기할 가능성을 전제하는 행위 이해에서 벗어난다는 것을 뜻한다. 그 둘 모두 규정된 가능성들의 선택을 가능하게 하는, 개방된 행위 가능성 영역을 허용하는 어떤 틀 안에 행위를 둔다는 것을 의미한다. 선택

---

16 정치체계의 →행정도 광범위하게 다룬다. Luhmann 435만 참조.
17 Luhmann 264 참조.
18 루만의 행위 개념과 이에 대한 논의는 3.3.2.2(2)장 참조.
    (a) 용어사전에서 → 행위 말고도 → 체험, → 인과성, → 우연성, → 방법, 기능적, → 자연, → 완전성/완전 가능성, → 문제, → 프로그램, → 가치, → 목적을 참조.

된(현재화된) 가능성들과 선택되지 않은(잠재된) 가능성들의 지평이 선택을 통해 펼쳐진다. 그러면 복잡성은 선택된 가능성들보다 선택될 수 있는 가능성들이 더 많다는 것을 뜻하게 된다. 목적 행위는 이제 복잡성을 단순화하는 있을 수 있는 형식으로 기술될 수 있다.[19]

행위 문제는 자연으로서의 행위가 행동 귀속으로서의 행위로 대체될 때야 비로소 제대로 파악할 수 있게 되며, 그렇다고 해서 궁극적으로 파악했다고 말할 수는 없다. 행위는 행동으로서 체계에 귀속되며, 행위의 체험은 행위하는 체계의 환경에 있는 체계에 귀속된다.[20] 귀속 수신처로서 처음에는 추상적 유형인 자아와 타자를 도입했고, 나중에는 귀속 단위나 귀속하는 단위로서 관찰자나 관찰하는 체계를 도입했다. 그러면 새로운 방식으로 이해되는 인과 문제에 행위 문제와 목적-수단-문제를 정돈해 넣는 단계에 거의 도달하게 된다.[21] 인과성은 가능한 행위들을 구성요소로 삼는 매체라고 불리게 된다.[22] 인과성 매체 내에 형식들을 그려 넣을 수 있거나 선택된 행위들 사이의 접속들을 선택할 수 있다. 목적-수단-형식들이나 투입-산출-형식들은 인과성 매체 내에서의 행위를 형식화할 가능성의 특수 형식이 된다.[23]

행위 문제가 제기되었을 때는 언제나 체계 문제가 함께 제기되었다. 보통의 경우라면 행위는 사회적 행위로서 규정된다. 자신의 의미를 규정할

---

19 그러면 목적 행위에 있어서는 1차원적으로 시도된 목적의 가치 고려 잠재가 낮다는 점에 주의해야 한다. 1차원적 목적은 가치가 내재된 대부분의 부작용과 특히 가치 고려 부담을 던 수단 선택을 포괄적으로 가능하게 한다.
20 Luhmann 082: 69만 참조.
21 용어사전에서 → 인과성만 참조.
22 용어사전에서 → 매체, → 매체/형식, → 형식 참조.
23 루만의 → 위험/위해 구분은 이 점과 체험과 행위 구분에 접목된다. 그 점에 대해 일반적으로 Ahlemeyer 1990, A. Hahn/Eirmbter 1992, Heidenescher 1999, Hiller 1994, Japp 1990, 1996과 1997 참조. 이 지점에서 마찬가지로 → 기술(Technik)/테크놀로지에 대한 루만의 이해에 도달할 수 있다. 그 점에 대해 Grundmann 1998, Halfmann 1986, Hochgemer 1990, Taschwer 1996, Wagner 1992, Wagner/Zipprian 1998 참조.

때 다른 행위에 대한 지시를 함께 끌고 들어오는 행위로서 말이다. 서로를 지시하는 행위들이 무수하게 많다는 점을 전제해야 하기에, 서로 지시하는 행위들의 그때그때 총체를 체계나 행위체계 개념으로 표현하는 것이 유익해 보인다. 이런 행위체계는 행위를 체계로 이해한다는 의미의 행위체계와는 구분되어야 한다.[24] 루만은 행위 개념을 다음과 같은 의미로 사용하고 있다. 체계로서의 행위가 그것과 구분되는 행위체계들의 토대가 되는 것이 아니라, 그 반대가 된다. 즉 행위체계들이 행위들의 토대가 된다.[25] 이때 행위체계들은 세계의 복잡성에 대한 우연적으로-선택적인 대답으로 보아야 한다. 행위체계들은 사회적 행위의 영역을 분류하는데, 이 영역은 인간의 정보 처리 가능성이 제한되어 있다는 사실을 적절하게 고려한다. 사회적 체계들은 체험과 행위의 가능성들을 선택할 수 있도록 해준다. 그리고 이렇게 선택된 가능성들은 결코 그 자신이 체계들 안에서 동시에 현재화되지 못한다. 이 상황은 행위 개념이나 행위체계 개념을 소통 개념이나 소통적 체계 개념에 분류할 때도 달라지지 않는다.[26]

2.1.2 체계-환경[27]

체험과 행위의 유의미한 가능성들의 복잡성[28]은 행위체계들 내부에 행위가 있음의 전제이면서 결과가 되며 행위체계 형성의 전제조건이자 그 결과인 것으로 밝혀진다. 진화적으로 세계 복잡성 환원의 압력은 세계 내에서 행위를 통해, 즉 "아래로부터" 왔을 것이다.[29] 그러나 그런 일은 서로 관

---

24 예를 들어 376, 379 참조.
25 Luhmann 161 참조.
26 Luhmann 033만 참조. Stichweh 2000: 7-8은 여전히 루만의 행위이론적 선택에 치우친다. 3.3.2.2(2)(a) 참조.
27 용어사전에서 → 복잡성, → 체계, → 체계, 개방된/폐쇄된, → 체계, 사회적, → 체계-환경-이론, → 환경 참조.
28 체계이론에서 → 복잡성 외에도 → 복잡성, 환원과 상승 → 복잡성, 의 시간화 → 복잡성 격차 → 세계 참조.
29 Lipp 1971의 이념이 그렇다.

련된 체험과 행위의 세계 내에서 하나의 체계로서 상상할 수 있는 것으로 일어난다.

이 관점에서 보면, 체계는 행위와 체험의 각각의 가능성 영역의 경계를 정한다. 배제된 것은 포함되지 않은 것에 지나지 않는다. 포함된 것은 배제된 것보다 적다. 체계의 복잡성은 그 체계의(!) 환경의 복잡성보다 적다. 체계 자체, 즉 포함된 것은 그 체계 내에서 기본적으로 가능한 것을 실제 한 순간에 실행할 수 없을 때는 복잡한 것이 된다. 다른 한편 기본적으로 체계 내에서 가능하지 않은 것은 진화상 체계 형성의 가능성 영역으로 남게 된다. 이런 점에서 체계 복잡성은 처음에는 체험과 행위의 가능성들의 복합적이며 선택적인 관계화 가능성의 차이의 통일성(동일성)^{역주)}을 가리킨다. 체계의 관점에서 — 또는 체계-환경-차이의 다른 관찰자 관점에서 — 환경의 복잡성은 고유한 복잡성을 훨씬 상회한다. 그것은 정보 결핍으로 기술할 수 있다. 그러면 세계 복잡성은 어떤 체계의 관점에서 현재화될 수 있는 가능성들과 현재화될 수 없는 가능성들의 총체로서 나타나는 어떤 것이다. 따라서 복잡한 것의 궁극적인 규정 가능성은 없다. 체계 내부에서의 가능성들의 모든 현재화는 체계 내부에서의 현재화되지 않은 가능성들을 변경한다. 그리고 체계 특수하게 현재화될 수 있는 모든 가능성 영역은 체계 외부에서 체계의 관점에서 여전히 가능한 모든 것을 변경한다. 가능성 지평들은 뒤로 이동한다. 그때그때 복잡성 관점에서 복잡한 것으로 우대될 수 있는 것은 항상 복잡하다. 그래서 복잡성은 자기준거적인 사태다(특히 그림 2를 참조할 것).

그 밖에도 체계를 통한 복잡성 감소는 복잡성 증대와 함께 진행된다. 체계가 복잡성을 환원시키면서 자신이 나타나는 환경을 포착하면 선택된 가능성들과 함께 선택되지 않은 가능성들도 증가하기때문이다. 1. 체계 내부

역주) 루만은 국내에서 "통일성"으로 번역되는 Einheit를 "동일성"의 의미로 사용한다.

에는 많든 적든 가능성들이 동시에 있다. 예를 들어 법은 실정법으로서만 가능하지만, 실정법은 다양하게 규정될 수 있다. 2. 체계-환경 관계에서는 다음이 타당하다. 현재적으로 선택된 가능성들이 더 축소될수록, 그 체계가 잠재적으로 선택할 수 있는 가능성들은 더 커진다. 그 밖에도 체계 형성이 체계 내부에서의 체계 형성으로 동반되는(체계들의 분화) 다중적인 과정(체계들의 외부분화)이라는 데 주목해야 한다.[30] 이를 위한 가능성들은 진화에 의해 규정된다.

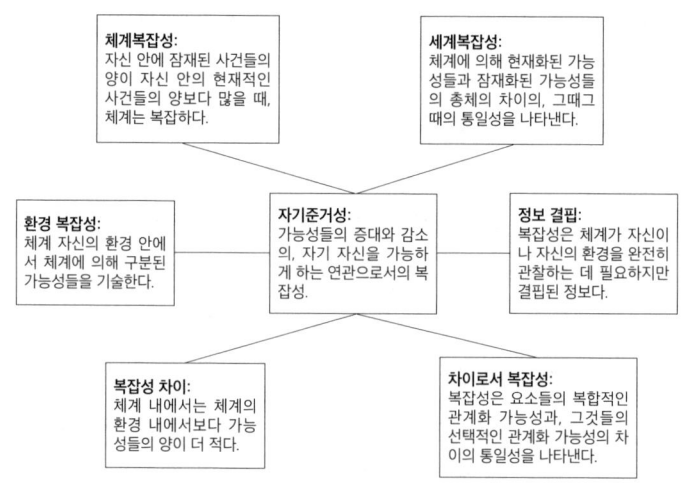

그림 2: 복잡성

체계는 어떤 식으로든 고유한 환경과 접촉할 수 있을 때만 환경과 관련될 수 있다. 그래서 복잡성을 처리하는 적극적인 체계는 반드시 닫혀 있는 동시에 열려 있어야 한다. 체계가 닫혀 있지 않다면, 즉 자신의 환경과 분리될 수 없다면, 그것은 체계가 아닐 것이다. 체계가 열려 있지 않다면, 그

---

30   용어사전에서 → 외부분화, → 분화, → 체계분화 참조.

것은 환경에 맞서 자신을 유지할 수 없을 것이다. 그런데도 무엇이 체계에 속하고 무엇이 체계의 환경에 속하는지를 정의하는, 이른바 공간을 가지지 않는 경계가 있다.[31] 체계는 변화하는 환경 조건들, 더 정확하게 말하면 스스로 만들어낸 복잡성 압력과 타자에 의해 만들어진 복잡성 압력과 씨름할 수 있어야 하며, 자기 환경의 맞은편에서 그 환경에 맞서 스스로를 지탱할 수 있어야 한다.[32] 이제 질문해야 할 유일한 것은, 그런 일이 어떻게 일어날 수 있는가 하는 것밖에 없다. 그래서 기능적 분화를 지향하며 입안된 체계-환경-이론의 틀에서는 체계들 사이의 교환 관계를 위한 개방성이 드러나며, 그것은 교환 맥락을 위해 예를 들어 최소한 행위들과 같은 요소들의 공통성을 요구하는 것처럼 보인다. 이 점은 체계-환경-이론이 자기생산 체계 이론에 의해 대체되거나 전자가 후자로 전환하면서 더 이상 적용되지 않는 것으로 보인다. 자기생산 체계 이론에서 공식은 다음과 같다. 체계는 오로지 고유한 요소들에 기초할 때만 자기접촉을 통해 환경과 접촉할 수 있다. 물론 그 경우에도 체계는 고유한 환경과의 관계를 단순화시키면서 인과성 매체에서 관찰하거나 교환관계로 관찰할 수 있거나 그 상태에 붙잡혀 있으며, 체계는 그렇게 관찰하는 것으로 관찰될 수 있다.[33]

2.1.3 의미[34]

체계들을 통해 펼쳐진, 체험과 행위의 가능성들의 지평에 관해 말하는 것, 심지어 그렇게 말한다는 것조차 의미를 요구하면서 의미를 말하는 것을 뜻한다. 이런 자명성은 오직 하나의 적절한 개념을 통해서만 표현할 수

31　Luhmann 422: 285만 참조.
32　이미 Luhmann 521: 175에 그렇게 되어 있다.
33　제4장 참조
34　먼저 Luhmann: 129: Kap.1 III, 366 참조; 그 밖에도 Habermas 1971 참조. 의미 개념에 관해서는 포괄적으로 Schlitzeichel 2003을 참조. 용어사전에서 → 의미 외에도 → 개념들, 무차이 참조.

있다. 그렇게 할 수 있을 가능성은 그 자체가 전제되어야 한다. 의미에 관해 말할 수 있기 위해, 의미가 전제되어야 한다. 이런 뜻에서 의미는 자기준거적인 사태다. 그것은 다시금 유의미하게만 부인될 수 있다. 의미는 무차이적인 사태다. 의미 개념의 이러한 형식성은[35] 의미를 규정된 의미와 미규정된 의미의 차이의 통일성(동일성), 유의미한 체험과 행위의 현재성과 잠재성의 차이의 통일성을 표현하는 형식으로 규정하는 것과 부합한다. 그렇게 보면 의미는 작동의 형식, 현재성과 잠재성의 차이의 작동상 통일성이다. 의미나 규정된 의미의 모든 확정은 복잡성 문제를 현재화시킨다. 여기서부터 의미를 상이한 매체를 새겨 넣을 기반이 되는 일반적인 매체로서 쉽게 규정할 수 있게 된다.[36]

유의미한(sinnhaft) 체계들은 의미를 기반으로 작업한다.[37] 의미 경계들은 체계 경계들이다. 그러나 의미체계들은 고유한 종류의 체계들이 아니라, 심리적 체계와 사회적 체계들의 형식으로 의미를 처리하는 체계들이다.[38] 의미 자체는 복잡하며 의미체계들도 복잡하다. 의미는 모든 의미 가능성이 결코 동시적으로 현재화될 수 없기 때문에 복잡하다. 의미체계들은 복잡성을 환원시키고 증대시킨다 — 위에서 보여준 것처럼 말이다. 이 두 가지 이유에서 복잡성 문제는 체계들이 직면하는 문제로서 핵심적으로는 의미 문제가 된다. 그렇다면 이것은 어떻게 체계들이 이 복잡성을 다루어내는지의 질문과 세부적으로 연결될 것이다. 예를 들어 체계 내 행위나 체계의 행위를 규정하기 위해, 자아의 유의미한 행동을 전제할 수 있어야 하고, 이 행동이 타자가 그 행위를 선취하여 체험할 것을 지향하는 행위로서 입증될 수

---

35 예를 들어 Bühl 1993, A. Hahn 1987b, Lohmann 1987은 그 점을 공격 지점으로 취한다. 루만의 의미 개념에 대해 근본적인 의구심을 표하는 이들로 특히 Balke 1999, Eley 1986, Ellrich 1992, H.-B. Schmid 1997과 2000, Vaccarini 1985가 있다; 제6장도 참조.
36 Luhmann 073: 233ff만 참조.
37 체계의 경계 짓기에 관해 3.2 참조.
38 Greshoff 1997는 그 때문에 진정한 의미체계들을 헛되이 찾는다.

있어야 한다. 이것은 다시금 행위가 일단 구분되어야 하고(사실 차원), 귀속 수신처가 분리되어야 하며(사회적 차원), 행위와 체험 사이에 시간 차이를 수립(시간 차원)할 수 있어야 한다[39]는 것을 뜻한다.

의미는 의미 매체 내에서 형식 형성으로서 규정된다. 그러나 이것은 어떻게 이루어지며, 누구를 통해 이루어지는가? 행위들의 원작자에 대한 대답의 경우와 마찬가지로, 자아와 타자 유형이나 바로 관찰자나 관찰하는 체계를 사용할 수 있을 것이다.[40] 그래서 유의미하게 작업하는 체계들을 통해 복잡성이 환원되고 증대된다는 공식은 차이이론적인 관찰 공식의 직접적인 선구자로 볼 수 있다.[41] 모든 두 경우 — 자아/타자 또는 관찰자 — 는 오직 그렇게만 만들어지고 다른 방식으로 생성되지 않은 존재에 의미, 즉 규정된 의미를 갖추어주는 것이 무엇인지 해명하지 않는 세계 관점을 제공하는 것이다. 그보다는 유의미하게(sinnhaft) 존재하는 것으로 그리고 그 후 의미 있는(sinnvoll) 것으로 우대되는 것이 언제나 체계 형성을 통해 펼쳐진 가능성 지평의 결과라는 것이 분명해진다. 의미 가능성들은 배제할 수 없는 관찰 가능성과 다르지 않다.[42] 그것은 의미에 대한 고전적인 질문을 탈주술화하기에 충분하다.

2.2. 설명의 방법론[43]

루만은 목적 문제와 행위 문제를 체계에 의한 복잡성 처리 문제로 옮기

---

39 루만의 의미차원들에 관해 Baecker 2001a: 163ff., Schiltzeichel 2003: 42ff. 참조. 루만이 → 공간의 의미 차원을 조명하지 않았다는 주장에 관해 P.A. Berger 1995, Filippov 2000, Kuhm 2000a u. 2000b, Stichweh 1998a, Werber 1998, Ziemann 1998b를 참조
40 5.1 참조
41 명시적으로 Luhmann 054 참조.
42 Luhmann 368: 10 참조.
43 Luhmann: 111, 390만 참조. 용어사전에서 → 계몽, 사회학적 말고도 → 인식론, 고전적, → 기능, → 방법, 기능적, → 방법, 사이버네틱스, →질서, 사회적 → 문제, → 사회학 참조

기 위한 고유한 노력의 인식론적 토대를 처음에는 기능적인 방법으로 갖추었다. 이 방법은 존재에 근거하는 학문적인 방법을 대체하는 것으로서 이미 명시적으로 도입되었다. 가령 그것이 무엇이든 어떤 것에 필수적으로 내재하는 인과적인 발전 경향을 찾아내는 것에 관한 것도 아니었고, 그것이 무엇이든 다르게는 가능하지 않은 존재라고 말하는 것에 관한 것도 아니었을 것이다. 인식하는 실체들은 없다. 홀로 존재하는 것도, 많든 적든 그런 것으로서 인식될 수 있는 사물의 자연도 없다. 아프리오리는 없다. 그것과는 달리 적어도 존재한다는 것이 있다면, 그것은 문제들이다. 문제들은 거명되거나 "어떻게 X가 가능한가"의 질문으로 만들어진다.[44] 문제들이 거명되면, 그 즉시 문제들의 해결 가능성들에 대한 질문이 제기된다. 루만은 문제들이 우연한 성격이라는 것을 확신하고 있었을 뿐만 아니라 우연적으로 해결될 수도 있다는 것을 확실하다고 생각했다. 여기에 기능 개념이 투입된다. 기능은 문제들과 문제해결 사이의 우연한 관계를 기술한다. 등가기능주의는 한 문제의 가능한 해결이나 한 문제해결의 적합성이 복수로 존재한다는 것을 표현하는 것으로서, 하나 이상의 문제해결에 기여한다. 이런 원리는 목적-수단-도식을 따르는 행위의 사례에서 쉽게 이해할 수 있다. 수단은 상이한 목적 도달에 사용될 수 있다. 목적은 상이한 수단을 통해 도달될 수 있다. 그 밖에도 행위체계들, 특히 조직화된 체계들에서는 목적-수단-관계들이 교환되는 경우도 생각할 수 있다. 일반적으로 환경을 갖춘 체계의 형성은, 복잡성 문제의 우연한 해결인 것으로 이해할 수 있다.

    기능적 방법은 이미 상당한 효과를 발휘한다. 그것은 목적과 수단 또는 체계와 환경 또는 문제와 문제해결 간 관계들만 우연한 것으로 고려하는 것은 아니다. 그것은 목적-수단-구분이나 체계-환경-구분 또는 문제-문제해결-구분 자체를 우연적인 것으로 생각한다. 일반적으로 기능적 방법은

---

44   Luhmann 495 참조.

객관적으로 인식할 수 있는 대상, 객체 대신 단순화할 수 있거나 이미 단순화된 복잡성을 통해 세계 안에 투입되는 대상/객체를 전제하는 세계 관점을 복잡성 문제의 인식론적 기초로서 인정한다.[45] 이 관점은 사이버네틱스 방법의 틀 안에서 유지된다.[46] 사이버네틱스 방법은 자기편에서 자기준거적 관계들을 허용하는 차이 지향적인 관찰이론을 인식의 구성이론으로 사용하는 다른 표현이다.[47]

루만은 수십 년 전에 사회학적 계몽[48]이라는 역설적인 개념을 가지고 자신의 작업 프로그램에 처음으로 특정한 추진 방향을 명시했다.[49] 전승된 이해에 부합하는 계몽의 경우에는 더 이상 확실한 출발점이 없는 조건에서도 계몽이 추진되어야 하거나 바로 그런 출발점이 없기에 계몽이 추진되어야 하기에, 개념은 역설적인 것이 된다. 계몽 프로그램에서는 가령 그 프로그램의 사유를 사유함에 있어서 자기증명 능력이 있는 주체가 현실을 경험할 가능성 조건으로서 그리고 상호주관적으로 공유된 지식의 확실성 보장자로서 전제된다. 그곳에 주관적으로 이성적인 것으로 간주된 것의 추진 가능성을 전제하기 위한 열쇠가 있다. 바로 이것이 올바른 개별 인간의 체험과 행위의 옳은 상상 가능성과 이에 상응하는 사회 수립 가능성을 위한 아르키메데스적 지점을 언급하는 것과 같다. 주체의 출발점 없는 자기준거성

---

45 그 점에 대해 이미 435: 102ff. 참조. 등가기능적 방법이나 기능적 방법은 첫째, 이를 통해 가치 없고 규범 없는 임의성이 전면에 나서게 된다는 이의에 직면한다. 그 점에 대해 예를 들어 Gerhards 1984 참조. 둘째로 기능적 방법은 기존의 사회전체적인 관계들을 정당화하는 무비판적인 또는/그리고 정교한 형식이라는 이유로 거부된다. Hegselmann 1976, 이데올로기-이론 프로젝트(Projekt Ideologie-Theorie) 1980 참조. 기능적 방법의 정확한 서술을 위해 Hornung 1988: 89-101, Schlitzeichel: 235ff만 참조. Horster 1997: 48ff는 정확성이 떨어진다. 그 밖에도 Bednarz 1984, Zielcke 1977 참조. 인과 분석의 운명에 관해 Ammassari 1985 참조.
46 Friedrichs/Sens 1976에서는 그 점에 대해 여전히 견해가 좁다.
47 용어사전에서 → 관찰, → 구성주의, 체계이론적, → 방법, 기능적, 참조.
48 그 점에 대해 회의적인 태도는 Baier 1989, Burger 1977, Fritscher 1996; Breuer 1987은 교훈적이다. 용어사전에서 → 계몽, 사회학적, → 사회학, → 지식 참조.
49 Luhmann 390 참조.

때문에 그렇든 수많은 주체들이 자기성찰에서 공동의 결과나 합의된 결과에 도대체 어떻게 이를 수 있는지를 말해 줄 가능성이 없기 때문에 그렇든, 그런 식으로는 가능하지 않다는 것을 분명히 해두어야 한다.[50] 그것이 계몽의 정화(淨化)이거나 복잡성을 통한 계몽이다.

그에 따라 사회학 프로그램은 정화된 계몽 프로그램으로서 확립되어야 한다. 사회학의 목적은 사회 내에서 발생하는 인간의 체험과 행위에 기초를 갖추어주는 것밖에 없다. 사회학은 그 목표가 개인적 행위와 사회적 행위의 관계나 차이와 관련되어 있으며, 무엇이 사회전체적인 행위를 우대하여 표현하는지를 알고 싶어 할지도 모른다. 사회학은 인간에서 출발점을 찾을지도 모른다. 또는/그리고 행위가 사회적으로 침전되어 있다는 것이나 사회적으로 조건화되어 있다는 데서 찾을지도 모른다. 즉 사회 안에서 모색할 수도 있다. 인간의 정보처리 능력이 제한되어 있다는 이유에서든, 개인들의 차별적인 정체성과 행위와 체험의 분출된 수많은 가능성 때문에든, 그때그때 그렇게나 다르게 복잡성을 환원시키는 체계 형성을 고려 대상으로 삼을 수 있다. 따라서 사회학은 진리인 것이나 추구하고자 하는 대상에 관해 밝힐 것이 아니라, 오로지 가능하게 된 가능성들에 대해서만 밝힐 수 있다. 이것은 다시 정화된 계몽이다.

루만은 약 30년 후에 바로 이 주제를 다시 제기한다.[51] 이제 질문은 복잡성이 있느냐 없느냐, 복잡성이 경우에 따라 적절하게 관찰가능한 것으로 드러나는지 아닌지, 그리고 체계 형성이 복잡성 문제에 대한 불가피한 대답인지 아닌지를 더 이상 심각하게 다루지 않는다. [이제는] 의미가 있고, 복잡성이 있으며, 복잡성을 관찰하며 다루는 방식의 표현으로 체계들이 있다.[52] 이제는 사회학이 관찰하는 것을 어떻게 관찰하는가, 무슨 일이 일어

50　용어사전에서 → 인식, → 인식이론, 고전적, → 주체, → 초월, → 이성, 참조.
51　Luhmann 479 참조.
52　이것들은 의미, 복잡성, 체계들과 다른 개념들로서 처음부터 구분들로서 구분된다는 의미에서 존재 진술이 아니다. 이것은 이런 점에서 → 의미, → 세계, → 실재처럼 차이 없

났는가, 그리고 그 뒤에 무엇이 있는가를 질문한다.[53] 첫째 질문에 대한 대답은, 사회학이 예를 들어 갈등처럼 자신이 관찰하는 것을 관찰한다는 것이다. 사회학은 또한 전혀 다른 것을 관찰할 수도 있을 것이다. 어쨌든 사회학은 자신이 막 보고 있는 것을 보며, 그렇다면 그 때문에 볼 수 없는 것을 보지 못하고 있다. 그것이 그 뒤에 숨겨져 있는 것이다. 그 사례는 사회학이 자신을 관찰로 관찰할 수 있다는 것이다. 그렇다고 하면 사회학은 유일하게 자신이 방금 보고 있는 것만을 볼 수 있다는 것을, 바로 이렇게 본다는 것 자체를 포함하여 보고 있는 것이다. 이것이 그 뒤에 숨겨져 있는 것이다. 그 경우는 사회학이 사회 안에서 발생한다는 것이다. 그래서 사회학은 자기 자신만을 관련지을 수 있다. 사회학은 사회관찰의 자기관찰이며, 그런 자기관찰로서 자신을 관찰해야 한다.[54] 이것이 그 뒤에 숨겨져 있는 것이다. 한마디로 말하면, 사회학은 펼쳐진 역설이다.[55] 이것이 이른바 정화된 계몽의 고양된 형식이다.

이 구분된 개념들이다. 존재론 문제에 관해 5.4.2 참조.
53 기능체계들을 위한 → 성찰이론으로서의 사회학에 관해 Kieserling 2000, Zolo 1985 참조.
54 제5장 참조. 용어사전에서 → 자기기술, 사회전체적, → 사회학, → 보편이론 참조.
55 용어사전에서 → 역설. 참조. Esser 1991: 10f는 사회학적 계몽을 물론 지금까지 관찰함의 모든 족쇄로부터 해방을 선언하지만, 바로 그 안에 근거 부재의 근본적인 오류가 있다고 본다.

제3장

체계들의 생성과 구분들

제3장 체계들의 생성과 구분들

3.1 체계들의 생성

의미가 있다. 복잡성이 있다. 체계들이 있다. 이것들은 존재에 관한 진술이 아니라, "오직" 서로 다른 출발점들일 "뿐이다". 그러나 그런 시작들은 처음에 시작했음에 틀림없다! 복잡성 문제의 해결과 산출로서의 체계 형성은 기술할 수는 있어도 고전적인 의미에서 설명될 수는 없다. 의미, 복잡성, 체계의 전제들 가운데 있는 명백한 동어반복은 한번은 틀림없이 시작된 시작으로 취할 수 있다. 루만은 그런 순환에서 벗어나려고 하지도 않으며, 그렇게 할 수도 없다. 그는 단지 모든 것이 당연하게도 한번 시작했던 것이 틀림없으며, 시작 또한 그렇다는 것을 설득력 있게 지적한다. 어떤 시작함의 구분이나 그 시작함을 시작함의 구분은 항상 어떤 것을 표시하며, 그 어떤 것은 그런 표시가 없다면 존재할 수 없을 어떤 것이다.[56] 그래도 남아 있는 것은, 그런데도 시작하고 계속해나갈 수 있으며 이것을 기술할 수

---

56 모든 것이 정보와 통보의 언어 형식으로 포착할 수 있는 구분으로 시작했음에 틀림없다는 Gripp-Hagelstange 1995: 89, 74ff의 암시를 함께 고려할 수 있다.

있다는 것이다. 달리 말하면 다음과 같다. 시작/끝의 구분은 시작을 시작하고 그 시작함 이외의 다른 가능성들을 배제할 수 있도록 해준다. 이것이 역설적 비밀의 모든 것이다.[57]

3.1.1 이중 우연성[58]

체계 형성은 하나의 시작이다. 그러나 이 시작은 시작을 자기 안에 가지고 있다. 사회적 체계는 지금까지 서로 지시하는 체험과 행위의 연관으로 구분되었다. 그에 상응하는 것은, 기대될 수 있는 기대들의 연관이라는 표현이다. 기대들은 기대 가능해질 수 있기 전에 성취되어 있어야 한다. 이 지점에서 루만은 대체로 자아와 타자의 구분을 기대들의 형성을 가리키는 추상적인 관련의 통일성으로 사용한다. 사람들은 무의식적으로 인간을 생각한다. 그렇다고 하면 서로 다른 두 인간에 관해 말할 수 있을 것이다. 그러나 이런 일은 일어나지 않는다. 자아와 타자는 명백하게 인간들에서 출발하며 어떤 선택된 관점에서 이 인간들에 관련된 관점들이다. 그리고 선택된 관점은 분명하게도 인간적인 행위를 서로 관련짓는 관점이다. 여기서 말하고 있는 것은 인간이 아니다. 추상화되었으며 행동하는 통일성에 귀속된 행동의 관점을 말하고 있다. 그래서 인간을 잊어야 한다.

자아와 타자가 서로 만나면, 그들이 무엇 때문에 행동으로 서로 관련되는가의 질문이 생겨난다.[59] 바로 이 지점에서, 인간들이 사회적 존재나 그 밖의 다른 것들로서 상호 의존 상태에 있다는 보조 전제를 취하는 것이 도움이 될 수 있을 것이다. 루만은 우발[60]을 사용하는 것이 설득력 있을 것으

---

57 Luhmann 277: 40만 참조. 용어사전에서 → 역설 참조.
58 용어사전에서 → 이중 우연성 외에도 → 시작, → 암흑상자, → 자아/타자, → 실망, → 체험, → 기대들, → 행위, → 상호침투, → 질서, 사회적, → 체계, 사회적, → 지각 참조. 전체적으로 그 점에 들어맞는 것으로 A Hahn 1998, Schiltzeichel 2003: 73ff 참조. 제3장의 3.2.2(2)(b)도 참조.
59 그것은 단순히 가설적인 전제일 뿐, 발생적 전제는 아니다!
60 용어사전에서 → 정상성, → 개연성, → 우발 참조.

로 생각한다. 자아와 타자는 단지 어떤 식으로든, 어떤 계기에서든, 서로에 대해 처신하는 것으로 서로를 지각하고 이것을 후속 소통의 계기로서 삼기만 하면 된다. 그 일을 위한 능력은 충분히 전제할 수 있다. 그들은 서로에 대해 덮여 있는 카드 패, 블랙박스와 같기 때문에, 예컨대 자아는 타자의 행동 표출의 체험을 자기에게 귀속시켜야 한다. 이 모든 것은 행동을 귀속하는 지각만이 유의미하게 지각될 수 있는 유의미한 사태가 될 때만, 의미를 만들 수 있다.[61] 행동 귀속은 항상 의미 매체 내에서 의미 형식으로 귀속하는 것이다.[62] 따라서 기대를 기대함을 수립하는 것은 의미의 확인과 압축에 해당한다.[63]

우연성은 이중적인데, 그것은 자아에 대해서도 타자에 대해서도 서로 간에 불확실하거나 실망하기 쉬운, 기대함의 기대 가능성 조건이 유효하다는 단순한 이유 때문이다. 이것은 근본적으로 해결될 수 없는 출발상황이다. 또 다른 중요한 지점은, 사회적인 것의 창발적인 사태는 서로 간에 관련된 기대에 의해 조종된 행동 연관에 놓여 있다는 주장이다.[64] 그것은 이 지점에서 다음처럼 생각할 수 있다. 자아와 타자는 서로에 대해 암흑 상자들로 유지된다. 그들은 각자 자기 자신을 위해 제각기 다른 이의 상을 만들어낸다. 그러나 자아의 타자 관점과 타자의 자아 관점은 전체의 부분처럼 하나의 고유한 사회적인 관점에서 나타나지 않는다. 그렇다고 하면 서로 간에 보장된, 기대함의 기대 가능성은 독자적인 사태이다. 그리고 이것은 그 사태가 자아와 타자에 대해서도 사회적인 행동기대로서 타당성을 확보하고 그 점에 있어서 스스로를 지탱할 수 있다는 점에서 그렇다.

---

61 용어사전에서 → 지각 참조, 그 점에 대해 Ziemann 2002를 볼 것.
62 그보다 더 위에서 귀속 단위들의 문제를 이미 함의했다.
63 용어사전에서 → 압축, → 확인 참조.
64 예를 들어 Bohnen 1994처럼 그것을 근본적으로 부인하지 않거나 Beermann 1993처럼 루만의 풍부한 상이한 공식에 불편함을 느끼는 경우에, 이중 우연성 대신 다중 우연성을 말하고 그밖에도 사회적 체계의 규정된 형식들의 분출로의 전환을 정확하게 표현할 것이다(이 점에 대해 Oberdorfer 1993과 Welker 1993 참조). 용어사전에서 → 창발 참조.

제3장 체계들의 생성과 구분들

3.1.2 사회적 진화[65]

이중 우연성은 언제나, 끊임없이 순간적으로 현재화되는 사회적 체계들의 저울 위에 있다.[66] 사회적 체계의 진화로서 [발생하는] 사회적 진화는 우발에 근거하며, 발생하기 어려우며 그런데도 계속해서 발생한다. 발생하기 어려운 비개연적인 것이 개연성 있게 되는 과정으로서[67] [발생하는] 사회적 체계의 진화로서의 사회적 진화는 세계에 나타난 선행 진화상 성취와 그와 동시에 이 세계 안에서 발생하는 진화상 발전들에 달려 있다.

관찰될 수 있는 체계는 지금까지처럼 전체의 독립된 부분으로 이해해서도 안 되고, 이미 존재하는 부분들을 하나의 새로운 전체에 단순하게 결합하는 것으로 이해되어서도 안 된다. 지금까지의 진화론 사상과는 달리, 체계이론적 진화모델은 모든 진화를 형식들에서 형식들을 형성하는, 특히 바로 그 사회적 체계들을 형성하는 자기선택적인 과정으로 본다. 체계 형성이 환경을 만들어내지, 역으로 환경이 체계를 만들어내는 것이 아니다. 그 점이 지금까지의 진화이론과 결정적으로 다른 지점이다.[68] 진화적인 체계들의 형성은 창발적인 체계들이 형성된다는 것을 뜻한다. 이 전제에서 더 정확하게 표현하면, 진화는 변이와 선택과 재안정화의 3중적인 선택의 총체로 파악할 수 있다. 체계는 자신의 환경 내부의 교란하는 사건들을 자기 자신에게 정보 가치가 있는 것으로 지각해야 하고(변이), 해당하는 정보를 자신의 처리 가능성을 가지고 조정하며(선택), 자신의 후속 작업을 경우에 따라 이렇게 교체된 토대 위에 맞추어야 한다(정체 또는 안정화).

---

65   Schiltzeichel 2003: 132ff는 그 점을 정확하게 언급한다. Gizewski 1998, Holzer/Siegenthaler 1998, Kemper 1996, Oexle 1991, Preyer 1992, Schimank 1987, M. Schmid 2003, Teubner 1999는 부분적으로는 참조하면서, 부분적으로는 거부한다. 용어사전에서 → 진화, 사회적 외에도 → 분화, → 진화, → 지식의 진화, → 진화상 성취, → 정상성, → 전적응적 진전, → 선택, → 안정화, → 구조적 표류, → 체계, 사회적, → 체계 분화, → 변이, → 개연성, → 자의, → 우발 참조.
66   → 상호침투에 관해 3.3.2.2(2)(b). 참조.
67   Luhmann 338: 46만 참조.
68   Miller 2003은 그 점을 의심한다.

즉 사회적 진화는 사회적 진화나 자기 자신을 전제한다.[69] 의미 진화가 없으면 언어 형식으로 이루어지는 지각 가능성들의 진화를 생각할 수 없으며, 이때 언어적 지각 가능성이 없으면 문자의 생성을 생각할 수 없고, 문자가 없으면 인쇄술을 생각할 수 없다 — 계속 이렇게 진행될 수 있다. 유의미한 체험과 행위의 복잡성은 진화의 결과일 뿐만 아니라, 사회적 체계들의 분화가 진화상 결정화되는 지점이기도 하다. 이것을 위해 의미 차원들의 선행된 분화와 동반하는 분화는 소통의 코드화를 위한 진화상 출발점으로서 인식되어야 하며, 이때 코드화된 소통은 자기편에서 기능 특화된 부분체계들의 분출로 이어지며 그것들을 근본적으로 선도한다.[70] 사회적 진화는 결국 행위하는 인간을 사회의 환경으로 내몰았고, 동시에 인간이라는 통일성을 특수한 측면에 따라 해체할 수 있도록 만들었다.[71]

진화하는 포괄적인 전형으로서 체계의 분출과 [세부]분화가 두드러지거나, 더 일반적으로 형식들에서 형식들의 형성이 돋보인다. 동시에 이런 현상은 서로에 대해 상호 증대와 제한 관계에 있는 분화들이 생산되며 다양화된다는 것을 의미한다.[72] [증대와 제한의 관계의] 보기로는 '많은 복잡성/적은 복잡성', '많은 변이/적은 과잉', '많은 의존/적은 의존', '많은 우연성/많은 선택성'을 들 수 있다, (가령 코드화/프로그램화, 특화/일반화처럼) 가능성들을 배제함으로써 실행되는 포함을 들 수 있겠다. 전체적으로는 '많은 현재성/많은 잠재성'과 그 둘을 역으로 취하는 경우를 생각할 수 있겠다(그림 3).[73]

사회적 진화는 어디로 진화하는가? 사회적 진화나 사회의 진화는 형식에서 형식을 자기선택적으로 형성하는 것으로서 고전적인 진보 모형에 따

---

69 Luhmann 092: 15만 참조.
70 3.3.2.2(3)(a)장 참조.
71 이 맥락에서 M. Schmid 2003은 사회적 진화의 행위자 없는 자기진행을 방해한다.
72 그림 3에서 일단 내부의 "원"을 참조. 구분들 중 몇 가지는 아래에 제시되어 있다. 용어사전의 관련 표제어들 참조.
73 그림 3에서 외부의 "원" 참조. 용어사전에서 관련 표제어들 참조.

라 관찰되어서는 안 된다.[74] 진화하는 것, 그것들은 이미 말했지만 유의미한 가능성들일 뿐이다. 새롭게 선택된 모든 가능성들과 함께 새롭게 선택될 수 있는 가능성들이라는 것이다. 그래서 문자 언어는 인쇄술의 형식에서 '아니오를-말할-수-있음'의 가능성을 엄청나게 확장했다. [이때 발생하는] 역설은 선택될 수 있는 가능성 영역의 확장이 선택된 가능성 영역으로 인해 제한되며, 더 많은 가능성과 더 적은 가능성을 동시에 낳을 수 있다는 것이다.[75] '아니오를-말할-수-있음'은 예컨대 문장을 배열하는 순서의 형식이나 진술을 조심스럽게 끝맺는 형식에서처럼 방법론적 요구들이 강화됨으로써 규율을 갖추게 된다. 자유의 영역은 필수성의 영역으로 남는다. 진화의 다른 방향은 열릴 수 없다.

이렇게 밝혀진 것으로, 사회의 진화는 그림 4에서 보여주는 것처럼 관찰할 수 있을 것이다. 고도로 도식화된 도식은 그 구성에 있어서 위에서부터 아래로, 그리고 왼쪽에서부터 오른쪽으로 읽어야 하며, 이것은 시간적인 순서를 함께 가리키면서 장기간에 걸친 변화를 포괄한다. 몇 가지 돌파와 단층이 있었다는 데 주목해야 한다. 진화 사건이 진보에서 비개연성으로 자기선택적으로 전환되는 것이 진화의 분화로서 구분되어야 한다. 진화 기제의 분화와 의미 차원들의 분화의 공-진화적 사건은 루만의 진화 모형에서 핵심적인 역할을 한다. 정보의 이항적 코드화와 그 후 소통의 이항적 코드화는 소통적 사건이 점점 더 분화됨으로써 창발한 결과다. 이것은 그 자체가, 상호작용 체계들, 조직체계들, 그리고 사회체계(들)이 자체적으로 진화하는 분화에 묶인 것으로 입증된다. 이 모든 것은 사회의 분화의 진화하는 상이한 형식들을 가지고 전형적으로 예증할 수 있다. 사회 분화의 형식들은 첫째, 사회적 체계들이 사회의 체계 내에서 같은 것으로 간주될 수 있는지(분절적 분화), 상이한 것으로 간주될 수 있는지(즉, 중심과 주변의 분화와 계

---

74 Hauck 2000은 이에 대해 의구심을 가지고 있다.
75 복잡성의 동시적인 상승과 감소 공식을 기억하라.

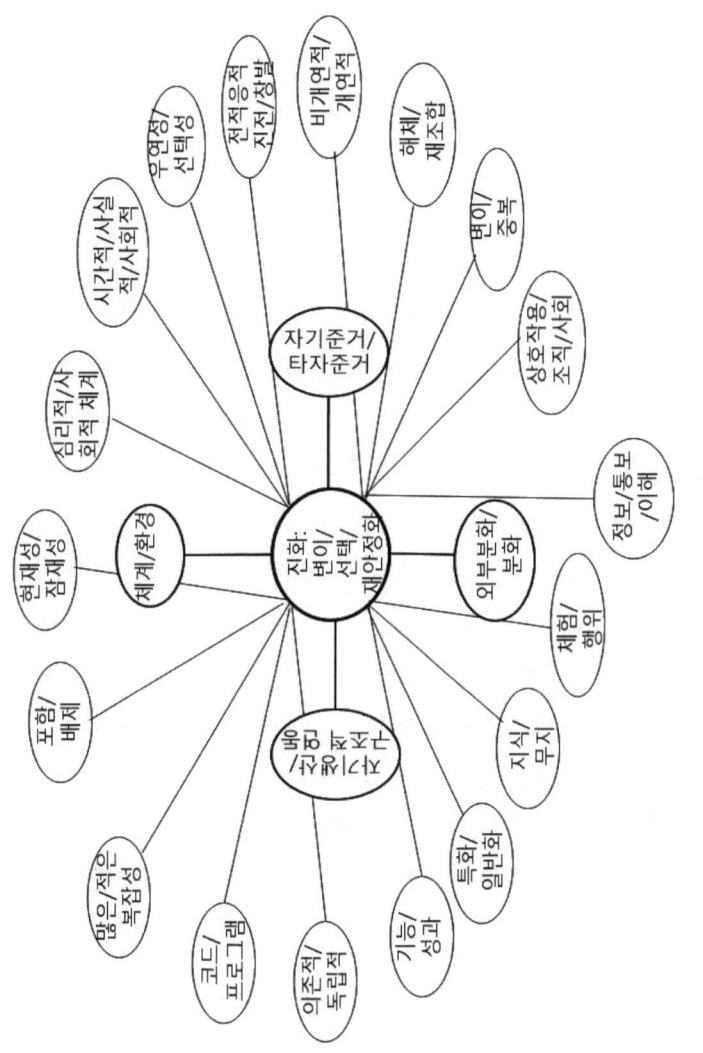

그림 3: 진화상 분화

제3장 체계들의 생성과 구분들   49

층화된 분화), 또는 서로 다르면서 같은 것으로 간주될 수 있는지에(기능적 분화) 따라서 구분될 수 있다. 그 밖에도 이에 못지않게 중요한 구분 특징은 포함 형식의 분화다.[76]

지금까지의 사회 분화의 정점인 기능적 분화는 그림 4의 오른쪽 아래에 눈에 띄지 않게 숨겨져 있다. 그 점에 관해 다음과 같이 짧게 설명한다.[77] 기능적 분화는 사회적 분화가 계층화된 분화나 계층에 기반하는 분화를 대체하면서 주된 형식이 된다.[78] 그 형식은 새로운 것이지만, 이차적이거나 삼차적인 사회적 형식으로서의 낡은 형식들을 결정적으로 배제하지는 않는다. 기능적 분화는 진화 기제들, 의미 차원들, 체계 형성 층위들과 포함 형식들의 분화라는 제목하에 구분된 모든 것을 포함한다.[79] 기능 특화된 사회 전체적인 부분체계들의 외부분화[80]는 사회적 행위의 다른 유형과 구분되는 특정한 유형의 사회적 행위가 진화상 형성되는 과정에서 실현된다.[81] 경제적 행위를 보기로 들어 보자. 특정한 형식의 사회적 행위로서의 경제적 행위는 행위들을 전달하는 코드화된 매체들을 필요로 하며, 그 매체들은 상징적으로 일반화되어 있어야 한다. 그런 매체는 화폐다. 이 매체는 지불/비지불로서 이항으로 코드화되어 있다. 지불/비지불 코드는 지불할 수 있는 사람들만 경제에 참여할 수 있다는 것을 분명하게 해준다. 그것은 근본적으로 모두에게 가능해야 한다. 그 속에는 잠재적인 참여자들이 사회에서 배제되어 있다는 데 대한 암시가 포함되어 있다. 그렇지 않다면, 원칙적으로 가능한 사회에의 참여가 어떤 특수한 관점이나 상이한 특수한 관점들에

---

76 마지막 환기에 대해 용어 사전에서 → 분화, → 분화, 기능적, → 분화, 사회전체적인, → 분화, 중심/주변에 따른, → 분화, 분절적, → 포함/배제, → 의미차원들 참조
77 3.3.2.2(3) 참조
78 적절한 서술은 Bohn/A Hahn 2002, Kneer/Nassehi 1993: 11ff를 참조
79 그림 4의 상응하는 부분들 참조.
80 기능적 분화는 주로 사회의 부분체계들의 형성의 대상에서 발전된다. 다른 사회적 체계들의 분출의 경계는 항상 깔끔하게 획정할 수 있는 것이 아니다.
81 행위와 소통의 분화에 대해 3.3.2.2(2)(a) 참조.

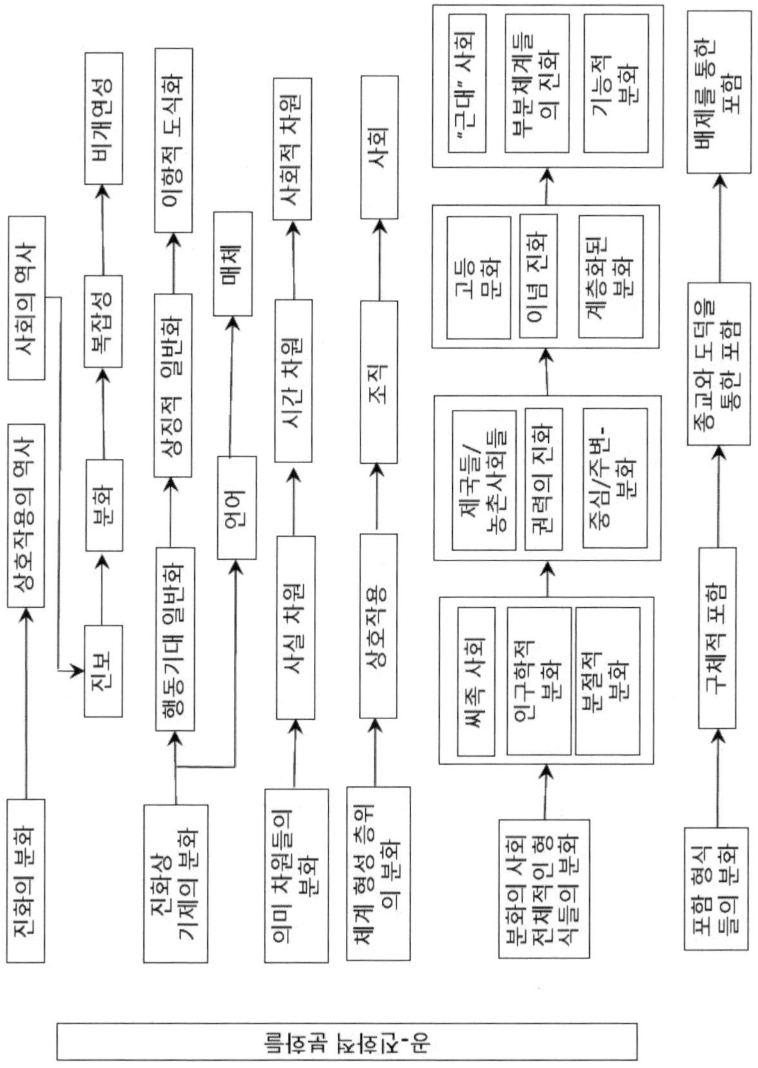

그림 4: 사회 진화의 측면들

제3장 체계들의 생성과 구분들 51

서 구분될 수 있을 것인가? 사회 자체는 이제부터 더 이상 통일성으로서가 아니라, 차이로서 파악되어야 한다. 사회는 한편으로는 그때그때 현재화된 모든 소통을 포괄하는 것으로 파악되어야 하며, 다른 한편으로는 가령 경제적인 소통처럼 그때그때 현재화된 특정한 소통들로 파악되어야 한다.[82]

사회적 진화는 전체적으로 하나의 사건으로 나타난다. 즉 그 자체가 매우 다양한 형태를 지니며 출발점과 종점을 가지고 있지 않으며 발생하기 매우 어려운데도 사회적인 분화의 임의적인 형식들과 결과들을 만들어내지 않는 사건으로 나타난다.[83] 사회적인 것의 서로 다른 진화하는 형식들의 구분[84]은 물론 사회구조와 의미론을 구분하며 그렇게 구분된 면들 사이에서 상관관계를 추정하는 구분에 기초하고 있다.[85]

3.2. 일반적인 체계 구분들

체계를 구분할 수 있게 된 것은 체계들이 진화한 결과다. 이 점에 관해서는 그림 5가 개괄을 보여준다.[86]

먼저 타자생산 체계들과 자기생산 체계들을 구분해야 하며, 자기생산 체계들 중 생명 체계들과 의미체계들을 구분해야 한다. 사회학의 대상은 심리적 체계와 소통적 체계나 사회적 체계들의 형식으로 나타나는 의미체계들이다.[87] 심리적 체계들과 사회적 체계들은 자기생산적으로 작동하는

---

82 사회 개념에 관해 더 정확하게 3.3.2.2(5) 참조.
83 그 밖에도 문화 또한 사회전체적인 분화의 형식으로 다루어진다. 그 점을 긍정적이거나 부정적으로 관련짓는 문헌으로 Baecker 2001a, Gerhards 2001, Helmstetter 1999, Hilttermann 1999, Koschorke/Vismann 1999, Reckwitz 1997. 용어 사전에서 → 문화 참조.
84 그림 4에서 "분화의 사회전체적인 형식들의 분화" 항목을 볼 것.
85 Luhmann: 129: Kap. 5 III, 136만 참조. 그 점에 대해 Christis 2001, Göbel 2000, Götke 1995, A Hahn 1981 참조.
86 Luhmann 182만 참조.
87 아래의 그림 8도 참조. 루만의 체계 구분을 질서있게 서술하고자 하는 몇몇 시도는 사회

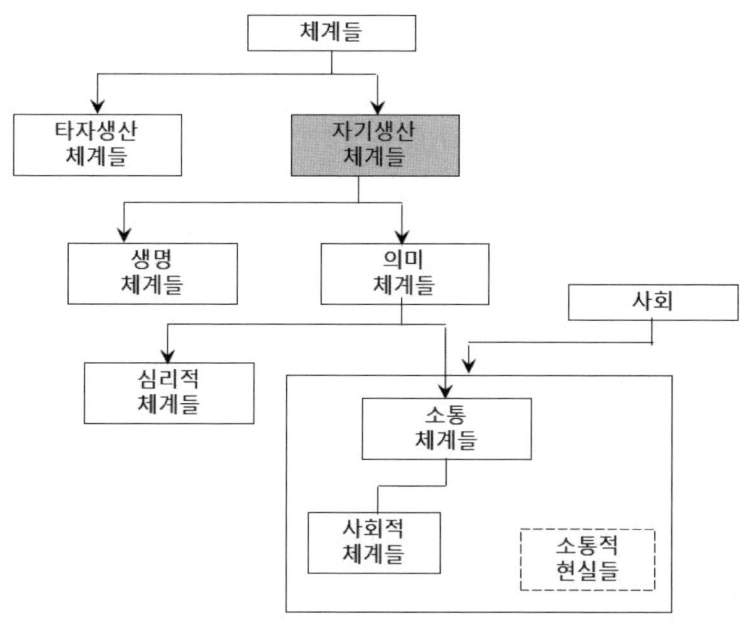

그림 5: 체계 구분들

의미체계들이며,[88] 그것들은 생명 체계들과 구분되어야 한다. 의미체계들과 생명 체계들은 각자의 고유한 요소들로 인해 구분된다. 생명 체계의 작동 기초는 일괄적으로 생명이라고 일컬어지며, 유의미한(sinnhaft) 체계들의 작동 기초는 의미라고 일컬어진다. 따라서 심리적 유형과 사회적 유형의 의미체계들에 있어서 각각 고유한 작동의 토대인 생각과 소통을 말할 수 있다. 모든 사회적인 현상들이 체계 지위를 누리는 것은 아니다. 가장 중요한 것은 '타자생산 체계/자기생산 체계'의 출발 차이이다. 그렇게 보면 '심

적 체계에 집중되어 있다. 먼저 P. Fuchs 2001: 139-233의 시도는 우수하다. 그 밖에도 예를 들어 Grünberger 1987, Hohm 2000:15, 19, 44, 54와 92, Preyer/Grünberger 1980과 Preyer 1992 참조. 3.3.2.2(3)에 있는 그림 13a와 13b의 다른 힌트들도 볼 것.

88 전체적으로 아주 보기 좋은 구분들로 Kneer/Nassehi 1993: 57ff.와 65ff를 참조; Zanetti 1988도 볼 것. 용어 사전에서 → 신체, → 생명, → 의미 체계 참조

제3장 체계들의 생성과 구분들 53

리적 체계/사회적 체계'의 차이는 특별히 광범위한 결과를 만들어낸다. 그리고 이것은 물론 그와 관련된, 인간을 사회의 환경으로 옮기는 문제 때문에 그러하며, 인간의 통일성을 유기적 체계와 심리적 체계[89]의 차이의 경험적인 통일성으로 해체하는 문제와 사회적인 것의 창발 문제 때문에 그렇다. 결국 사회적 체계들의 집단 내에서 후속 구분들에 주목해야 한다. 사회는 하나의 고유한 형식에 의해 사회적 체계로 설명된다.

3.3 자기생산 체계들

3.3.1 자기생산 체계들의 개념[90]

"초기" 또는 "자기생산 이전의" 루만은 한편으로는 행위체계, 의미체계, 사회적 체계, 정치적 체계 등과 같은 체계 구분들과 다른 한 편으로는 개방적이며 닫힌 체계의 구분과 같은 체계 구분들을 다루었다.[91] 이에 따르면 예컨대 정치체계는 사회적 행위의 열린 체계로서 규정될 수 있었다. 그것은 오늘날에도 할 수 있는 말이지만, 물론 하나나 다른 정밀화를 필요로 한다.

즉 '닫힌 체계/열린 체계'의 구분은 이제 '타자생산 체계/자기생산 체계'의 구분으로 대체되어야 한다. 대개 평범한 기계라는 대안적인 표현으로 일컬어지는 타자생산 체계는 외부에서 확정된 내적 정보처리 프로그램에 따라 규정된 외부 정보들에 기반하여, 환경으로부터의 특정한 투입을 정확

---

89 그런 명칭이나 비교할 만한 명칭에 관해 Luhmann: 086: 21과 82, 291: 230 참조.
90 전형적으로 간결한 루만의 기술에 대해서는 032: 56, 477: 189만 볼 것. 일반적으로 자기생산 개념에 대해서는 Baecker 1986, Beermann 1993, Krüger 1992c 참조. 다른 힌트들은 아래에 이어진다. 그 밖에도 제6장의 → 패러다임 전환을 볼 것. 마지막으로 자기생산의 아주 다각적인 개념에 대해 → 체계, 자기생산적 외에도 → 연결 능력, → 지속적 붕괴, → 이중적 폐쇄, → 요소들, → 사건, → 기억, → 정보, → 연동, → 연동, 구조적, → 물질성 연속체, → 기억 기능/진동 기능. → 작동, → 폐쇄, 작동적, → 자기준거, 기초적, → 자기준거/타자준거, → 구조, → 체계, → 체계, 폐쇄된/개방된, → 체계-환경-이론, → 환경 참조.
91 용어 사전에서 → 체계, 폐쇄된/개방된, → 체계-환경-이론 참조.

하게 계산될 수 있는 방식으로 환경에 내보내는 특정한 산출로 변환시킨다. 문제가 되는 내용들이 증가하는 보기들로서, 온도조절기, 공구 제작 기계, 단일 생산품 사업을 언급할 수 있을 것이다.[92] 그와는 달리 자기생산적 체계나 역사적 기계들은 스스로를 만들어내고 "조종한다". 그런 기계들은 외부로부터 투입과 같은 정보를 얻지도 않고, 산출과 같은 정보를 환경으로 내보내지 않는다.[93]

자기생산 체계는 자신을 구성하는 요소들 사이의 접속을 통해, 자신을 구성하는 요소들을 스스로 만들어낸다.[94] 예를 들어 사회적 체계(그림 6)에 있어서 요소들은 소통들, 개별적인 소통들이나 개별 소통들이다.[95] 소통은 여기서 유의미한 사회적 사건으로서 구분된다.[96] 요소들은 그저 일시적인 사건들이다. 소통이 발생했으면, 그 소통은 벌써 지나갔다. 일반적으로는 다음 내용이 유효하다. 자기생산적 체계들의 요소들은 단순히 시점에 매이거나 일시적인 사건들이다. 이해의 동작으로 완료된 개별 소통은 개별 연결 소통(Anschlusskommunikation)을 야기할 수 있다.[97] 자기생산적 체계들의 요소들은 기본적으로 서로 연결될 수 있으며, 그것은 물론 시간을 필요로 할 것이다. 그래서 소통은 모든 순간, 시간 가운데서 소통을 가능하게 하는 것으로서 입증된다. 이것은 달리 말하면 다음과 같다. 소통은 자기 자신을 가능하게 한다. 소통이 자기 자신을 가능하게 하는 한에서 말이다.

---

92 이미 온도조절 장치의 경우에도 온도가 장치를 조절하는지 장치가 온도를 조정하는지 완전히 명확하지 않다.
93 제4장의 분화 참조.
94 여기서부터 그림 7도 참조.
95 그림 6에서는 개별 화살표를 통해서도 상징화되어 있다. 이 구분에 대한 필수적인 보완은 3.3.2.2(2)(a)와 3.3.2.2(2)를 참조.
96 계속 3.3.2.2(2)(a)을 참조.
97 그림 6에서 화살표들은 다음을 상징한다. 출발 소통 = P1에서 P2 화살표; 또는 연결 소통 = P2에서 P1 화살표, 또는 출발 소통 = P2에서 P3 화살표, 첫째 연결 소통 = P3에서 P4 화살표, 그것과 연결하는 소통 = P4에서 P2 화살표.

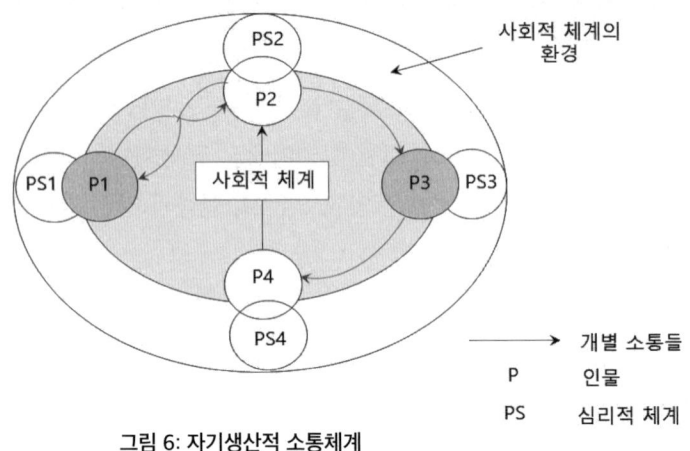

그림 6: 자기생산적 소통체계

소통은 서로 관련될 수 있기 위해, 소통 자신을 특정한 형식들로 새겨 넣을 수 있는 특정한 매체를 필요로 한다. 사회적 체계의 보기에서는 일반적인 매체는 의미다.[98] 사회적 행위의 부분 범주,[99] 예를 들어 화폐 지불의 경우에, 화폐는 어떤 정해지지 않은 지불 가능성을 의미 가능성으로 준비하는 상징적으로 일반화된 매체일 것이다. 의미 가능성으로서의 모든 다른 지불 가능성은 심리적 체계들이 지불 행위에 참여하는 순간, 요소들로서의 지불에 기초하여 작동하는 체계들인 경제체계의 환경에 속한다.[100] 일반적으로

---

98 용어사전에서 → 매체, → 의미 참조.
99 늦어도 이 위치에서 하나의 어려움에 대해 미리 언급해두어야 한다. 사회적 행위는 소통과 같은 의미가 아니다. 엄밀하게 말하면, 그것은 소통에 참여하며 이런 의미에서 소통적 행위일 뿐이다. 경제체계에서 지불이 실행되거나 법체계에서 법이 선포될 때, 지불이나 법 결정이 완전한 소통이 아니라, 소통에 참여한 행위일 뿐이라고 생각할 수 있을 것이다. 이것은 단순화하는 체계의 자기관찰 관점에 적용된다. 소통은 물론 기술될 수는 있지만 직접적인 관찰을 허용하지는 않기 때문에, 루만은 이전 관찰이나 더 높은 곳에 배치된 관찰에 명확성을 갖추어주기 위해서 그렇게 하는 것이라도, 항상 언급된 관찰 층위에서만 기술될 수 있는 개념들로 옮겨간다. 그래서 유의미하게 작동하는 체계들과 관련하여 행위가 실행되고 있다고 말해질 때는, 막 무엇이 그렇게 관찰되는지를 항상 분명하게 확인해야 한다.
100 여기서는 또한 귀속의 관점에서 심리적 체계들의 관계나 심리적 체계들과 사회적 체계

는 다음 규칙이 유효하다. 자기생산 체계에는 언제나 사건들, 즉 소비될 수 없는 특화된 매체 내에서 느슨하게 연동된 요소들에 주어져 있는 그 규정된 요소들에 기초하는 사건들밖에 속하지 않는다. 의미와 관계있는 모든 것은 의미체계에 속한다. 매체로서의 의미 말이다.[101] 지금 막 생각되는 모든 것은 생각에 기반하여 작동하는 심리적 체계 안에서 일어난다. 매체로서의 의식 말이다. 규정된 대화 주제와 관계있는 모든 것은 그 주제를 통해 구조화된 사회적 체계에 속한다. 매체로서의 언어 말이다. 지불과 관계있는 모든 것은 사회적 체계인 경제체계에 속한다. 매체로서의 화폐 말이다. 사건들의 규정된 범주들의 현재화를 통해 그때그때 재생산된 체계들, 가령 지불 체계로서의 경제체계는 이 이해에서는 하나의 자기생산 체계다. 즉 그것은 자신의 요소들인 지불들을 자신의 요소들인 바로 그 지불들을 통해, 화폐라는 매체 안에서 가능하게 하는 체계인 것이다. 그것은 기초적인 자기준거다. 그러나 여전히 유효한 것은 다음과 같다. 자기생산 체계는 언제나 복잡성 조건에서 작동한다. 자기생산 체계는 언제나 의미 가능성, 사고 가능성, 대화 가능성, 지불 가능성 등의 한 부분만을 현재화시킬 수 있으며, 이때 현재화시킴으로써 잠재화된 가능성들을 장래에까지 배제하는 것은 아니다.

자기생산 체계는 체계 특화된 사건들을 통해 가능해지는 체계 특화된 사건들의 총체에서 언제나 순간적으로 실현된다. 그렇다고 하면 그 순간에는 선행 사건들을 가능하게 하는 사건들은 어떤 역할도 하지 않는다. 사건 연쇄들의 관찰들이 비로소, 즉 시간 속에서의 관찰이 그 체계를 연쇄된 사건들의 형식으로 나타나도록 한다. 가령 소통에서 그때그때 일어난 우연적

들의 관계로부터 발생하는 특별한 어려움을 고려해야 한다. 3.3.2.2(2)(b)와 4.2.2.1 참조. 그림 6에서 심리적 체계들을 사회적 체계의 환경에 배치한 것은 음영 처리된 영역 외부의 PS를 통해 표현되고 있다고 볼 수 있다. P-원을 음영 처리된 영역의 외부보다 내부에 더 치우치게 배치한 것은 인물이 사회적 체계들의 일종의 장치로 사용된다는 것을 표현한다. 이 장치를 가지고 이 심리적 체계들은 관찰 가능하게 될 수 있으며 심리적 체계들에게 자기 관찰에 내어줄 수 있다.

101 Luhmann 073: 233ff만 참조.

이며-선택적인 상호 관련지음에서 생성된 사회적 체계로서 나타나도록 한다.[102] 이것은 다시금 체계들이 동시적인 사건들의 형식으로 그때그때 순간적으로 실현되는 것에 있어서 아무것도 변화시키지 않는다. 이제 우리는 모든 순간 체계가 다른 체계라는 것을 알 수 있다.

개별적으로는 자기생산 체계에 대해 다음이 유효하다.[103] 자기생산 체계는 1. 작동상 닫혀 있으며, 2. 인지적으로 개방되어 있으며, 3. 구조에 의해 결정되어 있으며, 4. 환경에 적응되어 있으며 5. 체계 자체를 일시적으로 재생산한다(그림 7).

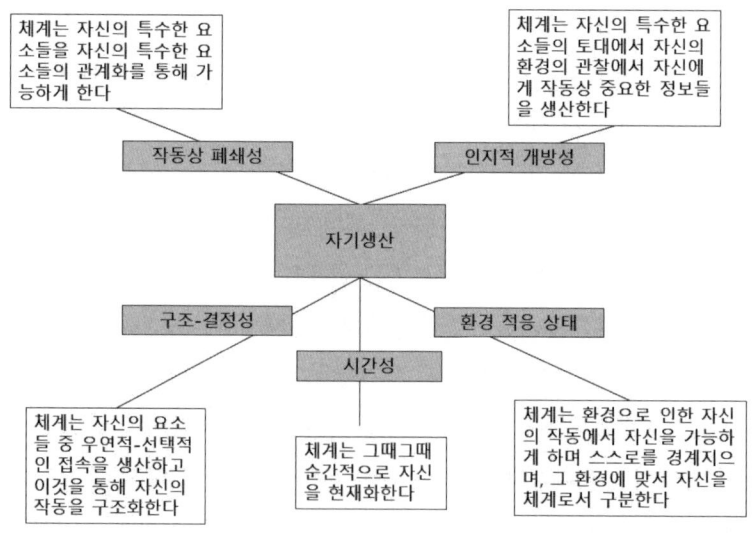

그림 7: 자기생산 체계의 개념

---

102 따라서 그림 6은 두 가지 방식으로 읽을 수 있다 1. 연결되지 않은 화살표들의 "합계"는 순간적으로 현재화된 체계를 상징한다. 2. 서로 연결되는 화살표들은 시간 내부에서의 체계의 관찰 가능성을 상징한다 — 그때그때 현재화된 사건이 이 사건을 가능하게 하는 사건 하나를 적어도 전제한다는 것을 상징한다.

103 이미 언급했듯이, 루만은 자기생산체계 개념에 대해 체계적인 서술을 제공하지 않는다. 그는 대개 이하에서 언급하는 두 가지 점 중 한 가지로만 제한한다. 두 가지 다른 점들은 다소간 주변적으로만 언급되고, 마지막에 언급된 것은 아주 자주 언급한다. 용어 사전에서 → 체계, 참조.

1. 작동상 폐쇄성[104]이 뜻하는 것은 다음과 같다. 생각은 생각을 전제한다. 그리고 오직 생각만이 생각에 직접 연결될 수 있다. 지불은 지불을 전제한다. 그리고 오로지 지불만이 지불에 직접 연결될 수 있다. 대화 기여는 대화 기여를 전제한다. 그리고 오로지 대화 기여만이 대화 기여에 직접 연결될 수 있다. 체계 작동들은 체계 요소들을 통해 분리된 체계들의 경계 안에서 개최된다. 그리고 이때 체계 요소들은 체계의 매체를 통해 주어진다.

2. 자기준거적 폐쇄성이나 작동상 폐쇄성은 인지적 개방성과 함께 발생한다.[105] 심리적 체계는 자신의 환경 내의 어떤 사건으로 인해 교란되고, 지각된 사건에서부터 그 자체로 중요한 생각의 형식의 정보를 만들도록, 즉 (알려졌거나 새로운) 사건으로서 (생각 속에서) 고유한 생각의 흐름 속에 끼워 넣도록 자극받을 수 있을 것이다. 또는 그렇지 않을 수 있을 것이다.[106] 경제체계는 자신의 환경 내의 어떤 사건을 통해 자신이 교란되었다고 보고, 지각된 사건, 가령 욕구들의 변화에서부터 그 자체로 작동상 중요한 정보를 확보할 수 있을 것이다. 즉 지불할 준비가 되어 있음을 표현하는 것으로서, 자신의 화폐 가격의 언어로 번역할 수 있을 것이다. 그리고 결과적으로 상응하는 생산물을 규정된 가격에 공급하거나, 또는 그렇게 하지 않을 수 있을 것이다. 대화의 소통적 연관 내부로 들어오는 것은 대화의 연관에서 작동상 중요한 정보로서 나타나는 것, 즉 진행되는 소통의 흐름 안에 끼워 넣을 수 있는 것으로 드러나는 것밖에 없다. 같은 보기들을 계속해서 생각할 수 있다. 정보는 정보로서 객관적으로 외부에서부터 미리 주어지는 것이 아니다. 체계 안으로의 투입은 없다. 이

---

104 예를 들어 Luhmann: 073: 91-100, 271, 313: 12f. 참조; 용어 사전에서 → 폐쇄, 작동적 참조.
105 이 정식화는 자기생산 개념의 핵심을 짚고 있다.
106 용어 사전에서 → 정보, → 교란, → 자기준거/타자준거 참조.

미 말한 것처럼, 정보는 관찰하는 체계가 자신의 작동상 코드에 기반하여 자신의 환경을 관찰함으로써 구분하는 체계의 성과를 나타낸다.[107] 작동상 폐쇄성은 정보 측면에서 중요한 환경 내의 사건들의 조건에서 닫혀 있음을 말한다.[108] 인지적 개방성이나 정보적 개방성은 작동상 폐쇄성이나 정보상 폐쇄성의 토대에서 체계에 의해 작동을 통해 직접 만들어진다. 간략하게 말하면, 체계의 환경 접촉은 자기접촉에 기초하여 이루어진다. 이때 폐쇄성과 개방성의 관계는 상승의 연관으로서 주어진다.

3. 자기생산적으로 작동하는 모든 체계는 구조가 결정된 체계다.[109] 그 체계는 고유한 역사가 진행되는 동안 환경과 대립하는 가운데 얻어낸 경험들을 기억 속에 저장해두고 있다. 중요한 사건 범주들의 기억할 만한 가치가 있는 사건들은 압축되고 확인되어, 재사용을 위해 불러낼 수 있는 상태로 준비되어 있거나 경우에 따라서는 다시 잊혀진다. 개념을 사용하는 문장 형식의 모든 진술의 배경을 따져 물어야 하는 것은 아니다. 의도된 것 역시 그렇게 이해되기 때문이다. 지불을 결정한 상태가 지불의 가능한 결과에 비추어 검토되어야 하는 것은 아니다. 지불 역사의 표현으로서 그때그때 존재하는 가격 관계들을 그럭저럭하는 사이에 신뢰하게 되기 때문이다. 의도된 의미는 가격과 마찬가지로 달라질 수 있다. 일반

---

[107] 법체계의 보기에서 Kargl 1990a: 356-367은 아주 일찍 폐쇄성을 통한 개방성의 역설을 분명하게 보여준다. Baecker 1987도 의미에 상응하는 역할을 한다.
[108] 이런 점에서 언급되었으며 그 자체가 틀림없이 자기생산 개념의 핵심은 많은 오해를 불러일으킨다. 그래서 자기생산 체계는 어떤 식으로든 자족할 수 있는 체계라는 것으로 추정된다. Bühl 1993: 211은 그 개념을 실재와 무관하며 대상 없는 추상화로서 환상적인 것의 영역으로 추방하기에, 자기생산의 기본 이념으로부터 어떤 식으로든 아무것도 얻지 못한다. M. Schmidt 1987은 폐쇄성을 통한 개방성 모델의 역동적인 자질을 기본적으로 인식할 수 없다. 그는 무조건 운동하는 행위자를 끼워 넣고 싶어 하기 때문이다. 그는 자기운동성을 어떤 식으로든 신뢰하지 못하거나 체계들을 단연코 인정하고 싶어 하지 않기 때문이다.
[109] 용어 사전에서 → 고유 값, → 기억, → 폐쇄, 이중적, → 자기준거, 동반하는 → 구조 참조.

적으로는 다음과 같은 말을 할 수 있다. 요소들과 계속되는 요소들의 관계화와 재관계화의 층위에서의 불(不)안정성은 관계화된 요소들과 관계화된 관계들이나 단순한 구조 층위에서의 안정성과 결부되어 있다. 자기준거는 이런 의미에서 오직 동반하는 자기준거로만 가질 수 있다.

4. 환경 적응성[110]은 단순히 체계가 존재한다는 것만 가지고도 전제할 수 있다. 이것은 환경 안에서 적응하는 체계들을 찾아낸다는 것을 뜻하는 말이 아니다. 그런데도 체계는 자신의 환경 안에서 (체계는 환경으로부터 스스로를 구분하고 그럼으로써 비로소 그것을 자신의 환경으로 만들어낸다!), 체계의 작동을 위해 환경 안에 충분한 전제조건이 있거나, 고유한 가능성들의 자가창출된 조건들에 맞선 저항에서 자신을 지탱해낼 때만, 스스로를 유지할 수 있다. 그런 조건이라면, 이런 이해에서는 다음과 같은 말을 할 수 있을 것이다. 두뇌 활동에 참여하지 않으면 의식이 없고, 의식의 참여가 없으면 소통이 없고, 대화 능력이나 대화할 준비가 없으면 대화가 없고, 지불 능력과 지불 태세가 없으면 경제체계도 없다. 환경 적응성은 다층적인 사태인 것으로 입증되었다. 전체적으로 (개별적으로는 여전히 매우 정확하게 구분될 수 있는 다양한,) 체계들의 기능함의 전제조건들이 언급되었으며, 이것들은 연동이라고 표현할 수 있다.[111]

5. 자기생산 체계는 요소들을 사건들에 접목되는(anknüpfen) 사건들의 형식으로 실현하기 때문에, 시간적인 체계다.[112] 체계는 매 순간 그때그때 순간적으로 현재화된 사건들의 총체를 통해 실현된다. 그러나 모든 사건

---

110 용어사전에서 → 연동, → 연동, 구조적, → 물질체 연속 참조. 상세한 내용은 4.1.1.1(1)을 참조.
111 여기서 투입되는 물질체 연속 개념은 전통적 개념처럼 질료와 의미의 이중적 의미에서의 어떤 것의 물질적 전제조건들로부터 취할 수 있다.
112 용어사전에서 → 지속적 붕괴, → 복잡성, ~의 시간화 → 시간 참조.

은 생성되자마자 그 즉시 소멸하기 때문에 (지불이 실행되면, 그것은 이미 지나간 일이다), 체계들은 지속적으로 해체된다고 전제할 수 있다. 체계는 끊임없이, 지속적 붕괴 때문에 가능하게 되었으며, 그때그때 구조에 의해 인도된 체계들의 끊임없는 재현재화를 마주하고 있다. 그 밖에도 다음 내용을 확인해두어야 할 것이다. 자기생산 체계는 서로서로 연결되는 사건성의 작동들을 통해 시간, 즉 작동함의 현재적인 현재성에서의 과거와 미래의 차이를 만들어낸다.[113] 이때 모든 사건은 체계 안에서 언제나 동시적으로 발생한다.

3.3.2. 자기생산적 체계들의 구분들

의미에 기반하여 작동하는 체계들인 심리적 체계와 사회적 체계들을 일단 구분해야 한다.[114]

3.3.2.1 심리적 체계들[115]

심리적 체계는 의미에 기반하여 작동하는 자기생산 체계다. 심리적 체계는 요소들인 생각들을 요소들인 생각들을 통해 가능하게 하면서, 생각들을 통해 생각들을 만들어내면서 자기 자신을 만들어낸다. 생각은 순간적인 사건이다. 이 사건에 다른 사건, 즉 다른 생각이 연결될 수 있어야 한다. 그것은 생각이 생각을 통해 생각으로서 구분될 수 있을 때만 가능하다. 그것은 표상(Vorstellung)이나 대개 의식으로 불리는 것이다. 그런데도 비록 엄격하

---

113 루만적 시간 개념에 대해 Rill 1995: 102-151만 참조.
114 Krieger 1996: 62ff. 은 이미 이 구분의 유의미성에 의구심을 가진다.
115 Luhmann 032만 참조. Khurana 2000: 191-298은 루만의 분산된 설명들을 아주 세밀하게 요약하고 심화시킨다. 루만이 인간을 개인이나 심리적 체계들의 개별성과 그것들의 사회 내부로의 통합 형식으로 다루는 적절한 방식은 Schroer 2000: 225ff와 255ff에서 찾아볼 수 있다. 그 밖에도 인간의 전체적인 복합에 대해서는 Bette 1987, Buchholz 1993, P. Fuchs 1998, Konopka 1996, Markowitz 1987, Simon 1994 참조. 용어사전에서 → 체계, 심리적, 외에도 → 이중 우연성 → 자아/타자 → 동일성 → 개인 → 상호침투 → 인간 → 인물 → 주체 → 체계 사회적 → 초월 → 이성 → 지각 참조.

게 말해 의식이 이미 재귀적인 사태인데도, 루만은 심리적 체계의 작동 기반으로서 의식이라는 단순화하는 말을 자주 한다. 관찰하는 생각이나 의식의 관찰은 자기의식으로서 구분될 수 있다 — 그것 역시 생각일 뿐이다. 입증되었고 관계화된 생각은 구조 또는 심리적 체계의 기억을 형성하며, 심리적 체계가 교란으로 유발되어 내적이며 외적인 체계-환경들과 비체계-환경들과 관련을 맺도록 지휘하며, 체계는 그 환경들의 맞은편에서 자기 자신을 가능하게 한다. 즉 자기 자신을 심리적 체계로서 구분 가능하게 유지한다. 그것은 매체적으로 매개된 선택적 지각과, 지각된 것이나 지각되어 구분된 것을 내적으로 계산된 환경으로 귀속할 가능성을 필요로 한다.[116]

심리적 체계의 구분 뒤에는 스스로를 조건화하는 중요한 이론구축 기법상의 사전 결정들이 있다. 첫째, 인간의 이성을 외면하라는 요구의 일관된 이행이 있다. 둘째, 인간을 사회의 환경으로 보내는 것, 즉 인간과 사회의 관계에 대한 인간학적 관점의 극복이 중요하다. 그 둘은 처음에는 현실적인 인간이 아니라 현실적인 인간에 대한 [일반적이며 상식적인] 생각을 분해할 것을 필요로 한다.[117] 생각으로 일어나는 분해는 신체와 정신의 구분이 아니라, 유기적 체계와 심리적 체계의 구분에 그 근거를 둔다. 전자는 정신-신체-통일성을 너무 쉽게 상상하도록 만든다. 후자는 독자적으로 작동하는 체계들을 중요하게 생각한다. 고유한 자기생산 체계들이 주어져 있다면, 이 체계들이 서로에 대해 그리고 사회에 대해 환경이 되어야 할 것이다. 여기서 요구되는 추상성 성과는 상정된 행위 운반자로부터 행위를 일반적으로 추상화하는 것과 대략 일치할 것이다.

심리적 체계는 자신의 작동에서 자기 자신만을 관련지을 수 있다. 그러나 그것은 자기 자신을 생각하는 체계로서만 자신을 생각할 수 있다. 그것은 간단히 말해 이성을 암시할 수 있을 것이다. 물론 모든 심리적 체계는

---

116   심리적 체계와 사회적 체계의 관계에 대해 3.3.3.3. (2) (b) 참조.
117   Dziewas 1993는 그 점에 전혀 동의하지 않는다.

유일하게 그 자신이 자신과 동일시하지 않는 것과의 차이에서만 자기 자신을 확인할 수 있을 것이다. 그것은 이성에 대한 기대를 차이로 파악한다면, 이성을 추측하는 것과 어긋나지 않을 것이다. 그러면 심리적 체계는 자신이 생각하는 것을 모든 다른 심리적 체계들의 자기 자신에 대한 생각으로 생각할 수 있다. 단지 이 표상은 다시금 모든 다른 심리적 체계들에 의해 생각되는 것으로서 생각되어야 한다. 이 지점에서는 그것은 늦어도 이성을 배제한다. 왜냐하면 차별적인 동일성들은 통일성으로 끌고 들어갈 수도 없고, 이성으로 끌고 들어갈 수도 없기 때문이다. 결과적으로 통일성에 맞추어진 이성 개념은 차이에 맞추어진 동일성 개념으로 대체된다. 그렇다면 이성의 기준으로서의 상호주관성은 배제되며, 심리적 체계들에게 공통적인 이성은 그 자리에 있을 수 없다.[118]

3.3.2.2 사회적 체계들

(1) 사회적 체계들의 구분들

사회적 체계로서의 사회는 자신과는 구분된 사회적 체계들과 사회적 또는 소통적 현실들을 자신의 내적 환경 내부에 포함한다(그림 8).[119]

사회적 체계들[120]은 구성적인 요소들인 소통들의 관점에서 비슷하다. 사회 내에서 분출된 사회의 부분체계들은[121] 그 체계들에 의해 "관리된" 소통 유형의 관점에서 구분된다. 기능적으로 분출된 사회의 부분체계들은 사회의 제각기 특수한 기능을 지각한다는 점으로 인해 특별한 사회적 체계들로

---

118 H.-B. Schmid 2000를 따르는 경우에도 "주체"와 "상호주관성"에 이르는 것이 사실상 거의 불가능하다.
119 더 자세한 내용은 3.3.2.2(5) 참조.
120 Luhmann: 182: 9, 373: 33, 241의 정의들 참조. Hohm 2000: 19ff의 경계 설정도 참조.
121 그림 5와 훨씬 아래의 그림 13a와 13b도 참조

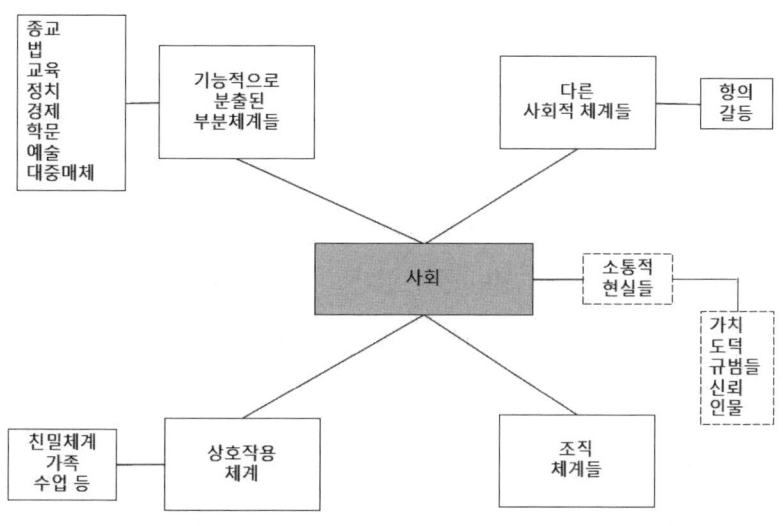

그림 8: 사회적 체계들

서 구분된다.[122] 이런 점에서 루만은 사회적 체계로서의 사회운동이 사회의 특수한 기능을 지각한다고 보지 않는다.[123] 사회적 체계로서의 상호작용체계[124]는 사회 곳곳에서 발생한다. 상호작용체계들은 기능적 분화의 결과로서 특별하게 형성된 고유한 체계들(친밀관계들/사랑, 가족)로서, 기존의 기능적이며 조직을 갖춘 체계들의 경계에 있는 체계들(법원의 공판, 학문적인 콜로키움, 기업의 프로젝트팀)로서, 그리고 기능적이며 조직을 갖춘 체계들에 교차하는 체계들(과학과 경제의 협력 연구모임)이나 그런 체계들 외부의 체계들(정당, 즉흥적인 만남, 자조 집단)로서 기능적으로 특화되지 않았다. 다양한 범위

---

122 그 점에 대해 3.3.2.2(3)(b) 참조
123 용어사전에서 → 불안, → 소통, 생태학적, → 항의, → 사회운동 참조. 루만은 →의료 체계와 지원 체계(→지원)에 대해 의심의 여지없이 분류할 수 있는 힌트를 제공하지 않는다.
124 용어사전에서 → 상호작용체계, 3.3.2.2(4)(a)을 참조.

의 조직체계들[125]은 특수한 기능을 수행하는 사회의 부분체계들과의 경계 지역에서 중심적인 역할을 하지만(법원, 학교),[126] 부분체계들과 교차하기도 한다(제품검사 재단, 독일자동차협회, 주부협회). 후자는 특별히 구분된 갈등 체계들에도 적용된다. 상호작용 체계들과 특히 조직체계들은 한편으로는 역동적인 관점에서든(상호작용체계) 통합적인 관점에서든(조직체계), 전체 사회의 기능을 충족시키는 데 편입되어 있다. 그것들은 다른 한편, 사회 안의, 비교적 작고, 상이한 범위의 기타 특수 기능들(보기: 갈등 중재)을 지각한다. 심리적 체계들이 인물 형식(인적 체계가 아니다!)으로 모든 사회적 체계들에 참여하는 것은 근본적으로 가능하지만, 그것이 그렇게 될 가능성은 다양하다.[127] 후자는 일반적으로 모든 인물이 조직체계 내에 포함될 수 없다는 데서 분명해진다.[128] 사회는 마찬가지로 고유한 사회적 체계로 구분되며, 여기서 루만은 항상 사회와 세계사회의 구분을 함께 고려하기는 하지만, 서로에게 도달 가능한 소통들의 세계 범위의 연관만을 관찰하는 것은 결국 더 이상 구분할 수 없도록 어렵게 만드는 것으로 보인다.

사회적 체계들 외에도 또 다른 사회적 현실이나 소통적 현실들을 다수 발견할 수 있다. 소통적 현실들은 체계 특징이 없는 사회적 사태들이다. 그것들은 소통을 비로소 가능하게 하거나(인물들), 소통의 인적 배려의 부담을 덜어주거나(역할, 신뢰), 소통을 구조화하거나(프로그램화), 특별한 기대들로 소통을 갖추어준다(가치, 도덕, 규범).[129]

---

125 용어사전에서 → 조직 참조. 3.3.2.2(4)(b)를 참조.
126 이미 Tyrell 1978의 첫 번째 질문이 마지막으로 언급된 연관을 관련짓는다.
127 조직상 체계 소속성과 인적 체계 소속성에 관해 4.2.2.1 참조.
128 그 점에 대해 상세하게 3.3.2.2(5) 참조.
129 언급된 유형의 구분들은 루만의 경우에 처음부터 상이한 연관에서 나타난다. 그것들은 처음부터 점점 더 그때그때 특수한 연동들을 위해 매체로서 구분된다. 용어 사전에서 → 도덕, → 규범, → 인물, → 프로그램, → 역할, → 신뢰, → 가치 참조.

(2) 사회적 체계들의 특성

(a) 소통과 행위[130]

인간 해체의 다른 면은 인간학에 의존하지 않고 사회적인 것을 구성하는 데 있다. 사회적 체계들은 이미 설명했듯이, 인간들이 아니라 소통들을 요소로 삼음으로써 "이루어진다". 이때 소통은 정보(Information), 통보(Mitteilung), 이해(Verstehen)의 3중의 선택적인 차이의 통일성(동일성)으로서 정의된다. 이 3중의 선택적인 차이를 적절하게 정돈할 수 있으려면, 몇 가지를 전제해야 한다(그림 9). 정보는 통보와 다르며, 통보는 이해와 다르고, 정보는 이해와 다르다. 정보는 하나의 차이이다. 그것은 다른 차이일 수도 있을 것이기 때문이다. 통보는 하나의 차이이다. 그것은 실행되지 않을 수도 있거나, 몸짓이나 구두나 문자의 상이한 형식으로 이루어질 수 있을 것이기 때문이다. 이해는 하나의 차이이다. 그것은 정보와 통보를 구분할 수 있기 때문이며, — 그리고 여기서 한 번 더 구분되어야 할 것은 — 이 의미에서 이해될 수 있기 때문이다.[131] 따라서 개별 소통은 지금까지 기술된 3중의 선택적인 차이로서 관찰될 수 있는 것이다. 이해의 동작이 비로소 소

---

130 Luhmann 373: Kap. 5만 참조. "소통"과 "행위"의 루만적인 구분의 전체적인 복합에 대해 긍정적인 연결들과 부정적인 연결들에 대해 Aschke 2002: 91ff., Baecker 1992, Berghaus 2003: 67-96, 114ff.와 129ff, Bohnen 1994, Clam 2000a: 65ff, Ellrich 1992, Foerster 1993, Giegel 1987, Gilgenmann 1997, Gresshoff 2003, Grünberger 1985, Kieserling 1998, Kneer 1998a, Markowitz 1991, Martens 1991 (이에 대해 Luhmann 489), Pfeiffer 1998: 23ff., Reckwitz I 997:323ff, Schneider 1996, 1998과 2003, Stanitzek 1996, Stichweh 2000, Twenhofel 1992를 볼 것. 용어 사전에서 → 소통 외에도 → 귀속, → 이중 우연성, → 창발, → 행위, → 소통 불가능성, → 상호침투, → 소통, 복합적, → 소통, 구두, → 소통, 문자, → 체계, 자기생산적, → 체계, 사회적, → 이해 참조.
131 두 개의 내부 타원은 개별 소통을 상징하고, 그 두 가지 내적 타원형 내의 두 개의 내적 타원은 정보의 통보를 상징하며, 이해의 독립성은 이해에서 출발하여 두 번째로 언급된 타원을 향하는 화살을 통해 표현된다. 인물 1과 인물 2의 형식으로 참여한 심리적 체계1과 2는 서로 연결되는 소통의 경우에 소통의 작성자와 수신처로서 각각 한 번씩 나타난다. 이해함의 차이에 대해 내용적으로 적절한 설명에 관해 Kneer/Nassehi 1991, Kraft 1989, Schneider 1996 참조. Wittenbecher 1999는 더욱 다양한 이해 형식을 구분한다. 그림 6도 참조.

통을 종결한다.[132] 그래서 이해는 소통과 행위의 이해를 위해 핵심적인 것으로 간주된다. 그러나 개별 소통은 [이해가 완료된 순간에는] 이원적인 형식의 사회적 체계의 순간적인 연출로서 아직 관찰될 수 없다. 그러나 개별 소통은 언제나 연결 능력이 있는 통일성인 소통적 과정의 요소다. 이 요소는 소통적 제안의 수용이나 거부가 어떤 식으로든 소통될 때야 비로소 성립한다. 계속해서 서로 연결되는 소통들이 비로소 시간의 내부에서 그때그때 순간적으로 소통적인 체계들이나 순간적인 사회적 체계들을 만들어낸다.[133] 이때 회상될 수 있고 그래서 반복될 수 있는 개별적이거나 접속된 소통들이 체계의 작동들을 안정시킨다.

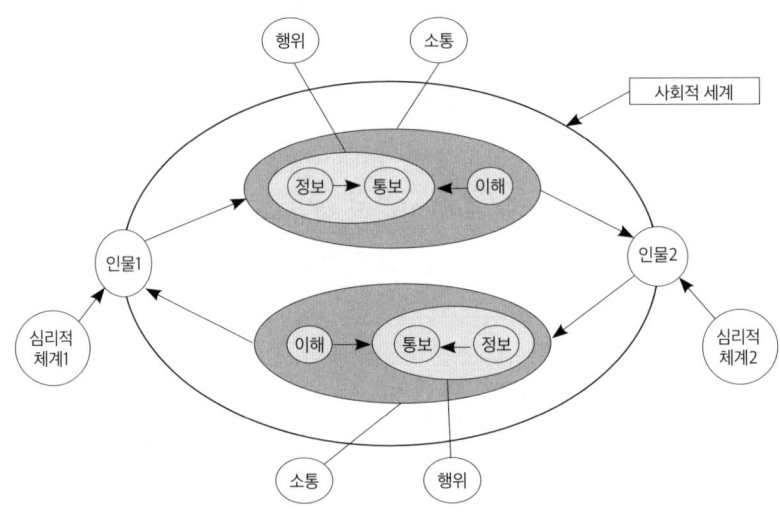

그림 9: 이중 우연성-소통-행위

---

132   Luhmann 452: 169 참조.
133   이해를 위해서는 3.3.2.2(5)도 참조.

자세히 살펴보면 매우 다층적인 이 소통 개념의 핵심은 통보되거나 의도된 정보와 수용되거나 이해된 정보 사이의 더 이상 해체될 수 없는 차이에 있다. 이 주장의 이면에는, 인물 형식[134]으로 소통에 참여한 심리적 체계들이 서로에 대해 암흑 상자라는 전제가 숨어 있다. 무효화할 수 없지만 언제나 새로이 극복될 수 있는 이중 우연성 상황이 항상 유효하다는 것이다. 자신의 요소로서 소통을 가지고 작동하는 사회적 체계의 환경에는[135] 심리적 체계들이 있다.[136] 심리적 체계들은 사회적 체계들의 구성요소가 아니다. 심리적 체계들은 단지 사회적 체계들에 참여할 뿐이다. 그리고 한 번 더 강조하면, 인물 형식으로 참여한다. 심리적 체계의 의식들은 소통적 사건을 통해 고유하게 선택적으로 요구되며, 개별 의식들의 층위에서는 역으로 소통적으로 진행되는 것과 관련하여 고유하게 선택적인 정보 창출과 처리가 진행된다.[137] 다음이 중요하다. 1. 이해는 이해를 이해할 수 없다는 것을 이해할 수 있도록 만드는 사건이다. 2. 이해는 주로 사회적인 과정이며, 고립된 심리 내부적 과정이 아니다.[138]

이제 소통, 즉 정보, 통보, 이해의 3중의 선택적인 차이의 통일성의 구분 내부에 행위와 체험의 구분을 정돈해 넣어야 한다. 심리적 체계는 스스로의 선택의 결과로서 정보를 다루어낼 능력이 있는 것으로 인정된다. 심리적 체계는 정보를 만들어내고, 이것을 통보하고 이해할 수 있다. 심리적 체계들은 어떤 정보의 통보를 행위로서 귀속하거나(체계에 대한 준거), 통보된 정보를 체험으로 귀속할(환경에 대한 준거) 수 있다 ― 이것은 이해를 통해

---

134 추상화 유형인 자아와 타자는 추상화 유형인 심리적 체계들로 대체되며, 후자는 사회적으로 인물로 정의된다.
135 사회적 체계의 구축은 3.3.2.2(2)(b)에서 아직 더 기술되어야 한다.
136 그림 9에서는 외부에 위치한 두 개의 원들을 통해 심리적 체계1과 심리적 체계2가 표현되어 있다.
137 예를 들어 Kargl 1990:370ff.와 Buchholz 1993: 114ff는 이 질문에 접근할 수 없다. 반면 전체적으로 적절한 입장을 취하는 것은 예를 들어 Schneider 1996, 1998과 2003, Schützeichel 2003: 87ff 참조.
138 그 점에서 Gresshoff 2003: 77ff는 주관성의 나머지가 없다는 것을 아쉬워한다.

서만 가능한 일이다. 그래서 소통적 자기생산과 생각의 자기생산의 차이도 있으며, 소통과 행위의 차이도 있는 것이다. 소통은 사회적 체계의 자기구성의 기초적 통일성이며, 그 통일성은 소통의 통일성 내부에서 또는 통일성 자체로서 관찰될 수 없다. 행위는 사회적 체계의 자기관찰의 기초적 단위이며, 그 단위는 통일성 내부에서 또는 통일성 자체로서 관찰될 수 없다.[139] 자기 자신을 관찰하는 사회적 체계의 틀 안에서 행위는 정보를 통보하는 선택적 동작이다. 인물 형식으로 소통에 참여한 체계들은 자신들의 참여를 행위로서나 체험으로서 단순화시켜서 귀속해야 하며,[140] 그렇게 하는 것은 정보와 통보의 구분 가능성으로서의 이해가 선행할 것을 필요로 한다.[141] 따라서 원래의 행위 개념[142]은 그렇게 분명하게 이해 개념에서부터 위치가 정해졌으며, 따라서 소통 개념으로부터 위치가 정해졌다.

확인해두어야 할 것은 다음과 같다. 1. 소통은 관찰 개념이다. 그 개념이 표현하는 것은 통일성으로 직접 관찰될 수 없다. 이것을 위해서는 개념을 구성하는 개념적으로 파악된 차이들에 근거해야 한다. 2. 소통은 그때그때 순간적으로 이루어지는, 소통의 소통에의 연결을 표현하는 개념으로서 1.과는 구분해야 한다. 소통은 이 의미에서 마찬가지로 통일성으로 직접 관찰될 수 없으며, 마찬가지로 개념 구성요소들을 해체하면서 소급할 것을 필요로 한다.[143] 소통하는 것이 소통이라는 진술[144]은 개별 소통이 개별 소통에 연결된다는 것을 진술할 뿐이다. 그것은 어떤 체계가 바로 기초적 사건

---

139 심리적 체계들과 사회적 체계들 간 관계는 아직 완전하게 기술되지 않았다. 체계 관계 관점에서 근본적인 보완들이 추가되어야 하며 이때 일반적인 반대 의견들에 대한 반박도 제출할 것이다. 이하의 하부 단원들과 부분적으로 제4장 참조.
140 체험과 행위의 분화에 대해 Baecker 1994b: 28f와 Heidenescher 1991도 참조.
141 Krieger 1996: 100ff에서 행위는 여전히 이해되지 않게 개념화되어 있다. 전반적으로는 매우 분화된 관점들이 있으며 내 판단으로 적절한 것은 (그래도) Greshoff 1998, A. Hahn 1998: 507ff., Schneider 1998이다(마지막 문헌은 특히 분명하다).
142 2.1.1 참조.
143 관련된 내용으로 그림 7과 그림 10 참조.
144 명확하게 하는 문헌으로 Luhmann 235: 1019 참조.

들인 소통을 가지고 자기생산을 한다는 것을 표현하는 말이다.[145]

(b) 상호침투:[146] 심리적 체계와 사회적 체계

앞서 말한 구분은 어떻게 소통이 과정으로 성립하는가에 관해 아직 충분하게 설명하지 않는다. 개별적으로는, 자기생산 체계로서 사회적 체계들이 자기생산 체계로서 심리적 체계들과 어떤 관계에 있는가[147] 하는 것과 그렇다면 심리적 체계와 사회적 체계의 자기생산이 무엇을 뜻하는지를 질문할 수 있다. 여기서는 잘 알려진 다음 기술들이 도움이 된다(그림 10), 사회적 체계들은 소통들에 기초하여 자신들의 작동들을 유지하기 위해, 심리적 체계들의 의식을 자기선택적으로 요구한다. 역으로 심리적 체계들은 의식의 토대에서 자신들의 작동들을 유지하기 위해 사회적 체계들의 소통을 자기선택적으로 요구한다.[148] 자기선택적인 요구는 설명되어야 할 것이 전제될 때만 생각할 수 있는 일이다. 그것은 여기서는 서로 연결하는 소통들의 창발적인 연관을 말한다. 그것은 동어반복적이며, 역설적이다. 그러나 그것은 가능하다.[149]

어떤 대화의 시작을 생각해보라. 인물 형식으로 대화에 참여하는 심리적 체계들은 의식의 토대에서 기본적인 생각을 가지고 언어 매체에서 작동한다. 심리적 체계들은 그때그때 다른 개인들의 참여를 관찰한 결과를 기준으로 하여 대화에 참여한다. 이때 심리적 체계들은 제각기 자신에게 있어 자기준거적이다. 시작된 대화는 독립적이며 고유한 동학을 지니는 사회

---

145 그림 9에서 가장 큰 내부 타원들이 개별 소통들과 그것들을 결합하는 화살들이 그것들 간의 연결을 가리킨다.
146 용어 사전에서 → 상호침투 외에도 → 연동, → 연동, 단단한/느슨한, → 연동, 구조적, → 체계 관계들 참조.
147 Luhmann: 129: 103-119, 189: 98ff만 참조.
148 그것은 구축 관계로서의 상호침투 관계들이다. Luhmann: 032, 185, 186, 373, 504 참조. 그 점에 대해 오해의 여지없는 내용은 Pfeiffer 1998: 33ff. 참조.
149 비록 Bohnen 1994는 그것을 완전히 달리 볼 것을 주장하는데도 그의 증거는 반대를 입증하고 있다. Markowitz 1991도 참조.

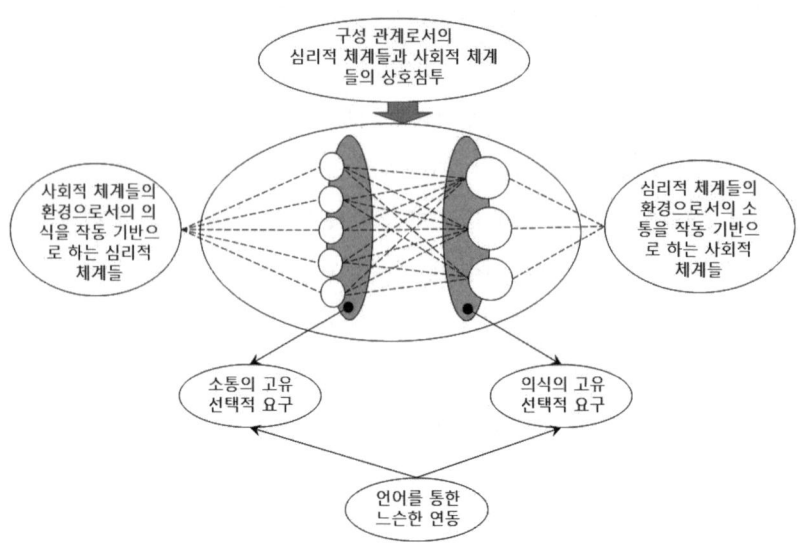

그림 10: 심리적 체계들과 사회적 체계들의 상호침투

적 체계다. 독립성은 소통에 대한 기여의 개인적인 의미가 이미 소통된 의미의 흐름 속에 선택적으로 관련됨을 통해서만 사회적 의미가 된다는 것을 뜻한다. 고유한 동학은 소통이 소통에 연결되고 소통만의 꼬불꼬불한 길에 접어든다는 것을 뜻한다. 참여하는 심리적 체계들의 개별 의식들이 그 뒤를 따르든 말든, 또는 그런 소통이 심리적 체계들이 말한 것의 의미에 부합하든 아니든 상관없이 말이다. 언어 매체[150]를 공동으로 요구한다는 사실은 그 점에 있어서 어떤 것도 변화시킬 수 없다. 언어는 구조적 연동에만 기여할 뿐이다.

이 모든 것은 어째서 심리적 체계들이 서로에 대해, 그리고 사회적 체계들이 심리적 체계들에 대해, 또는 심리적 체계들이 사회적 체계들에 대해

---

150   용어 사전에서 → 인쇄술 → 소통, 구두 → 소통, 문자 → 언어 참조.

환경으로 유지되는지를 한 번 더 분명하게 밝혀준다. 대화는 부정적으로 경계 짓는다면, 진행되는 소통에 관련되는 계기에서 고유 선택적이며 구조적으로 결정된 정보 처리에 참여한 개별 의식의 층위에서 발생하는 모든 것의 총계로서 관찰될 수 없다. 대화는 어떤 것을 개인적으로 자기에게나 타자에게 말한 것의 합계로서 관찰될 수도 없다. 대화는 긍정적으로 경계를 그린다면, 요소인 소통으로 이루어지며 고유한 동학을 따르는 고유한 사회적 체계로서 관찰될 수 있다. 단어 하나는 다른 단어를 제공하며, 의식들은 뒤따라가려고 애쓴다. 그런 체계는 오직 자기 자신과만 동일시될 수 있으며, 그렇지만 상황을 이해하기 어렵게 만드는 것으로서, 그런 체계로서 직접 관찰될 수 있는 것은 아니다. 대화의 관찰자인 모든 대화 관찰자는 다른 어떤 것을 관찰할 것이다. 외부 관찰자도 마찬가지다.[151]

따라서 사회적 체계들은 물론 심리적 체계들도 마찬가지로 창발적 체계들이다. 사회적인 것은 결코 개인적인 것을 전제하지 않으며, 그 역도 옳다. 그 둘의 저울 위에는 공통의 진화가 있다. 어떤 체계도 끊임없이 작동하는 기관이 아니다. 지속적으로 만들어지는 이중 우연성과 관련하여 사회적 체계들이 항상 다시 구성되어야 하며 인간의 측면을 필요로 하는 것과 마찬가지로, 심리적 체계들은 사회적 체계들과 관련하여 항상 새롭게 구성된다. 닭이 먼저냐 달걀이 먼저냐의 질문은 해결될 수 없다. 상호침투하는 체계들은 오직 자기준거와 타자준거의 조합을 통해서만 자율을 유지할 수 있는 의도되지-않은 창발적인 체계들이다.

물론 그런 설명에도 불구하고 사회적인 것의 중요성은 어느 정도 드러난다. 특별한 두 사태를 보기로 하여 다음을 예증할 수 있을 것이다. 1. 심리적 체계들은 사회적 체계들의 환경 내 교란들을 처리하는 가운데 자신과 자신의 기억을 구축한다. 따라서 동기들은 행위 이유를 귀속하는 뚜렷하

---

151 아주 분명한 분석으로 Kneer/Nassehi 1993: 65ff. 참조.

게 사회적으로 결정된 형식들이다.[152] 2. 체계들의 관찰은 항상 사회적 체계에 속하거나 그 자신이 사회적 체계인 관찰자를 통해 일어난다. 존재하는 모든 것에 관한 진술들은 그런 점에서 사회적인 근거가 있는 진술들이다. 한 걸음 더 나아가 모든 지식을 본질적으로 사회적 지식으로 증명해야 한다.[153]

(3) 기능적인 부분체계들[154]

기능적 분화. 이것은 처음부터 지금까지 루만의 체계이론의 핵심을 이루는 구성요소이다. 기능적 분화가 뜻하는 내용과 루만의 이론에서 차지하는 핵심적인 지위는 이른바 자기생산적 전환에 의해서도 교체되지 않았다. 기능적 분화는 바로 기능적 분화의 고유한 보기를 실행하는 것으로서 이론의 입증으로 유효할 수 있다. 일반적인 주제는 현재 사회를 원칙적으로 기능적으로 분화된 사회로 관찰하는 문제였고 지금도 그렇다. 사회의 기능체계들[155]은 우연적이며-선택적으로 코드에 의존하며 분출된 사회적 체계

---

152 이유들은 이때 귀속에 선행하지 않는다. 귀속하면서 만들어진다.
153 용어 사전에서 → 지식의 진화, → 자기기술, 사회의, → 의미론, → 사회학, → 지식 참조.
154 Luhmann: 062:236ff.; 129: 481ff., Kap. 4 VIII, Kap. 5. IX만 참조 그 점에 적절한 것은 Hohm 2000: 43ff.이다. 기능적 분화 개념을 주로 다른 분화 형식들과 체계들 간 관계들을 위한 귀결들을 충분하게 조명하지 않았다는 점과 관련하여 논의한 것은 Hondrich 1987, Narr 1996, Otto 2000, Schwinn 1995a, 1995b와 1996, Tyrell 1998이다. J. Berger 2003은 루만과 관련되어 있는지를 자문하는 질문을 한다. Nassehi 2001는 확장할 것을 제안했으며, Schimank 1985b는 그 이론을 행위자이론적/조종이론적으로 근거를 갖추기를 원했다. 용어 사전에서 → 분화, 기능적 외에도 → 분화, → 분화, 사회의, → 진화, 사회적, → 포함/배제, → 우연성 공식, → 체계 분화 참조.
155 기능적 부분체계로서 특별히 상세하게 다루어진 것은 종교체계, 법체계, 교육체계, 정치체계, 경제체계, 학문체계, 예술체계, 대중매체체계다. Becker/Reinhardt-Becker 2001: 90-136의 개관 참조(사랑은 물론 기능체계가 아니다). 루만은 또한 환자치료 체계도 언급한다. 사회적 현실들을 포함하는 모든 다른 사회적 체계들도 기능적으로 분화된 체계들로 인한 중첩 형식으로든, 기능적 분화의 경계 내부나 외부의 분출과 분화 형식으로든 기능적 분화의 영향을 받는다. 이 이유로 인해 사회적 현실들을 그림 13a와 13b에

들이며, 그 체계들은 오로지 특수한 소통의 수행에만, 즉 특수한 사회의 기능 충족에만 기여한다. 사회의 기능체계들은 대략 일반화하면, 사회전체적으로 증가하며 구분하는 유의미한 소통을 다루어내기 위해 진화상 생성된 문제 해법으로 이해할 수 있다.[156] 기능적으로 분화된 사회의 기능체계들은 다시 한번 함축적으로 표현하면, 기능 특화되었으며 성과 특화되었을 뿐만 아니라 '매체 특수하고/코드 특수하며' 프로그램화할 수 있는 자기생산 체계들이다.[157] 그 체계들의 분출은 상징적으로 일반화된 소통 매체를 통해 실행된다.[158] 이미 언급한 것처럼, 그 체계들의 기능은 사회 전체와 관련된다. 그 체계들은 자신의 환경 안에 있는 사회적 체계들에 성과를 제공한다.[159] 그것들의 기능함은 (소통의 형식으로) 특수하게 코드화된 자기준거적 작동들이 규정된 주도 관점(우연성 공식)을 신뢰할 만하게 지향하며 프로그램화될 수 있다는 것을 전제한다.[160]

사회의 분화가 주로 기능적 분화로 전환된 것은 광범위한 귀결을 낳는다.[161] 사회는 통일성 대신 다양하며 기능적인, 차이의 통일성으로만 관찰될 수 있다. 각각의 부분체계들의 관점에서 제각기 상이하게 말이다. 인간을 사회 내부에 포함하는 것과 인간을 사회로부터의 배제할 수 있다는 것은 사회로부터 배제됨을 통한 사회 내 포함으로 전환된다.[162] 기능적 분화

서도 보기로 다루었다. 항의를 적어도 기능체계로 수용한 것은 약간 논란의 여지가 있다. 루만이 더 이상 다루지 않은 사회부조 체계는 포함하지 않았다.
156 기능적 분화는 확실하게 하기 위해 한 번 더 강조하자면, 일차적인 분화 형식으로서만 관철된다. 아주 이른 시기에 Gerhards 1993을 참조. 그것은 때때로 선도적인 것으로 관찰될 수 있는 체계를 배제하지 않으면서 그 체계들 사이의 교체도 배제하지 않는다. Luhmann 095: 32만 참조. 루만에 따르면 기능적 분화의 경계에는 다소간 뚜렷한 분절적 사회 형식들과 계층화된 사회 형식들이 있다. 반대로 "사회적 분화의 오케스트라 문제"에 대한 Hondrichs (1987)의 환기를 참조. Hondrich 1972도 참조.
157 이 점에 대해서 그리고 이하의 그림 11 참조.
158 이하의 하위 단원 (a) 참조.
159 이하의 하위 단원 (b) 참조.
160 이하의 하위 단원 (b)와 (c) 참조.
161 계속 그림 11. 참조
162 4.2.2.2 참조.

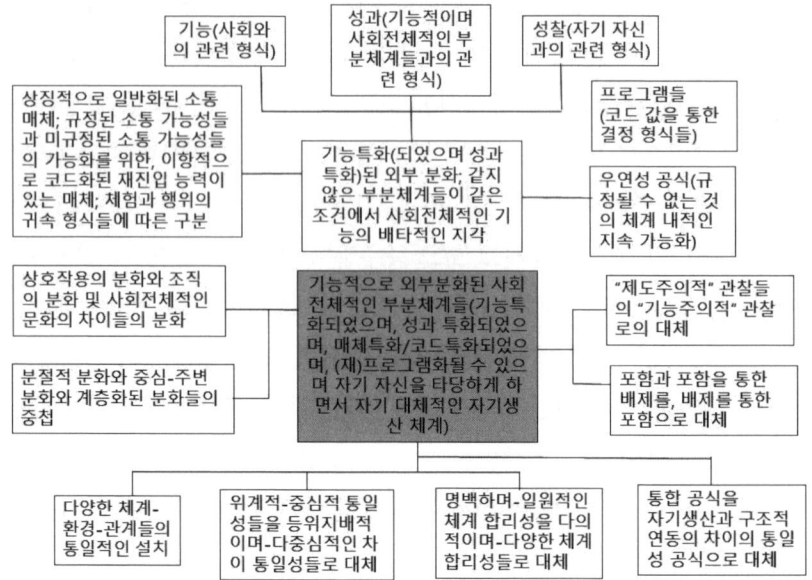

그림 11: 기능적 분화의 기능적 특징들

의 한계 내에서 그리고 부분적으로 분화를 통해 형성되어서, 상호작용의 분화와 조직의 분화와 기능적 분화 간의 차이는 커진다. 그 밖에도 기능체계들의 경계에서는 다양하며 이차적인 분절적 분화와 중심-주변 분화와 계층적 분화가 나타난다. 그 모든 것은 한꺼번에 보면, 서로 조건화하는 효과적인 공식들을 가지고 기술될 수 있다. 그 공식들은 다음과 같다. 다양한 체계-환경-관계들의 통일적인 수립(단순한 다양성 대신 다양한 통일성), 전체-부분-유형과 위계적-중심적-유형의 통일성(Einheitlichkeit)을 등위 지배적이며-다중심적인 사회전체적인 비통일성으로 대체함, 명백한 합리성을 모호한 체계 고유 합리성으로 대체함,[163] 사회전체적인 통합의 전통적 형식을 비통

---

163 체계이론적 합리성 개념에 관해 Luhmann: 268: 257, 373: Kap. 11, 435: 92; 또한 Schulze-Boeing/Unverferth 1986도 참조. 용어 사전에서 → 합리성, 유럽적, → 합리성,

76 루만 전체 입문

합이나 자기생산과 구조적 연동의 차이의 통일성으로 대체함.[164]

통상적으로 구분된 사회적 기능체계들(교육에서 학문까지)과 선택된 또 다른 사회적 체계들(친밀관계, 갈등, 항의)과 선택된 사회적 현실들이나 소통적 현실들(가치, 도덕, 규범)은 그것들을 개별적으로 규정하는 특징들을 고려하면서 아래 그림 13a와 13b에 도식적으로 요약되어 있다. 개별적인 체계 구분들과 구분된 체계들을 다양한 체계들을 특징짓는 특성을 자세하게 다루는 것은 이 입문서의 범위를 넘어서는 일일 것이다.

(a) 상징적으로 일반화된 소통 매체들[165]

기능적인 분화 개념의 중심 부분은 상징적으로 일반화된 소통 매체 개념이다.[166] 소통 매체들이 생성되는 연관과 작용하는 연관은 그림 12에 분명하게 드러나 있다.[167]

사안 설명에서 도입을 위한 보기로서 다시 경제적 소통을 선택할 것이다. 살림을 꾸리는 일은 늘 있었고, 지불도 행해졌으며 물고기 뼈나 표석(標石) 같은 다양한 매체를 사용하면서 이미 행해졌다. 그것은 전반적으로 볼 때, 전체적으로 사실 차원은 약하면서 사회적으로는 분절적으로 분화된 사회전체적인 맥락에 보관된 채 실행되었다. 규정된 소통의 분출은 사회적 사태들의 분화와 함께 공-진화하며 실행되었다. 가령 특정한 어떤 시점부터 화폐 매체가 경제행위의 독립에서 주도적 역할을 넘겨받았고, 시간이

체계이론적 참조.
164 전체적으로 3.3.2.2(5)와 4 참조.
165 Luhmann: 072, 121, 129: Kap. 2, IX-XIII만 참조. 그 점에 관해 Damerow 1998, Ganssmann 1986a와 1996, Gromitsaris 1993, Hohm 2000: 63ff., Horster 1997: 133ff., Künzler 1989a 와 1989b, Portele 1988, Schneider 1996, Schiewek 1993 참조. 용어사전에서 → 소통 매체, 상징적으로 일반화된 외에도 → 코드, → 형식, → 일반화, 악마적, → 일반화, 상징적, → 인플레이션/디플레이션, → 우연성 공식, → 매체, →매체/형식, → 자기 타당화, → 공생 기제들, → 상징, → 친숙함, → 기호 참조.
166 이 점에 관해 그림 13a의 "매체" 행과 "코드" 행 참조.
167 그림 11과 13a도 참조.

지나면서 화폐 매체로 표현될 수 있는 사회전체적인 소통을 장악하게 되었다. 그것은 진화의 결과이기 때문에 그것이 언제 분출에 이르는지 말할 수는 없다. 어떤 소통이 분출하고 결국 특수한 기능을 가진 사회의 부분체계들을 형성하고 촉매시키는가,[168] 그것은 예견될 수 없었고 예견될 수도 없다.[169] 그것 역시 진화에 달려 있다.

상징적으로 일반화된 소통 매체는 재진입 능력이 있는 형식의 규정되었으며 미규정된 이항적으로 코드화된 체계 특수한 소통적 가능성들의 차이의 통일성[170]을 표현한다. 여기서 상징적으로 일반화된 매체는 화폐다. 화폐는 규정된 소통 가능성들, 즉 경제적인 소통 가능성들, 그러니까 오로지 화폐 매체에서만 처리될 수 있는 가능성들과 관련된다. 이 규정된 가능성들은 미규정되었지만 규정될 수 있는 가능성, 즉 지불 가능성들을 열어준다.

화폐의 상징 특성은 지불/비지불의 차이의 통일성을 단순하게 화폐로 표현하는 데 있는 것이 아니라, 차이를 자기 자체에 다시 사용할 수 있다는 것을 표현하는 데 있다. 즉 지불을 지불/비지불의 차이의 통일성을 가리키는 표현으로 사용하는 데 있다. 일반화된 것은 매체다. 매체는 다수성을 통일성 내에서 재현하며, 제한을 확장과 조합할 수 있기 때문이다. 화폐 매체 내에서의 소통만 가능하지만, 이것은 모든 개인적인, 사회적인, 사실적인, 시간적인 고려들과 공간적인 고려들과는 근본적으로 무관하다. 매체는 규정된 가능성들과 미규정된 가능성들의 차이의 통일성의 표현이다. 하나

---

168 명시적으로 Luhmann 502: 319 참조.
169 루만은 매체 개념을 체험과 행위의 귀속 차이의 토대에서 구체적으로 발전시켰다. 그 점에 대해 그림 13b에서 "귀속 형식" 참조. 보기를 계속 제시하자면, 경제체계에 참여하는 체계는 모든 다른 참여 체계들의 행위를 고유한 행위의 전제로 취한다. 그것은 개별 참여자들이 모든 참여자들의 기대의 표현인 가격에 영향을 취하지 않기 때문에 쉽게 확인할 수 있다 해당되는 환기들은 용어 사전에서 → 화폐, → 사랑, → 권력, → 법, → 진리 참조.
170 이 의미론적 유형에 대해 용어 사전에서 → 차이, → 통일성, → 주도 차이 참조.

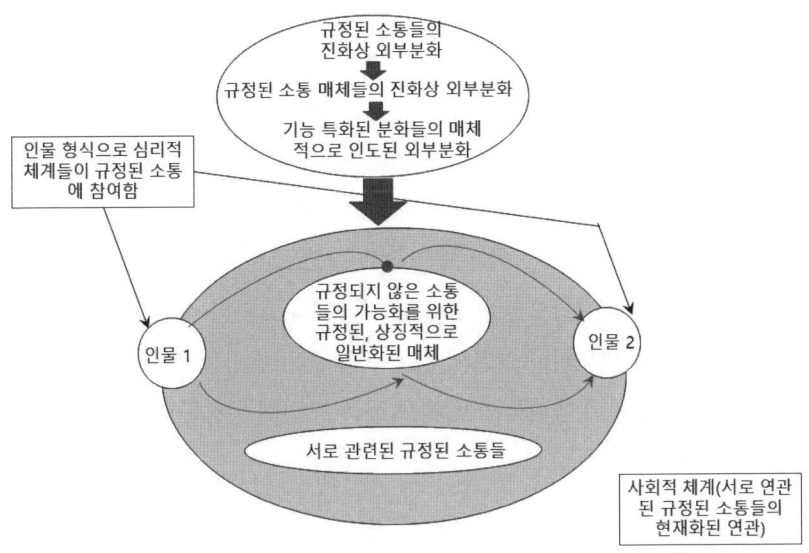

그림 12: 상징적으로 일반화된 소통 매체: 생성 연관과 효과 연관

의 매체 내부에는 원칙적으로 임의의 형식들을 새겨 넣을 수 있다. 버터값을 지불할 수 있는 것처럼, 예술작품 감상도 값을 지불할 수 있다. 그런 탈한계화는 동시에 매체 상징법의 악마화(Diabolik)를 설명할 수도 있다. 이항적으로 코드화된 매체는 코드를 수용하는 쪽에서 코드의 구분을 새롭게 다루어낼 수 있을 때는 언제나 재진입 능력을 보여준다. 지불 시점에서 보면, 지불과 비지불이 다시 구분되며 그렇게 구분되는 것 자체가 자리를 교체할 가능성을 가리킨다. 즉 지불될 수 있거나 또는 지불될 수 없게 된다. 상징적으로 일반화된 매체는 규정된 매체 내부에서 작동하는 체계의 환경에서 — 인물 형식에서든 조직 형식에서든 — 체계들의 참여를 가능하게 하는 기능이 있다. 이렇게 되기 위해서는 잠재적으로 참여하는 체계들이 참여하도록 자극받고, 체계들의 행위를 신뢰할 수 있는 조건들에 지향한다는 것

제3장 체계들의 생성과 구분들   79

이 필요하다.[171] 이것을 위해서는 이미 언급된 우연성 공식이 구분된 것으로 제안될 수 있다.[172] 그래서 그때그때 가격 형식으로 나타나는 화폐의 희소성은 그 시점의 지불 기대들에 관해 알려주며, 사람들은 고유한 행위를 미래에까지 배제하지 않으면서 그 행위를 그 기대들에 현재적으로 지향한다. 매체들의 효과성은 한편으로는 그것들이 배타적으로 기능한다는 것과 다른 한편으로는 그렇게 기능한다는 것이 추가로 보장된다는 데 근거한다. 가령 생명 층위와의 결합으로서 공생적 기제[173]의 효과나 예컨대 화폐 위조나 물리적 폭력의 적용이나 영혼의 자기구원 같은 행위들처럼 매체 기능을 무력화시키는, 규정된 행위들의 배제를 통해 그렇게 기능한다는 것을 추가 보장할 수 있다.[174]

(b) 부분체계들의 기능성

일상언어로는 보통 경제적인, 법적인, 정치적인 것들과 같은 사태들이나 심지어 체계라는 말을 한다. 그것은 그 즉시 사회구조와 의미론의 연관을 지시하는 것으로 받아들일 수 있다.[175] 그러나 이때 기껏해야 늘 새롭게 해당 체계들의 본질로서 조직된 행위 단위들과 관련되는 생각을 문제로 삼을 뿐이다. 경제적 체계에서는 기업을, 법적 체계에서는 법원을, 교육체계에서는 학교를 생각한다.[176] 그것은 궁극적으로 틀린 것은 아니지만, 원래 의도된 기능적인 규정을 빗나간다. 오직 해당하는 소통들만 관심의 대상으로 삼는다. 경제적인 체계는 다른 모든 부분체계처럼 특정한 소통을 토

---

171 Münch 1994: 44ff.는 완전히 다른 어떤 것을 원했다. 그는 체계 기능 대신 지불 이유를 상세하게 다루고 이것을 전면에 내세우기를 원했다. 그것은 그렇게 볼 수도 있다. 잘못된 것은 루만이 그것을 보지 않는다는 전제는 잘못되었다.
172 그림 13b의 "우연성 공식" 항목 참조.
173 그림 13b의 "공생적 기제" 참조.
174 용어사전에서 → 소통 매체, 상징적으로 일반화된 과의 연관에서 → 인플레이션/ 디플레이션, → 자기유효화, → 공생 기제 항목의 다른 환기들 참조.
175 그 점에 대해 Stäheli 1998 참조.
176 그림 13b의 "제도적 핵심" 참조.

대로 하여 작업하는 체계, 특정한 종류의 소통 연관인 지불과 비지불의 연관을 만들어내는 통일성들이다. 모든 기능체계에는 기본적으로 모든 사람, 더 정확하게 말하면 모든 인물이나 조직이 참여할 수 있다. 해당 체계의 매체가 요구하는 척도에 따르는 모든 현재적인 참여는, 그리고 그것은 모든 순간 언제나 다수성에 의해 이루어지며, 해당 체계의 자기현재화의 표현인 것이다. 따라서 기능적인 고찰과 제도적인 고찰을 언제나 분명하게 구분해야 한다.

특수한 기능을 가진, 모든 사회전체적인 체계는 사회를 위해 배타적으로 하나의 특정한 기능을 수행한다.[177] 그런 체계들은 사회를 전체적으로 대표하지는 못하면서, 그 체계들이 담당하는 관점에서 각자 사회를 대표한다.[178] 이때 체계들은 자기준거적으로 작동한다. 그렇게 한다는 것은 예컨대, 경제적으로 중요한 것이 오직 경제적으로만 중요하며, 화폐의 언어로 바뀔 수 있다는 것 그 이상도 그 이하도 말하지 않는다. 물론 법이나 정치나 교육, 또는 가치나 도덕이나 규범도 경제적으로 중요할 수 있다. 그러나 방금 말한 것은 바로 해당 코드가 관련될 때만 중요할 수 있다. 건강에 해가 되는 것으로 생각된 제품 불매 운동은 그로써 기업의 자금흐름과 관련될 때만 기업 생산 정책의 변경을 자극할 것이다. 따라서 판매에 반대하는 가계들과 불매 대상이 된 기업은 그들 스스로 그들의 소통적 행위를 화폐의 매체로 실행한다는 점에서만 경제체계에 속한다. 그래서 다른 관점에서는 경제체계에의 소속이 나타났다고 할 수 없다.[179]

---

177 기본적으로 Luhmann 373: Kap. I. 참조. 그림 13의 "기능" 항목 참조. 이미 한 번 언급한 것처럼, 그것은 사회적 부분체계들이 비록 또 다른 의미에서 사회에서 각각 구분될 수 있는 "기능들"을 지각하더라도 모든 사회적 부분체계들을 이렇게 명료하게 관련짓는 것은 아니다.
178 3.3.2.2(5)와 제6장의 또 다른 환기들 참조.
179 더 자세한 내용은 4.2.2.1 참조.

	기능	성과	매체	코드	프로그램
종교	우연성 배제	구제사업	신앙, 신-영혼-차이	내재성/초월성	계시, 경전, 교의(교리)
법	규범적 기대의 우연성 배제	기대의 부담 경감, 갈등 조정	법(판결)	옳음/그름	조건 프로그램화, 법규범, 법조항
교육	경력을 위한 선택	비개연적인 소통의 가능화	경력(아동)	잘 배움/ 못 배움, 칭찬/비난	도야, 교수계획/ 학습계획
정치	집합적으로 구속적인 결정 가능화	집합적으로 구속적인 결정의 실천	권력	권력/무권력, 정부/야당	정치프로그램, 정당프로그램, 예산
경제	희소성 감소	욕구 충족	화폐	지불/비지불	목적프로그램, 예산
학문	새로운 지식의 창출	새로운 지식의 공급	진리	진리/허위	이론과 방법론
예술	세계의 관찰		형식 형성, 예술작품	조화로운/부조화의, 미/추	예술작품, 예술교의, 양식 원칙
대중매체	소통의 비대칭화	여론 형성	"정보들"	정보/비정보	"선취된" 여론
항의운동	사회의 자기경고		우려, 당혹, 불안	우려함/ 우려 없음	
가족			(사랑)	구성원/ 비구성원	
친밀관계			사랑	사랑받음/사랑 받지 않음	(개별적인) 사랑의 역사
가치			가치(기본 가치들)	승인/거부	목적프로그램/ 이데올로기
도덕	(포함)		도덕	존중/무시	(윤리)
규범	기대들의 우연성 배제	행동 조종	(규범)	순응/일탈	

그림 13a: 사회적 체계들과 소통적 현실들의 특징들 I

	귀속 형식	우연성 형식	제도적 핵심	공생적 기제
종교	(체험→체험?)	신	교회청	
법	행위→행위	법 실정성, 정당성, 평등/불평등	재판	(물리적 폭력)
교육	(행위→체험?)	학습 능력, 도야, 완전성	도야체계	
정치	행위→행위	정당성, 정치적 자유, 공공선	행정, 정당, 대중	물리적 폭력
경제	행위→체험	희소성	기업, 가계	욕구(소비)
학문	체험→체험	제한성, 부정들의 생산성	연구 활동들, 조직된 프로젝트들	지각
예술	행위→체험	(예술작품)	(예술 경영)	(지각)
대중매체	(행위→체험?)		"매체들"	(지각?)
항의운동(?)	(체험→체험?)		자발 조직	
가족	체험→행위		결혼, 동반 관계, 부모-자녀- 관계들	(성애?, 친척 관계?)
친밀관계	체험→행위	우발성, 소통 불가능성		성애
가치	행위→행위	(가치 다원주의?)		
도덕	행위→행위	준수의 자유		
규범	행위→행위	(반사실적 타당성?)		

그림 13b: 사회적 체계들과 소통적 현실들의 특징들 II

부분체계들의 기능은 기능체계들이 사회에 미치는 성과와 구분되어야 한다.[180] 기본적으로 그 차이는 기능이라고 불리는 잠재적으로 확보된 성과가 실제적인 성과로 실제로도 제출된다는 데 있을 뿐이다. 그런데도 그 구분은 사소한 구분이 아니다. 성과의 층위에서만 제각기 참여하는 체계들의 교환 관계들을 관찰할 수 있기 때문이다.[181]

180　오해의 여지가 없는 문헌으로 Luhmann 304: 51ff. 참조.
181　Vgl. 그림 13a의 "기능"과 "성과"의 비교 참조. 4.1.1.2(2) 참조.

(c) 코드화와 프로그램화[182]

기능적인 부분체계들의 기능 능력은 그 체계들의 매체 코드를 통해 보장되어 있다.[183] 매체와 코드와 관련하여 루만이 종종 언어적으로 동일시한다는 점이 혼동을 불러일으킬 수도 있을 것이다.[184] 화폐는 이항적으로 코드화된 매체다. 매체는 화폐이고, 코드는 지불/비지불이다. 그것은 분명하다. 진리는 학문체계의 이항적으로 코드화된 매체다. 매체는 진리이고, 코드는 진리/허위 또는 참/거짓이다. 여기서 매체 개념은 코드의 긍정적인 면을 표현한다. 그것은 법의 경우에도 비슷하다. 그것은 엄격한 의미에서 특수한 기능을 지니며 전체 사회의 기능을 위해 분출된 체계들과는 약간 달라 보인다. 임의의 사회적 체계에서 가능한 소통은 매체의 위상을 지니며, 소통/무소통이 코드로서 기능한다. 심리적 체계에 대해서는 다음이 유효하다. 의식은 매체로서 형성될 수 있는 생각들의 지평을 표현하며, '생각 있음/생각 없음'이 코드로서 기능한다.[185]

모든 자기생산 체계들이 코드화한다는 사실에 있어서는 다음 내용이 결정적이다. 코드화는 체계들의 분출과 분화에 대한 일반적인 이해에서, 기능적 분화와 공-진화한다. 코드화는 기능적으로 특화된 체계가 자신의 형식적으로 특수하게 코드화된 작동을 어떤 관련들이나 규정들에 따라 내용으로 채울 수 있도록 해주는지에 관한 암시를 포함하고 있지 않다. 그것은 첫눈에 보면, 어떤 생각이나 어떤 소통 제안이 수용할 만한지, 또는 도대체

---

182 Luhmann: 129: 359ff.; 268: VIII, IX.만 참조. 용어사전에서 → 코드와 → 프로그램 외에도 → 이항화, → 횡단, → 형식, → 조건화 프로그램, → 매체, → 매체/형식, → 소통매체, 상징적으로 일반화된. → 직교성, → 구분, → 목적 프로그램 참조.
183 Münch 1992는 루만이 코드에 대해 진화상 보편성의 지위를 주장한다고 주장한다. 그러나 루만의 전체 저작의 어디에서도 문자 그대로나 의미에 따라서 그렇게 말하고 있지 않다. 뮌히의 주장은 일회성을 통해 과거를 가리키는 진화상 성취들이라는 것으로 해석될 수 있는데, 그는 이 점에 있어서 본인이 원해서 그렇게 된 것은 아니지만 절대적으로 옳은 주장을 하고 있다. 루만은 바로 이 점을 말하고 있다.
184 그림 13a의 "매체"와 "코드" 참조.
185 또 다른 문제들은 여기서 자세히 다루지 않는다.

무엇이 정당하거나 진리인지를 먼저 알고 싶어 하는 전통적인 사고방식과는 단절한다.

그러나 전통은 뒷문을 통해 다시 들어온다. 프로그램화[186]는 배제된 제3자의 재진입을 의미한다. 토론에 대한 기여는 주제에 부합하거나 그렇게 평가될 때만 중요하다. 프로그램이 주제가 되는 것이다. 정당함과 부당함에 관해서는 하나의 가치나 다른 가치를 분류할 수 있는 규칙이 있을 때만, 결정할 수 있다. 프로그램이 법률이 되는 것이다. 미학적 판단이나 취향 판단 또는 특정한 양식 이해가 없이는 관찰의 성과는 예술작품으로 돋보일 수 없다. 프로그램이 예술 교의(Kunstdogmatik)가 되는 것이다. 법 코드는 무엇이 어떤 조건에서 법이 될 수 있는지에 관해 알려주지 않는다. 프로그램화는 해당하는 체계 자체 안에서 일어날 수도 있고, 다른 체계에서 출발할 수도 있다. 대학의 세미나 수업은 주제에 따라 시험 규정이나 학업 규정으로 제한되거나 참여자들을 통해 영향받는다. 법체계에 대해서는 정치체계에서 유래하는 법률 또는/그리고 법체계 자체의 위계적이며-등위적인 맥락에서 형성된 판결 규칙이 유효하다.

프로그램화는 어떤 의미에서 조종을 뜻한다. 자기조종 또는/그리고 타자조종 말이다. 보통 조종 개념[187]은 체계가 언급될 수 있는 방식으로 자신의 행위에서 다른 체계에 의해 영향을 받는다는 점과 관련된다. 그러나 영향은 이때 영향을 미치는 체계 코드의 작동상 지배가 적어도 약화되는 것으로 해석된다.[188] 바로 이것이 프로그램화를 의미하는 것은 아니다. 프로그램화는 코드화와 직교 관계나 보완적인 관계를 가지고 있지, 예컨대 대립적인 관계나 대체적인 관계를 가지고 있는 것은 아니다.

그 밖에도 그림 13a와 13b의 종합 개괄은 몇 가지를 더 분명하게 보여줄

---

186   그림 13a의 "프로그램" 참조.
187   용어 사전에서 → 개입, → 조종, → 치료 참조.
188   그런 경향을 보이는 문헌들로 예를 들어 논의에 대한 Buß/Schops 1979, Münch 1994, Tyrell 1978의 기여들 참조.

것이다.[189] 루만은 직접 구분했으며 의미를 자세하게 또는 주변적으로 다루는 체계들과 사태들 중 어떤 것에 관해서도 완결된 것으로 볼 수 있는 완전한 특징 계보학을 발전시키지 않았다. 루만은 체계에 대해서조차 깔끔한 구분을 일관되게 실행하지 않았다.[190] 그곳에는 어떤 결함이 있을지도 모르

---

189 비슷한 서술들은 특히 다음 문헌에서 찾아볼 수 있다. Dallmann 1994: 77, Künzler 1989b: 100/101, Metzner 1993: 150, Reese-Schafer 1992: 131, Preyer 1992: 73. 물음표가 없이 괄호에 넣어 둔 내용은 필자가 옳을 것으로 생각하여 보충한 내용이다. 물음표를 붙여서 괄호 안에 등재된 항목에 대해서는 달리 생각할 여지가 있다.

190 용어사전에서 → 항의, → 교육체계, → 환자 진료체계, → 예술체계, → 대중매체 체계, → 체계, 정치적, → 체계, 법적, → 체계, 종교적, → 체계, 경제적, → 체계, 학문적 참조. 이와 관련하여 매우 포괄적인 논의가 그새 이루어졌다. 교육에 대해서만 다음을 참조 (Arnold 1995, Corsi 2000, Drepper 1998, Gause/H. Schmidt 1993, Gilgemann 1986a, 1986b와 1997, Groothoff 1985와 1987, H. Lange 1999, Lenzen 1996, 1997과 2003, Meinberg 1984, Oelkers/Tenorth 1987, Ruhloff 1996, Saldem 1991, Schulze/Künzler 1991), 문학/음악을 포함하는 예술의 경우 (Bassler 1998, de Berg 1995, 2000과 2001, de Berg/Prangel 1993, Disselbeck 1993, Dotzler 1998, Fohrmann/Müller 1996, P. Fuchs 1987, Giesecke 1987, Groys 1996, Gumbrecht 1987, Hutter 1996, Jäger 1994, Jahraus/B.M. Schmidt 1998, Kretzschmar 1997, Laermans 1997, Meyer/Al Roubaie 1996, Ort 1995, Plumpe 1995, Plumpe/Werber 1995, Prange, 1993, Roberts 1997, S.J. Schmidt 1993, Schwanitz 1987, 1988a, 1990b와 1992, Sill 1997과 2001, Werber 1990, 1996과 2000), 대중매체 (Baecker 2000b, Berghaus 2003: 149ff. 와 164-239, Brill 1996, Droste 1990, Esposito 1995, P. Fuchs 1991과 1992, Kohring 1997, Marcinkowski 1993과 1996, Priebe 1998, Spangenberg 1988과. 1993, S. Weber 1997, Weischenberg 2000, Wenzel 1999, Werber 2000), 정치 (Barben 1998, Bardmann 1995, Beyerle 1994, Brodocz 2001, Bühl 1993, Bußhoff 1974, 1976과 1993, Göbel 2000a, Hellmann/Schmalz-Bruns 2002, King 2003a, Nishizaka 1992, Ronge 1994, Scharpf 1989, Schimank 2000, Stichweh 1998c), 법 (Blankenburg 1994, 1995, Bolsinger 2001, Calhoun 1988-89, Dreier 1974, 1983, Druwe 1990, Kargl 1990b, King 1993과 2003b, Krawietz 1993a, Ladeur 1995, K. Merten 1997, Priban 1997, Rotter 1979, Rottleuthner 1988과 1989, Teubner 1987a, 1987b, 1989, 1995와 1999, Weinberger 2000, Ziegert 2000), Religion (Beyer 1998, Dallmann 1994, 2000a와 2000b, Dobbelaere 1984, A. Hahn 1986과 1987a, Hochschild 1998, Höhn 1985, Karle 2001, Kott 2003, Laermans/Nierschlagen 2001, Murphy 1987, Oberdorfer 2001, Pollack 1988, 1991b와 2001, Schlogl 2001, Schloz 1985, Scholz 1982와 1987, Thomas 2001, Walker 1991, Welker 1985, 1992, Wils 1991, Wohlrab-Sahr 2001), 경제 (Baecker 1987, 1988a, 1989, 1991a, 1991b, 1993, 1994b, 1999a, 1999b, 2001b와 2002, Barben 2001, Beckenbach 1989, Bode 1999, Borger 1999, Brodbeck 1991, Christodoulidis 1991, Ganssmann 034, 1996, Holzer/Siegenthaler 1998, Hutter 1990, 1998과 1999, Kasuga 1987, Munch 1990과 1994, Nahamowitz 1988, Offe 1990, Priddat 1987, Saurwein 1994, Stlinzner 1996, Tacke 1999, Teubner 1999, Walger 1995,. Walger/Schencking 19999, Wieland 1988), 학문 (Stichweh 1987, 1988a, 1996a와 1996b,

며, 그로 인해 불필요한 오해가 야기될지도 모른다.[191]

(4) 상호작용체계 - 조직체계

이른바 자기생산적 전환 이래, 중요한 부분체계들이 아닌 사회적 체계들에 대한 루만의 논문들은 거의 간과되었고, 전체적인 이론구조의 위상은 과소평가되었다. 여기서는 특별히 상호작용체계와 조직된 사회적 체계들을 생각할 수 있다.[192]

(a) 상호작용체계[193]

상호작용체계들은[194] 소통에 참여하며 신체에 매인 심리적 체계들이 공간적으로 참여한 조건에서 현재화되는, 고유한 종류의 사회적 체계들로서 정의된다. 그 체계들은 다른 사회적 체계들의 외부와 그 사이에서 나타나며, 사회적 체계 내부에서 나타나기도 한다. 여기서 말하는 사회적 체계들인 상호작용체계들은 예를 들어 길거리에서 지나치며 아는 척하는 만남, 단골 술집 모임의 대화, 대학의 학문 세미나에서의 토론, 경제 대표들과 정

Kieserling 2000). 루만은 → 환자치료 체계에 대해서는 주변적인 설명만 제시하였다. Luhmann 017, 239, 240 참조; 그 점에 대해 Alber 1989, Bauch 1996과 2000, Hohm 2002, Scambler 1998 참조. 사회부조 체계(→ 부조)를 개념화할 가능성에 대해서는 루만은 아주 초기에 암시만 했다. Luhmann 101; 그에 대해 1994a와 1997b, Bardmann 2000, Hohm 2003, Kleve 1999, May 2000, R. Merten 2000과 2001, Miller 2001, Scherr 1999, 2000과 2002, G. Weber/Hillebrandt 1999 참조. 경계 설정에 있어서 다루어진 기능적 체계들과 그 밖의 체계들을 뒤따라 나오는 학문 분과들에서 루만적인 사고가 수용된 데 대해서는 기여들을 참조.

191 반면 관찰 방식의 전개는 관찰된 것의 전개와 결합되어 있다. 그 결과 이곳저곳에서 빈 틈이 생기고 변화된 구분들로 이어진다.
192 일반적인 분류에 대해서는 그림 6과 그림 9 참조.
193 Luhmann; 063, 071, 349만 참조. 그 점에 대해 특별히 배울 것이 많은 문헌으로 Hohm 2000: 20ff 참조; 그 밖에도 Kieserling 1994, 1998과 1999, Misheva 1993, Sutter, 1999, Tyrell 1983 참조(다음 다음의 각주도 보라). 용어사전에서 → 상호작용체계 외에도 → 소통 불가능성, → 친밀성, → 소통, 복합적, → 소통, 구두, → 사랑, → 열정, → 성애, → 분별(Takt), → 지각 참조.
194 뒤이어 기술된 특징들을 요약하는 그림 14 참조.

치 대표들로 구성된 경제 및 교육 실무 집단, 조직 내에서 동료들과의 비공식적인 만남 등이다.[195]

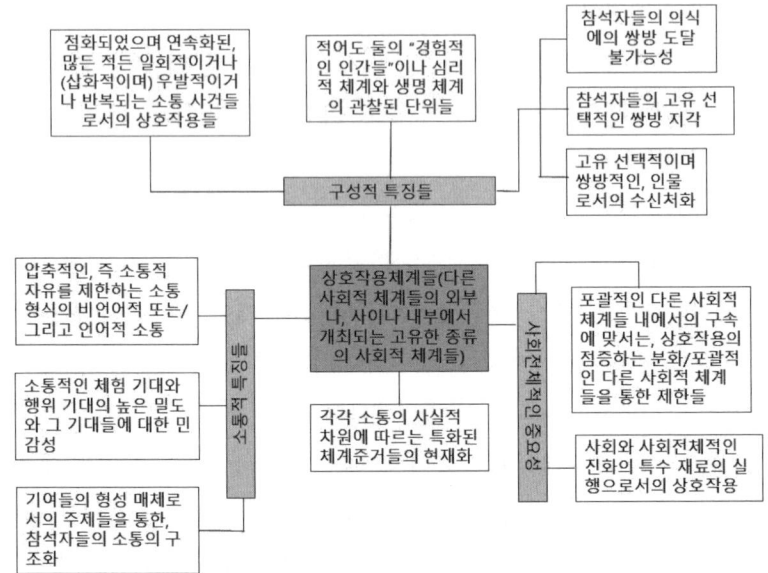

그림 14: 상호작용체계들의 특징들

---

195 기능적으로 분출된 부분체계들 외에도 언급해야 할 부분체계들이나 그 밖의 사회적 체계들은 부분적으로는 상호작용적이거나 상호작용에 가까운 유형이다(예를 들면 항의/사회운동). 갈등들도 매우 강렬한 상호작용일 수 있지만, 부재 상황에서도 진행될 수 있다. 친밀체계들은 그 자체로 상호작용체계들로 구분된다. 경계들은 깔끔하게 그릴 수 없다. 그림 8과 그림 13a와 13b의 해당하는 항목 참조. 다른 사회적 체계들과 그 밖의 사회적 체계들에 대해 Luhmann 017, 101, 104, 129: Kap. 4 XV, 153, 156, 188, 214, 220, 223, 227, 239, 257, 315, 373, 375, 462 참조. 그 점에 대해 Ahlemann 1995, Albrecht 1986, Becker/Reinhardt-Becker 2001: 130-145 u. 173-214, Berghahn 1994, J. Bergmann 1987, Bonacker 2002, Deflem 1998, P. Fuchs 1999b, Harrison 1990, Heidenescher 1999, Hellmann 1993, 1995, 1998과 2000, King 1996, Leupold 1983, Mahlmann 1993, Pasero 1994, Roth/Rucht 1992, Simon 1999와 2000, Teubner 2001, Tyrell 1987, 1988과 1989, Weinbach 2004, Ziemann 1998b 참조. 용어 사전에서 → 가족, → 부조, → 친밀성, → 갈등, → 사랑, → 항의, → 사회운동, → 수업, → 재판, → 협상 참조.

쌍방 각자의 직접적인 지각 가능성 내지는 소통적인 도달 가능성은 신체 매체나 언어 매체, 또는 그 두 매체를 통해 진행될 수 있다. 참여자들은 어쨌든 상호작용적인 사건에 긴밀하게 포함되어 있고, 서로 간의 높은 밀도의 체험 기대들과 행위 기대들 및 그런 기대들에 대한 상당한 민감성에 스스로 내맡겨져 있다는 것을 본다. 그것은 가령 "아니오"를 말할 수 있을 소통의 자유를 제한한다. 참여한 심리적 체계들은 서로에게 도달할 수 없고, "블랙박스"로 남는다. 참여자들은 오히려 각각 고유한 선택에 따라 쌍방 간에 인물로서 수신처가 되고, 스스로 행위 제출을 기대받고 있다고 생각한다. 인물 형식[196]은 사회적 장치로서 여기서는 상호작용체계의 장치로서 볼 수 있다.

상호작용체계들은 기능체계들과는 달리, 그리고 조직체계들보다는 항상 더 많이 시간적으로 제한된 체계들이며, 중단되고 다시 속행될 수 있고, 반복 가능성에 맞추어지는 성향이 있다. 자기생산적 체계들은 그런데도 많든 적든 구조화되어 있다. 그것은 짧은 만남에서 특수한 주목을 요구하는 경우에 언어 매체로 형성된 주제를 통해 세미나 세션 진행이 엄격하게 구조화된 사례에까지 이른다. 후자의 경우에 주제는 그 자체가 주제에의 기여들을 형성하는 매체가 된다. 많은 참여자가 동시에 임의의 것을 말한다면, 소음만 발생할 것이다. 상호작용체계의 핵심은 물론 참여자들 사이의 소통이다. 그러나 소통은 불참자들에 대해서도 참여자들에 대해서처럼 이루어질 수는 있지만, 참여자들에 대하여 불참자들에 대해서처럼 이루어질 수는 없다. 상호작용은 그런저런 식으로 자신의 고유한 자기준거적인 진행을 선택해 나가며, 참여한 심리적 체계들의 편에서 발생하는 자기준거적인 과정들과는 구분된다.[197]

소통의 주제는 특수한 체계 소속성이 있는지 아닌지를 결정하는 근거가

---

196 용어 사전에서 → 동기 → 인물 참조.
197 3.3.2.2(2)(b) 참조.

된다.[198] 진리 진술인지 허위 진술인지가 중요하면, 학문적 소통이 발생한 것이다. 가격 협상이 관건이면, 경제체계에의 참여가 이루어졌다. 에로틱한 신체적인 탐욕들이 나타날 때는 친밀 소통이 주어졌다. 그러나 그런 귀속을 언급하는 것은 모든 경우에 가능한 것도 아니고 반드시 필요한 것도 아니다. 시간적으로 제한된 체계들에서의 가능한 소통들의 내용적인 다양성, 기능적으로 특수하며 배타적인 사회의 기능체계들의 문턱 아래에 있는 체계들 내에서의 가능한 소통들의 내용적인 다양성은 거의 경계가 없을 정도로 무한하며, 소통의 특수 매체들을 통해 코드화될 수 없다. 사회 내에서의 상호작용은 사회를 실행하기는 하지만 사회의 "건축 자재"인 것은 아니다. 다른 사회적 체계들 내부에 있으며 다른 사회적 체계들에 맞서는 상호작용체계들의 독자성은 오히려 강화된다. 그러나 항상 불안정한 주기적인 상호작용들이 진화상 자기변신처럼 놀이 재료를 제공해준다.

(b) 조직체계들[199]

조직체계들[200]은 결정 매체에서 특수한 소통들을 작동시키거나, 결정들을 통해 결정들을 가능하게 하는 고유한 종류의 자기생산적인 사회적 체계들로서 구분된다.

상호작용체계들과는 달리 조직된 사회적 체계들에 대해서는 주도적인

---

198   그림 22도 참조.
199   Luhmann: 012, 113, 277만 참조. 그 점에 대해 Backen/Hemes 2003, Baecker 1999a, Beetz 2003, Bieling 2001, Dammann 1999 와 2000, Dammann/Grunow/Japp 1994a 와 1994b, Gabriel 1979, Grünberger 1975, Hohm 2000: 31ff., Japp 1994, Kirsch/Knyphausen 1991, Kneer 2001, Leflaive 1996, Lieckweg 2001, Menne-Haritz 1999, Meyer/Al Roubaie 1996, Nassehi/Nollmann 1997, Pollack 1991a, Schimank 1985b, Stünzner 1996, Tyrell 1983, Wimmer 1999 참조. 용어 사전에서 → 조직 외에도 → 대안 운동 → 결정 → 결정의 전제들 → 주인과 노예 → 지배 → 위계 → 포함/배제, 인과성 → 구성원 자격 → 조직, 비공식 → 조직 문화 → 인원 → 문제 → 위치 → 불확실성 흡수 → 목적과 동기 참조.
200   이 점에 대해서 그리고 이하에 기술되는 특징들을 요약하는 그림 15 참조.

전제가 구성원자격이다. 구성원자격은 구성원들로서 규정된 인물들의 예측 가능성과 인물과 무관하게 타당한 구성원자격의 조건 승인에 기초하여 드러나는 특성이다.[201] 구성원자격의 조건들은 구성원으로서의 역할에 대한 기대들, 특히 조직 목적과 목적 실현을 위해 입안된 결정 프로그램의 수용과 구성원자격과 조직에서의 행위를 위한 선택에 있어서 조직에 중요하지 않은 다른 모든 인적 동기들이나 구성원 동기화를 무시한다는 데 기초한다.

조직에 대해서는 지금까지 조직을 특히 특별한 목적을 실현하기 위해 인간들에 의해 창출되었으며 이 목적을 위해 '지배에 적합하게-위계적으로' 조직되어야 하는 사회적 체계로 생각해왔다. 이 생각은 스스로 만들어낸 불확실성을 결정 능력이 있도록 처리하는 것과 관련된 자기생산적 체계로서의 조직 개념으로 대체된다. 결정은 가능한 결정 결과들에 관한 우연적인 전제들이 실행되는 결정 행위에 유입되는 그런 우연적인 결정 행위다. 결정 행위는 주어진 결정 프로그램의 관점에서 주어진 결정 대안들 중에서 선택한다는 것을 함의한다. 결정 문제는 스스로 만들어낸 문제다. 문제해결과 관련된 결정 대안들은 그 자체가 결정 의존적인 구분들이다. 따라서 대안은 대안으로 구분된다는 이유만으로 대안이다. 조직들은 예를 들어 조직 정강, 위치들(Stellen)의 설치, 정보 경로 확정, 직원 선발 절차 확정이나 인사 결정 절차 확정 등과 같은 결정이나 결정 전제들의 결정을 통해 구조화된다. 모든 자기생산 체계처럼 조직 또한 기억할 수 있는 결정들과 조직의 기억을 결정의 주도 원칙으로 삼는다.

물론 조직은 내부 환경과 외부 환경과의 관계에서 자신이 목적 지향적으로 작동하는 것으로 관찰할 수 있고 또 관찰해야 한다. 즉 조직은 자신이 인과성 매체 내부에서 작동하는 것을 관찰한다. 말하자면 조직은 공식화된

---

201 구성원자격은 더 정확하게 정의하면, 조직이라는 사회적 체계에 대한 심리적 체계의 관련성 관점이다. 즉 인물을 다른 사람들의 행동 기대의 수신처로서 이해한다는 표현이다.

사회적 체계들로서 관찰될 수 있으며, 그 체계들은 자기 자신이 결정 지향적으로, 이때 주로 목적 지향적으로 결정하는 것으로 관찰한다. 스스로 만들어낸 불확실성을 결정에 적합하게 처리하는 것을 동반하는 결정 구조 위계화들은 주로 조직의 안정화 관심의 결과로 관찰되어야 하지, 지배 관심의 유출로 관찰되어서는 안 된다.

조직은 상호작용체계처럼 주된 소통 유형에 따라 사회의 부분체계에 부속될 수 있으며, 물론 해당하는 소통이 고려 대상이 될 때와 되는 한에서만 부속될 수 있다. 조직의 공식적 경계 내부에는 사회적 체계들의 또 다른 분화들이 있다.[202]

기능적 분화는 물론 현재 사회의 특징을 일차적으로 규정하며, 그것은 특히 무엇보다도 기능적 부분체계의 조직과 관련된 "하부 구조"에 분명한 역할을 인정하는 것을 배제하지 않는다. 그것은 조직이 단단한 연동의 특징과 이와 함께 사회 내에서 자신의 과제를 비교적 지속적이며 성공적으로 충족시킨다는 의미에서 특별한 행위 능력을 가지고 있다는 데 근거한다. 조직은 소통 능력이 있는 유일한 유형의 사회적 체계다. 따라서 조직은 기능체계들에서 우선적이지만, 다른 사회적 체계들 내부와 사회적 체계들 사이에서도 모든 종류의 안정화 효과와 통합 효과를 야기하는 작용, 간단히 말해 연동 기능을 수용할 수 있다.[203] 심지어 다음을 말할 수도 있다. 기능적 분화의 사회전체적으로 지배적인 형식은 결정 위계화된 조직을 통해 통일성이 재현된다는 점과 개인의 사회 참여와 관련되어 조직상 불평등이 구조화되어 있다는 점에서 기능적 등가를 가지고 있다.[204] 루만은 가끔 '포함 주제-배제 주제'에 관한 논문에서 조직/비조직이라는 사회전체적인 초코드화가 있을 수 있다는 것을 통찰한다.

---

202 4.1.2와 4.2.2.1 참조.
203 그 점에 대해 Lieckweg 2001 참조.
204 마지막 내용에 대해 Bieling 2001 참조.

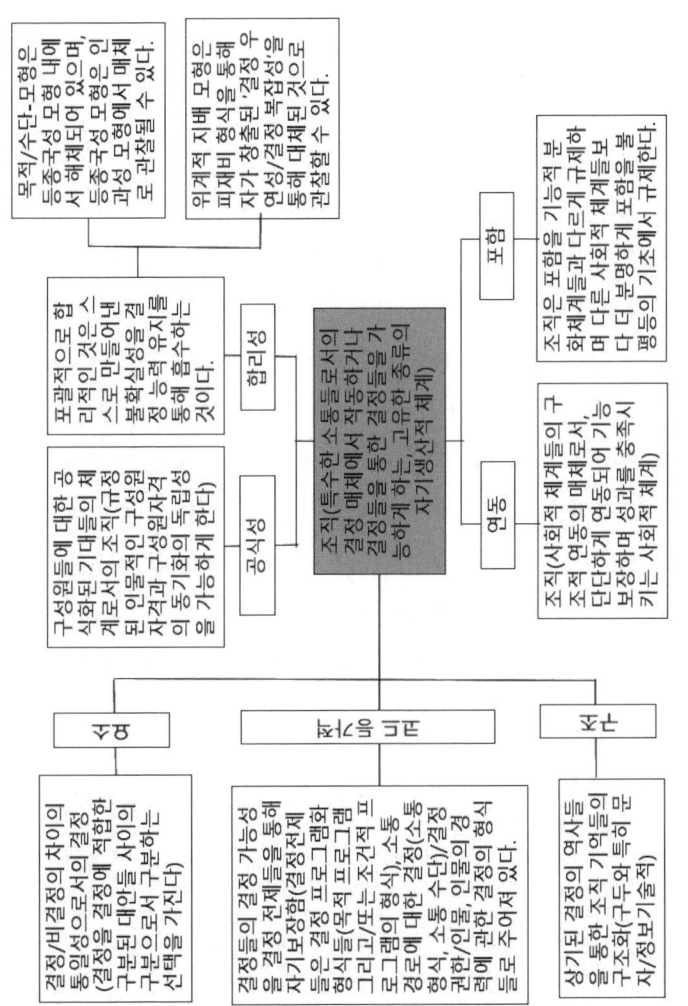

그림 15: 조직체계들의 특징들

제3장 체계들의 생성과 구분들 93

(5) 사회[205]

사회는 무엇"인가"? 먼저 가장 간단하게, 사회가 아닌 것이 무엇인지 말해야 한다. 사회는 인간 또는/그리고 인간들 사이의 관계로 구성되지 않는다. 사회는 일차적으로 영토적이거나 지역적으로 구획할 수 있는 통일성으로 파악해서는 안 된다.[206] 사회는 합의를 통해서나 '가치 적합하게-도덕적으로' 결집되는 것도 아니다. 그리고 특히 사회는 외부의 관점에서 관찰될 수 없다.

긍정적인 기준에서의 경계 설정은 더 어렵다. 일단 사회는 그 환경들과 함께 서술될 수 있다(그림 16 참조). 사회는 소통을 요소로 취하는 자기생산 체계다.[207] 그러면 소통의 토대에서 작동하지 않는 모든 것은 사회에 속하지 않는다고 할 수 있다. 그림 16의 내부에서 외부를 본다면, 사회에 속하지 않는 것은 의식을 작동 기반으로 삼는 유의미한 체계로서의 심리적 체계들과 생명을 작동 기반으로 삼는 유의미하지-않은 체계들이다. 심리적 체계들과 생명 체계들은 다시 내부에서 외부로 보면서, 사회의 외적 환경에 있는 자기생산 체계들이다. 마지막으로 적어도 살아 있는 것으로 분류할 수 없는 모든 것은 외부의 '체계도-환경도-아닌-것'(Nicht-System-Umwelt)에 자기 자리를 가진다. 사회 외부의 전체 영역은 쉽게 구획할 수 있다.[208]

---

205 Luhmann: 129:16-35와 88ff.만 참조. 그 점에 대해 P. Fuchs 2001: 237-337 참조. 아주 다양하며 대개 기능적으로 분화된 사회와 관련된 문헌으로 Breuer 1987과 1995, Brunkhorst 1988, Firsching 1998, Friedrichs/Sens 1976, Ganssmann 1986b, Habermas 1971, Hegselmann 1976, Krieger 1996: 115ff., Schwinn 1995a와 1995b, Stichweh 1996a 참조. 용어사전에서 → 사회 외에도 → 분화, 기능적 → 분화, 사회전체적인(사회의) → 포함/배제, → 자기기술, 사회전체적인(사회의), → 체계, 사회적, → 세계 사회 참조.
206 여기서 계속 다루지 않는, 사회의 포함 개념으로서의 → 세계 사회에 대한 생각은 이 점과 연결되어 있다. 세계 사회 문제에 대해 특별하게 Albert 1999, Baecker 2000a: 18ff., Bahrenberg/Kuhm 1998, Bango 1998, Beyer 1998, Filippov 2000, P. Fuchs 1997, Koßler 1998, Kuhm 2000a와 2000b, → Maresch 2000, Narr 1994a와 1994b, Solte 2001, Stichweh 1995a, 1998a, 1998b와 1999, Tudyka 1989, Wobbe 2000 참조.
207 그것은 그림 16에서 실선으로 표시된 내적 부분을 상징한다.
208 209 이것은 그림 16에서 실선을 통해 표현되어 있다.

특히 심리적 체계들이 배제된다는 데 주의해야 하는데, 그것들은 소통으로 작동하는 체계들처럼 의미를 필요로 한다. 지금까지 다룬 모든 사회적 체계들과 소통적 현실들은 사회의 내적 환경에 속한다.[209] 이렇게 본다면, 구획은 어렵지 않다.

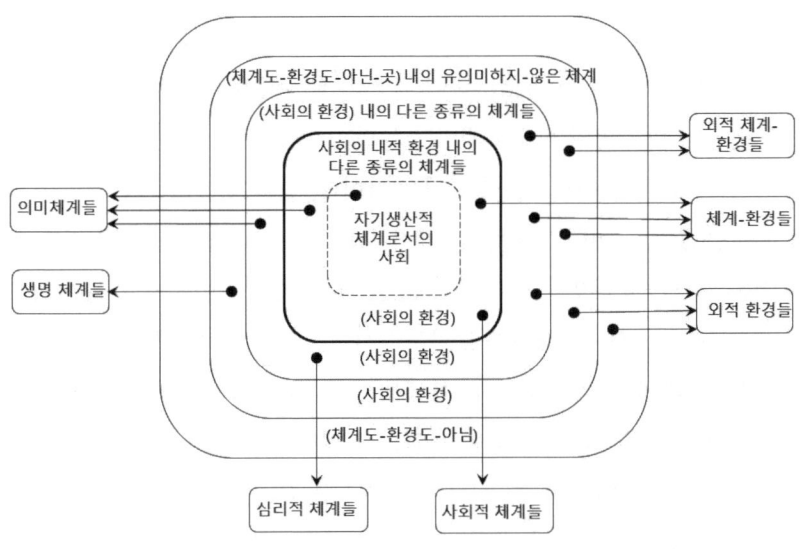

그림 16: 사회와 그 환경들

이제 루만은 중심 개념 중 하나인 사회 개념에 일관되며 현실적인 기술을 제공하지 않는다.[210] 정의에 따르면, 요소로서의 소통들이 사회에 속한다. 그러나 그것은 정확하게 무슨 뜻인가? 어쨌든 지금의 소통들, 순간적으

---

209 210 그림 16에서 점선과 실선 사이에 배치되어 있다.
210 예를 들어 Luhmann: 052: 235, 129: 90f., 144: 15, 182: 11, 207: 64, 328: 16, 334: 18, 361: 83, 504: 618 참조.

로 현재화된 소통들만이 중요할 수 있다는 점을 의도하고 있다. 적어도 이를 통해 이미 사회는 소통의 매 순간 다른 연관으로서 규정되어 있다. 나는 지금 아내에게 어떤 것을 말한다. 그리고 같은 순간 누군가가 루만의 저서나 마키아벨리의 『티투스 리비우스』에서 한 문장을 읽는다. 그리고 역시 같은 순간 텔레비전에서 연인이 애타게 그리워하며 한숨을 쉬는 것을 많은 인물이 보고 듣는다. 같은 순간 무대 토론의 방청자가 토론자의 재담에 감명받는다. 여전히 같은 순간 누군가가 마트에서 계산대에서 1파운드의 버터 값을 지불한다. 이상의 모든 경우에 처음에는 통보/정보/이해의 차이의 단순한 통일성의 의미에서의 개별 소통만이 관건이다. 알다시피, 이를 통해 아직 사회적 체계가 실현되는 것은 아니다. 사회적 체계는 어떤 식으로든 연결을 필요로 한다.[211] 언급된 개별 소통 하나하나는 그것들이 각각 앞선 소통과 관련될 때만 가능하다. 그 경우에야 비로소 소통을 통해 제공된 것의 수용이나 거부의 작동을 포함하면서 완전한 소통이 실현될 수 있다. 즉 [내가 아내에게 말하기 전에] 아내는 나를 비난하는 표정을 지었다. 루만의 책과 리비우스는 잠재적인 독자들을 위해 집필되었다. 그 연인은 틀림없이 연애에서 이별 통보를 받았을 것이다. 그 재담은 아마도 틀림없이 의미 있는 이전 논평과 관련되었을 것이다. 마트에서 지불되는 버터는 틀림없이 그 전에 도매시장에서 구매되었다. 결론적으로 사회는 서로에게 도달 가능한 소통들의 총체 "이다" — 루만이 자주 사용하는 표현이다. 보기들과 보기들을 위해 선택된 언어 규칙들에 머무른다면, 서로에게 도달 가능한 것은 개별 소통들에 연결될 수 있는 개별 소통들밖에 없다. 그러나 선행하는 모든 개별 소통에 개별 소통이 연결되는 것은 아니다. 그런데도 지금까지 사회전체적으로 가능한 모든 개별 소통들은 연결하는 개별 소통들을 가능하게 했다. 이런 점에서 사회는 끊임없이 소통적 가능성들의 지평을

---

211 3.3.2.2(2)(a)에서 그림 6과 그림 9를 가지고 분명하게 밝혀 둔 내용을 명시적으로 환기시키고 있다.

설치한다. 그러면 사회는 그때그때의 계기에 도달 가능하기 때문에 서로에게 도달된 소통의 총체로서 "구성된다".

다음 내용이 타당하다. 작동상 관점에서 사회는 언제나 "단순한" 사건들로서 순간적으로 현재화된 소통들의 그때그때의 총체다. 사회는 모든 순간 다른 사회가 된다. 즉 사회는 자기 생산적인 사회적 체계 또는 소통적 체계로서 관찰된다. 사회는 작동상 폐쇄된 체계로서 인지적으로 개방되어 있다. 즉 사회의 폐쇄성에 기반하여 자신에게 개방성을 허용한다. 사회는 자기 자신 안에서나 자신의 내적 환경에서 나타나는 것으로 사회에 의해 구분된, 사회적 체계들의 환경을 통해 스스로 교란될 수 있으며, 그 외적 환경에서 나타나는 것으로 사회에 의해 구분되었으며 자신의 환경 내부에 있는 사회적 체계들에 참여하는 심리적 체계들을 통해(인간은 오직 이런 의미에서 사회의 환경에서 나타난다[212]) 자기 자신이 교란될 수 있다는 것을 관찰한다.

모든 자기생산적 체계처럼 사회 역시 자기 자신을 구조나 기억을 다루어낼 수 있는 것으로 관찰한다.[213] 따라서 사회는 교란하는 사건들, 그 중 주로 상호작용적으로 만들어진 교란들을 소통상 중요한 것으로서 식별할 수 있으며,[214] 오래전부터 친숙하며 입증된 소통을 새로운 방식의 소통으로부터 구분할 수 있으며, 그에 대해 구조를 보전하거나 변경하면서 자신을 조정할 수 있다. 사회는 체계-환경-구분들을 다루는 체계로서 더 나아가 체계가 자기가능화의 외적 조건으로서 구분하는 환경들에 자신이 적응되어 있다는 것을 식별한다. 간단히 말하면, 사회는 자기생산적 체계로서 작동상 폐쇄적이며, 인지적으로 개방되었으며, 구조가 결정되었으며, 환경 적응된 체계로서 '환경-내부에-역사를-가진-체계'다.

---

212   그 점은 자주 간과된다. W. Bergmann 1994, Papcke 1990만 참조.
213   루만은 → 문화를 사회의 생각이라고 본다. 그 점에 대해 Baecker 1996a, 1999c, 2001a, Gerhards 2001, Helmstetter 1999, Hilttennann 1999, Reckwitz 1997 참조.
214   그러나 사회는 모든 사회적 체계를 지각할 수 없다. 그것은 사회 내의 사회의 관찰자만이 할 수 있는 일이다.

매체인 소통은 느슨하게 연동된 요소들이 요소들로서의 소통과 맺는 연관으로서 형식들을 가능하게 한다. 사회는 창발적인 형식으로 평가를 실행하며 창발적인 형식들 자체로부터 창발적인 형식들을 형성한다. 따라서 사회는 다음과 같은 연관으로 관찰될 수 있다. 사회는 자기 자신을 언제나 새롭게 가능하게 하며 자기 자신을 변경시키고 자기 자신을 다양하게 완성시키며 동시에 끊임없이 서로에게 도달 가능한 소통들의 통일적이며 상이하게 규정하는 연관으로서 관찰될 수 있다. 그래서 사회는 분절적으로 분화된 것으로, 중심/주변에 따라 분화된 것으로, 계층에 따라 분화된 것이나 기능적으로 분화된 것으로 관찰될 수 있다. 이 모든 것에도 불구하고 사회는 우주론적-종교적으로, 자연적이며-이성적으로, 진보적이며-근대적이거나 그 밖의 완전화, 최종화, 인간화하는 것으로 생각된 청사진에 따라 실현될 수 없다. 이와는 달리 관찰 가능한 것(!)은 통일성에서 차이로의 전환이며, 관찰 이전에 그리고 결과로서 분화하는 관찰 가능성들과 소통 가능성들로의 전환이다.

　이전 기술들로 반복하여 암시된 역설, 즉 어떤 것은 그것인 것(통일성)이며 다시 그것이 아닌 것(차이)이라는 역설은 최초의 불분명한 윤곽만 획득했다. 그것은 자기생산적 체계의 형식으로 파악할 수 있는 서로에게 도달 가능한 소통들의 총체(통일성)와, 이 소통들의 내부에서 고유한 자기생산적 체계 형식으로 분출되었을 뿐만 아니라 각자 다양한 방식으로 서로 관련된 부분체계들(차이) 사이의 차이에 관한 것이다. 더 정확하게 말하면 통일성과 차이의 차이의 통일성이다. 또는 간단하게 말해, 차별적인 통일성(differentielle Einheit)이다.[215] 사회는 통일성으로서 통일성과 차이의 차이의

215　Breuer. 1987은 그것의 통일성이 중개 범주이든, 소통의 단순한 연관이든 기껏해야 차별적인 것으로 생각될 수 있는 자기준거적 사회 사상의 평행성을 비판적이며-이론적인 관점에서 추적한다. 어쨌든 통일성을 현실적인 통일성으로서 파악할 수 있도록 하는 것은 없을 것이다. 따라서 이성적 사회나 이성적으로 의도될 수 있는 사회라는 강조된 개념은 배제된다. 염려로 사회를 자기 공급하는 데 대한 루만의 태평스러움은 불편하게

차별적으로 규정된 통일성이라고 말할 수도 있다. 즉 예를 들어 기능적으로 분화된 사회다.[216] 바로 이(!) 상이한 규정된 통일성들은 상이한 방식으로 끊임없이 주어지는, 통일성과 차이의 차이를 통일적으로 재현한다.

이 사회 개념[217]은 모든 일반적인 기대들에 어긋난다는 이유만으로 그렇게 복잡하게 느껴진다. 사회"인" 것은 사회 안에서 일어나며, 처음에는 소통이라는 추상적인 개념으로 환원된다. 통일성으로 해체된 인간은 사회의 외적 환경으로 추방되며, 사회적 체계들과 그 밖의 소통적 현실들은 사회의 외적 환경에서 발견된다. 추상성과 분화들을 고려하면, 사회의 본질을 이해하거나 사회를 운동성에서 규정하면서 사회의 통일성에 대한 어떤 생각에 상응할 수 있는 어떤 것도 남아 있지 않은 것으로 보인다.[218] 사회가 각 부분에서 상이하게 실현된다고 규정하는 것도 별 위안이 되지 않는다. 여기서도 신, 자연, 인간/지배,[219] 도덕, 가치 또는 합의처럼 효능이 입증된 접합제가 결정적인 지위가 있는 것으로 투입되지 않는다. 그렇다면 마지막으로 그 두 규정을 하나의 규정으로 지양하는 것은 그렇게 냉정하고-객관적인 것이 아닐 수 있다. 바로 냉정하고 객관적인 이 거리가 사회 내부에서 사회를 관찰할 때 중요하다.

여기서 옳은 관찰 가능성은 배제되어 있다. 사회는 내부에서만 관찰될 수 있으며 외부로부터 관찰될 수는 없다. 이를 위해 사회는 유일하게 가능하거나 특권화된 관찰 지위를 제공하지 않는다. 그런데도 사회는 사회 내

느껴질 것이다.
216 사회의 규정된 규정들에 대해 Luhmann: 125, 129: Kap. 4, 199, 223, 513만 참조.
217 사회의 통합에 대해 4.2. 참조.
218 Giegel 1975. Habermas 1985는 이런 의미에서 아쉬워하면서 상호주관성, 사회의 이성이 없음을 안타까워한다. Pflitze 1988는 주체 없는 이론을 생각할 수 없다.
219 그래서 루만의 사회 이해를 비판하는 이들이 가끔씩은 근대적/포스트모던에 관한 문헌에 기초하여 → 권력을 충분하게 조명하지 않았다고 추측하는 것은 놀랄 만한 일이 아니다. 예를 들어 Bender 1998, Beyme 1998, S. Fuchs/Marshall 1998, Gehring 1999, A. Hahn 1986, M. Hahn 1996, Pottage 1998, Rempel 1996 참조. 반대 입장으로 Baum/Lechner 1987, Esposito 2000을 볼 것.

부에서 관찰되며, 예를 들어 기능적으로 분화된 사회로서 자신을 관찰한다. 이 역설은 해체될 수 없지만, 전개될 수는 있다.[220] 여기서 그리고 다른 곳에서 소개된 이 구분들을 실행하는 것이 이 역설을 전개하는 것이다.

---

[220] Luhmann: 129: Kap.1 I과 Kap. 5 XII만 참조.

제4장

연동과 통합

제4장 연동과 통합

체계 간 관계들은 인식이론적인 문제들과 함께 루만의 사고-건축물을 비판하는 가장 중요한 출발점이 된다. 그것은 루만이 실제 이 논점과 관련하여 분명한 경계를 보여주기 주저했다는 점에서 정당하다. 그래서 여기서는 바로 이 점에 특별히 주목한다. 이 단원에서는 연동과 통합을 별도로 기술할 것이다. 그러나 이것은 원래 동전의 양면에 관한 것이다. 연동은 체계들 사이의 관계를 기술하며, 통합은 연동으로 묶인 통합 형식을 기술한다. 이것은 설명이 필요하다.

4.1. 연동

이하의 설명을 위해 다음 내용이 타당하다. 연동은 상위 개념으로 선택되지만, 관계 개념을 가지고도 마찬가지로 적절하게 대체될 수 있다.[221] 루만이 직접 체계준거들을 암시할 때 연동과 관계 개념을 가지고 일관되지

---

[221] 루만은 이따금 자신에게는 관계 개념이 교환 개념을 너무 많이 연상시킨다는 것을 파악하도록 한다.

않게 사용하는 모든 형식을 이 맥락에서 파악할 수 있다. 이 연관에서 특히 구조적 연동이라는 관찰 유형을 설명할 필요가 있다.

4.1.1 체계 관계들 또는 연동들[222]

4.1.1.1 체계 관계들[223]

루만은 처음에는 사회적 기능체계들과 사회의 관계를 구분했으며, 물론 체계들이 기능적 관계들과 성과 관계들 및 성찰 관계들로서 자기 자신과 맺는 관계에 따라 세분했다.[224] 사회의 부분체계들은 배타적으로 사회전체적인 기능들만 지각한다. 관련점은 여기서 사회다. 사회의 부분체계들은 사회 내에서 성과들을 제출한다. 여기서 관련점은 각자의 경우에 다른 부분체계들이다. 그 두 경우에 체계 관계들의 외부 측면은 전면에 있다. 체계가 자기 자신과 맺는 관계들의 관찰은 그 자체가 재귀적 행위들의 관찰을 출발점으로 취한다. 사랑을 사랑함이나 결정함을 결정함이다, 행위나 체험이 사고함을 사고함처럼 자기 자신에 적용되면, 그것은 재귀적이다. 그것은 체계들이 자기 자신과 맺는 관계에 관한 생각으로 유입된다. 이것은 성찰 관계로서 3차 질서 관찰이다. 체계는 자신을 관찰하는 체계로서 자신을 관찰한다. 여기서는 체계 관계들의 내부 측면이 강조된다.[225] 체계준거들은

---

222 예를 들어 먼저 Luhmann 373: Kap. 5을 참조하고 그 후 504: 38ff와 163ff. 그리고 마지막으로 129: 92-120을 참조. 용어 사전에서 전체적으로 매우 다층적인 연관에 대해 → 연동과 → 체계관계들 외에도 → 기능, → 투입-산출모델, → 상호침투, → 다체계 소속성, → 연동, 느슨한/단단한, → 연동, 작동적, → 연동, 구조적, → 성과, → 물질성 연속체, → 매체, → 매체/형식, → 작동, → 합리성, 체계이론적, → 성찰이론, → 자기관찰/타자관찰, 자기준거/타자준거, → 구조적 표류, → 구조, → 체계 경계, → 체계준거, → 체계-환경-관계들, → 체계-환경-이론 → 체계의-자기-자신-과의-관계들 → 체계-대-체계-관계들
223 그림 17 참조.
224 그림 17의 맨 위에서 점선 사각형으로 강조되어 있다.
225 성찰 주제는 여기서 더 이상 다루지 않으며, 제5장에서 비로소 부수적으로 다룬다.

자기 자신이나 다른 체계들을 구분하는 체계를 통해 지역화되며, 결국 모든 체계 관계들은 자기준거와 타자준거의 차이의 통일성 조건하에서 관찰 가능하게 된다.[226]

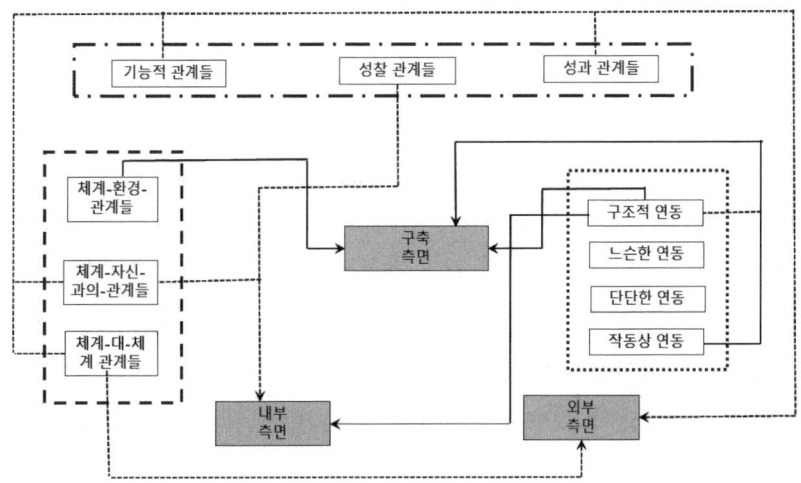

그림 17: 체계 관계들의 구분들

지난 몇 년 동안 루만은 기능 — 성과 — 성찰이라는 삼중의 구분 대신, 이 구분을 최종적으로 포기하지 않았지만[227] 체계-환경-관계, 체계-대-체계-관계, 체계의-자기-자신-과의-관계라는 삼중 구분을 더욱 빈번하게 사용한다.[228] 여기서 체계-환경-관계는 세계 관계로서의 체계-환경-관계의 구축 측면을 강조한다. 체계의 구축은 그 밖에도 여전히 이중 우연성, 상호침투, 체계로서의 체계 관계들의 관찰 같은 주제들을 통해 설명되고 있다. 여기

---

226 체계 관계 층위에서 체계 준거 개념에 연결되는 분화에 대해서 bei Bendel 1993을 참조.
227 Luhmann: 129: 757ff만 참조.
228 그림 17의 왼쪽에서 점선(durchgesrichelte) 사각형으로 강조되어 있다.

제4장 연동과 통합 105

서는 구축 측면이 전면에 있다. '체계의-자기-자신-과의-관계'는 성찰 관계에 상응한다. 체계-대-체계 관계가 정확하게 무엇을 뜻하는지는 분명하지 않다. 어쨌든 체계들이 그들의 체계환경들과의 관계를 직접 규제한다는 데 관한 것이다. 내가 판단하기로는, 이 관계들은 이전에 선호된 구분의 관점에서 적어도 기능과 성과로서 관찰될 수 있는 관계들을 포함한다.

체계들이 그 환경과의 관계에서 자신을 관찰할 수 있는 한, 체계의 다른 면은 환경이다. 그것은 더 이상 체계의 비어 있는 상관물이 아니라, 지시된 다른 면이다[229] — 예를 들어 경제체계가 외적 환경에 필요한 심리적 체계들을 구축하거나 세 번째 관찰자가 그것을 그렇게 볼 때 다른 면이 된다. 이 때 이 환경들과의 관계들이 통일된 환경으로 상상되어서 관찰되면, 그 관찰들은 관계들의 체계 형식 자체를 지시한다.[230] 그래서 경제체계는 인물 형식으로 그 체계에 참여하는 심리적 체계들과 맺는 관계를 교환관계 형식으로 관찰하거나 세 번째 관찰자가 상품/서비스를 구매하는 화폐 지불로 볼 수 있을 것이다.

4.1.1.2 연동

(1) 구조적 연동

루만은 1990년대 초반부터 점점 더 빈번하게 구조적 연동 개념을 사용한다. 이것은 연동의 특수 형식이다. 이것은 단계별로 설명해야 한다(그림 18 참조). 루만은 작동상 연동, 느슨한 연동과 단단한 연동을 구분한다. 핵심 개념은 작동상 연동이다. 체계 내부에서 일어나는 모든 사건, 즉 관찰자의 모든 관찰은 작동이며[231], 모든 작동은 작동에 작동을 연결하는 순간적

---

229   Luhmann 219: 218만 참조.
230   Luhmann: 438:125만 참조.
231   5.1.1 참조.

인 사건이다. 여기서 체계의 '사건들의 느슨한 연동/요소들의 느슨한 연동'이 전제되며, 이것은 '연동될 수 있는 사건들/요소들의 연동되지 않은 집합들'의 "상태"다. 이것은 매체다. 체계들의 연동과 관련하여 체계가 자신의 체계환경에서 고유한 복잡성 구축을 위해, '고유한 사건들/고요한 요소들'의 창출을 위해 사건들/요소들을 자기 선택적으로 사용하는 한, 마찬가지로 느슨한 연동이 주어져 있다.[232] 참여 체계들은 느슨하게 연동된 상태로 남아 있다. 체계들은 함께 있는 상태에 이르지 않는다. 모든 연동은 실행되어야 하며, 그렇게 실행되는 순간 단단한 연동의 형식을 취한다. 모든 연동 실행들은 배타적으로 체계 내적 사건들이며 그렇게 남는다. 단단한 연동은 자기편에서 인과성 매체에서 관찰될 수 있다(!).[233] 그렇다면 어떤 연동도 항상 체계 내적이거나 그렇게 관찰될 수 있는 사건으로서 가능하지 않으며, 그 사건이나 그 사건들은 사건들/요소들의 상대적인 지속에 놓인 이전 연동(사건들/요소들의 관계화들)에 소급될 수 없다. 모든 연동 사건들은 구조들, 즉 사건들을 가능하게 하기 위한 선택 지평들의 구조들에 지시되어 있다. 구조들은 체계들의 환경에서 체계들에 중요한 사건을 가능하게 하는 조건들을 위한 체계들의 관점에서 이른바 체계 요소들의 토대에서 체계들의 자기가능화 과정을 이끈다.[234]

이로써 구조적 연동 개념의 개관을 소개했다.[235] 구조적 연동은 구조에 의해 인도되며 구조를 인도하는,[236] 체계의 환경에의 자기적응을 가리키며, 체계가 그에 맞서 자신을 가능하게 하는 환경들의 맞은편에서 자신의 자기가능화(Selbstermöglichung)를 가리킨다.[237] 여기에는 어쩌면 루만이 물질성

---

232 3.3.2.2(1)(b) 참조.
233 이 연관에 이어지는 하부 단원에서 느슨한 연동과 단단한 연동의 구분을 참조.
234 Luhmann 313: 16만 참조.
235 루만이 처음으로 분명하게 표현한 문헌으로 504: 30ff., 38ff. 163ff 참조.
236 용어 사전에서 → 구조적 표류 참조.
237 이 개념은 루만에 관한 문헌에서 거의 일반적으로 무시하거나 어려운 것으로 설명한다. Pfeiffer 1998: 19ff.는 먼저 이 개념을 분명하게 참조한다. 그러나 그는 그 다음에 상호침

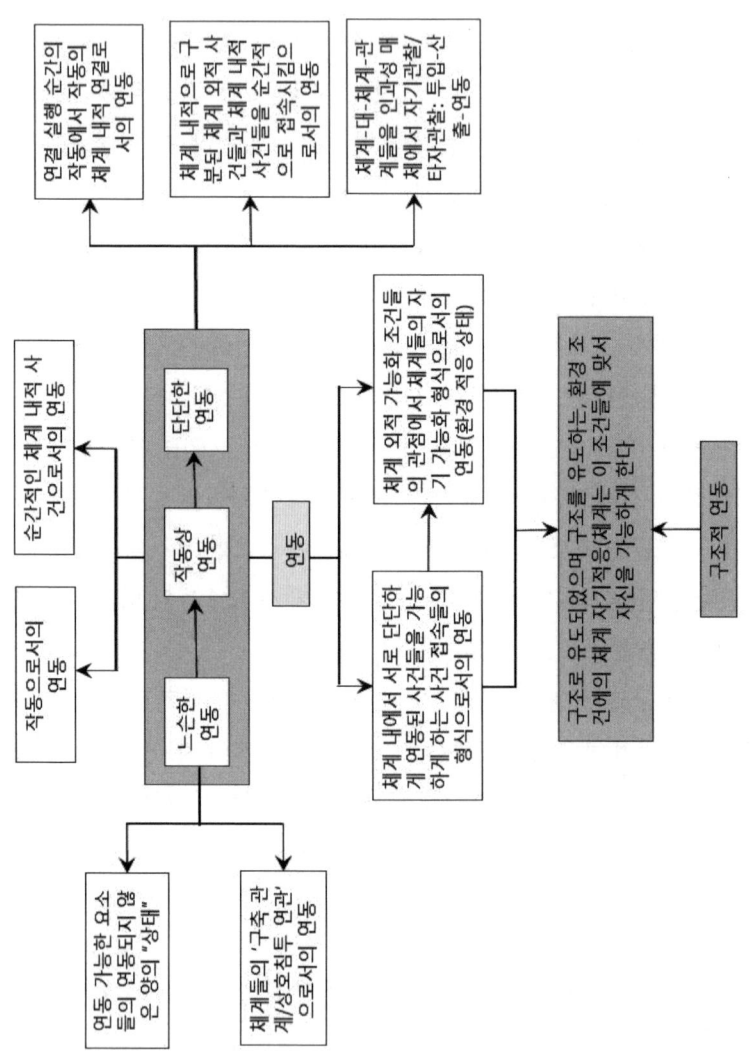

그림 18: 연동들의 구분들

108 루만 전체 입문

연속체로서 구분하는 것도 포함되어야 하지만,[238] 체계를 단지 파괴시키기만 할 수 있는 것은 모두 배제되어야 한다. 구조적 연동 개념은 그렇게 구분되어 있다면, 체계 관계 개념, 나의 판단으로는 '체계가-자기-자신과-맺는-관계' 개념과 거의 일치하는 것으로 입증된다. 세계 관계의 구축 관점이 체계-환경-구분의 결과 거기에 속하는지는 의문스러운 것으로 남는다.[239]

(2) 느슨한 연동과 단단한 연동

느슨한 연동과 단단한 연동에 관해 위에서 소개된 구분에 대해서는 일반적으로 문헌에서 거의 주의하지 않았다. '체계-대-체계-관계들'의 경우에는 이 관찰 유형을 한 번 더 설명할 것이다(그림 19).

느슨한 연동은 자기생산적으로 작동하는 체계들 사이에 구축 관계가 있는 체계 관계들의 유형에 해당한다. 체계1에 대해 체계2가 중요한 환경이라고 하자. 체계1은 자신의 요소들을 통해 규정된 가능성들만을 사용하여 자신의 이 환경을 관련지을 수 있다. 대화 유형의 사회적 체계[240]와 관련하여 아래 상황을 취해보자.[241]

      투 개념을 구조적 연동 개념으로 대체하고자 한다. 구조적 연동을 가지고 보이지 않게 될 수 있는 경계의 관점에서 어떤 것도 시작할 수 없는 Koschorke 1999와 핵심과는 동떨어진 Martens 2000을 제외한다면, 이 개념의 기타 상이한 측면들에 대해서는 Aschke 2002: 73-91과 119ff., Baecker 2001b, Beetz 2003: 51ff., 59f.와 7lff., Corsi 2001, Jahraus 2001, Kurtz 2002, Lieckweg 2001, Simsa 2002를 참조.
238 그러나 적어도 Luhmann 504: 39에는 힌트가 있다.
239 관련된 내용은 그림 18과 19 참조.
240 3.3.2.2(2)(b) 참조
241 여기서는 원래 체계 대신 인물을 언급해야 한다. 그러나 체계들 사이의 모든 관계들을 일반화한다는 점을 염두에 두기 위해 체계라는 용어를 사용한다.

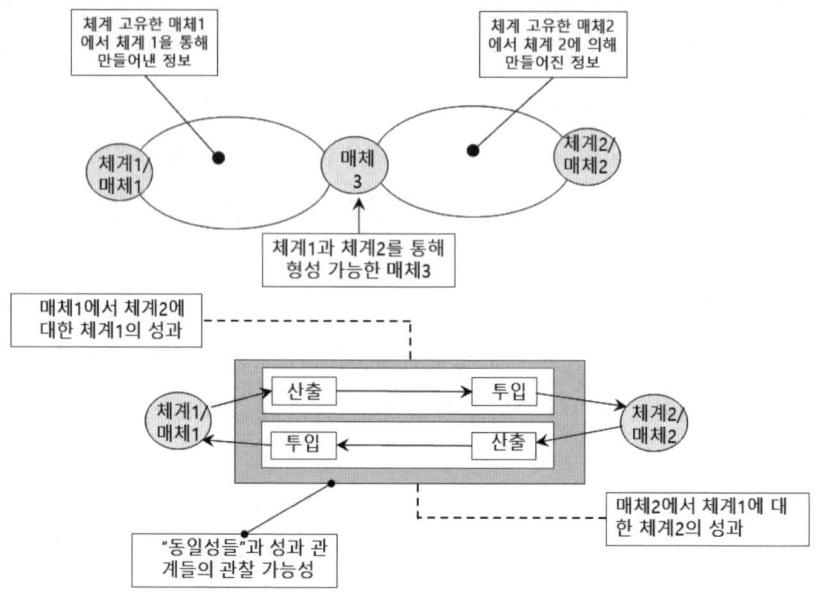

그림 19: 느슨한 연동과 단단한 연동

　체계1은 자신의 기초적인 지각 가능성의 매체1 내부에서, 즉 느슨하게 연동된 요소들과 단단하게 연동된 요소들 덕분에 체계 자신이 지각하는 것을 지각한다. 이런 일반적인 의미에서 체계1은 자신의 환경에 있는 체계2와 구조적으로 연동되어 있거나 환경에 적응된 상태에서 작동한다. 체계1이 언어 매체 내에서 체계2에 의한 언어적인 교란을 지각한다고 하자. 언어 매체는 느슨하게 연동된 요소들의 특별한 매체로서 그 두 체계에 의해 요구되는 매체다. 이 매체는 체계1을 이해할 수 있도록 해준다. 즉 요구된 언어 매체를 통해 자기편에서 고유한 매체1을 형성할 수 있다. 이 일이 일어나는 순간 — 그리고 오직 그 다음에! — 체계1은 체계2를 통해 형성된 자신의 환경에 작동상 단단하게 연동된다. 두 개의 참여한 자기생산 체계

들인 체계1과 체계2는 그런데도 요소들의 공통성 상태에 이르지 않는다.[242]

마지막 문장에서 언급한 작동상 단단한 연동과 구분될 수 있는 또 다른 유형의 단단한 연동은 자기생산을 전제하며 그것을 위험에 빠뜨리지 않는다.[243] 상황은 다음과 같다. 자기 자신을 체계들의 환경을 갖춘 체계들로 관찰하거나 그렇게 관찰된 체계들[244]은 체계환경들에 대한 자신의 관점을 단순화시킨다. 즉 체계1은 자신이 예를 들어 체계2가 언어적으로 통보한 정보를 의도된 대로 이해한다고 생각한다. 그렇다면 요소들의 공통성은 아니더라도 사건들의 동일성은 관찰할 수 있을 것이다. 마지막 논점을 더 분명하게 하기 위해, 체계1이 예를 들어 자신의 환경에 있는 기업(체계2)에 특정한 대금을 지불할 의무가 있다고 본다면, 지불은 실제 지불이 이루어지는 순간 다음처럼 관찰될 수 있을 것이다. 참여 조직들은 그들의 결정 매체에서 계속 독립적으로 작동했다. 작동적으로 본다면, 지불은 지불 실행 조직과 수령 조직이 경제체계에 소속된다는 것을 순간적으로 가리킨다. 그러면 요소들의 찰나적인 동일성, 즉 실행된 지불과 수령된 지불이 같다는 것을 관찰할 수 있다. 그래서 요소들의 공통성 형식으로 구성되는, 사건들의 각각의 현재적인 공통성은 매우 상이하게 관찰될 수 있다. 그 밖에도 체계1이 체계2에 정보를 송신하거나 지불을 실행하여 그 반대급부로 체계2로부터 반대 정보나 동일한 가치가 협의된 상품을 얻는다고 전제할 수 있다. 이제 '성과 관계/반대 급부' 관계나 교환관계에 관련될 수 있으며, 그것은 다시금 고유한 사회적 체계들로 관찰할 수 있을 것이다.[245] 물론 관계의 토대는 분명하게 요소들(지불, 정보)의 상이성이며, 그 상이성은 비교할 수 없는 것의 변환하며 조정하는 비교를 가능하게 한다. 언급된 모든 경우에, 참여

---

242 그림 19의 위쪽 절반 부분 참조.
243 그림 19의 아래 절반 부분 참조.
244 Bendel 1992은 자기생산적으로 작동하는 체계들의 재귀적인 관련에서 그 밖에도 전체에서의 전체의 재현을 위한 기능적 등가물들을 발견했다고 믿는다.
245 그림 19의 아래쪽 절반 부분에서 음영 처리된 박스로 표현되어 있다.

체계 중 하나가 자신의 환경에 있는 다른 체계들과 맺는 관계를 어떻게 관찰하는지, 또는 이것을 관찰하면서 세 번째 체계에 의해 어떻게 관찰되는가 하는 것이 중요하다. 또한 여기서 언급된 단단한 연동 유형은 인물이나 조직의 형식으로의 귀속 단위들이나 관찰자들을 전제하며, 여기서 인물들과 조직들은 자신의 연동자로 나타날 수도 있다.[246] 공통으로 요구된 같은 요소들이나 다른 요소들의 토대에서의 일시적인 관계들은 행위체계들이나 상응하는 관찰들이 실현된다는 것을 가리킨다.

즉 구조적 연동은 체계들이 형식들을 그려 넣을 목적으로 인과성 매체를 사용하는 것을 결코 배제하지 않는다.[247] 체계들은 점-대-점-관계들, 투입-산출-관계들이나 등가 관계들로서 자신들이 체계환경들과 맺는 관계를 매우 잘 관찰할 수 있다. 이 점과 개별 체계들이 그런데도 계속 자기생산적으로 작동하는 체계들이라는 점은 뚜렷하게 구분하여야 한다. 작동상 개입 인과성들이라는 더 좁은 의미에서의 인과성들은 필연적으로 배제되어 있다.

4.1.2 체계 관계들은 체계화되어 있다.

일반적으로 연동들과 특별하게 구조적 연동들은 아날로그화 대신 디지털화된 체계-환경-관계들을 기술하는 방법을 열어주는 구분들이다.[248] 그림 20을 가지고 이를 통해 열리는, 체계 관계들의 관찰 가능성들의 다층성을 한 번 더 간략하게 체계적으로 요약할 수 있다.

첫째 관계 층위에서는 다음이 타당하다. 체계1[249]은 다른 체계2와 맺는 관계에서 자신의 매체1의 내부에서 작동한다. 체계1은 예를 들어 지불 사건처럼 자신에게 적실한 환경 사건들을 직접 확인한다. 즉 이것은 작동적

---

246 4.2.2.1 참조
247 그 점을 명시적으로 다룬 문헌으로 Luhmann: 129: 130, 468: 47을 참조
248 그것은 어쩌면 Krieger 1996: 39ff가 추측한, 체계/환경-관계들의 기술을 위한 전체적인 계획을 배제하는 것으로 보인다.
249 그림 20에서 지표들은 높게 또는 낮게 표시되어 있다.

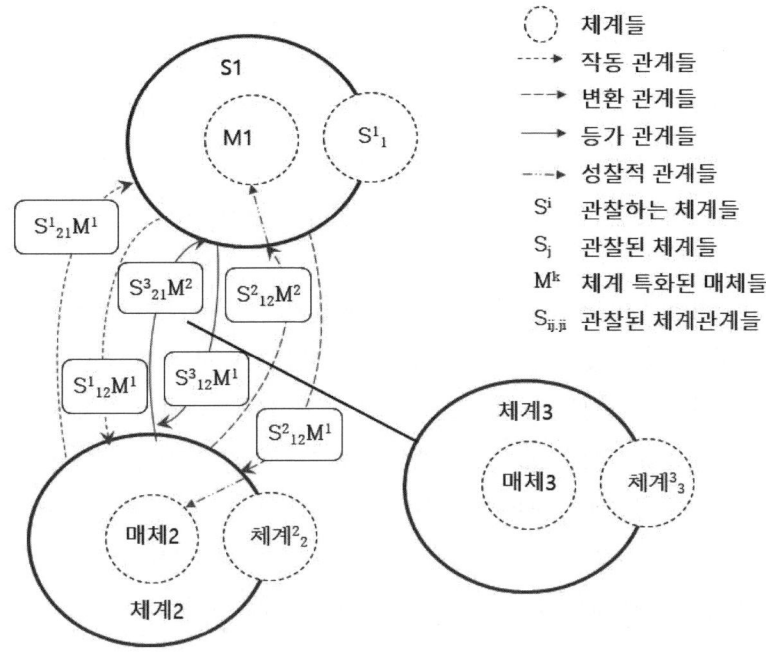

그림 20: 체계 관계들이 체계화되어 있다.

관계일 텐데, 이것은 틀림없이 약간 부정확하게 표현된 것이다. 두 번째 관계 층위에서는 다음이 타당하다.[250] 체계2는 자신이 체계1과 맺는 관계를 관찰한다.[251] 그러나 체계2는 자신의 경계에서 관찰된 투입을 체계1의 산출로서 자신의 체계 언어로 직접 번역할 수 없다. 체계는 예를 들어 학문체계로서 경제체계의 지불을 가지고 이 지불을 연구 작동들, 즉 진리 매체로 번

---

250   그림 20에서 점선으로 표시되어 있다. 다른 체계도 마찬가지로 쉽게 출발점을 형성할 수 있다. 두 가지 관계 방향으로의 분할은 체계1, 예를 경제체계가 자신의 환경과의 관계를 자신의 매체인 화폐 매체에서만, 즉 화폐 지불이 유입되는지 지출되는지 관찰할 수 있다는 것을 표현하고 있다.
251   그림 20에서 점선으로 표시되어 있다.

역할 때만 어떤 것을 시작할 수 있다. 직접적인 변환은 불가능하다.[252] 이것은 변환하는 관계로 구분할 수 있다. 세 번째 관계 층위에서는 다음이 타당하다. 세 번째 체계3[253]이나 외적 관찰자는 체계1과 체계2 사이의 관계를 한편으로는 체계1의 산출/투입이 체계2의 투입/산출과 같도록 관찰하거나, 고유한 산출/투입에 체계2의 등가적인 투입/산출이 마주 보도록 관찰한다.[254] 그 둘은 등가적인 관계로서 구분될 수 있을 것이다.

    작동적이고 변환적이며 등가적인 관계 층위들의 구분은 약간 작위적으로 들릴 수 있을 것이다. 마지막으로 '자기-자신에-대한-체계'의 관계 또는 재귀적 관계를 발견할 수 있다.[255] 그러나 그 구분은 루만이 그 문제에서 처음부터 지금까지 제안한 상이한 관찰 가능성들에 상응한다. 여기서는 구조적 연동 개념하에서 작동적인 관찰 층위로 후퇴하는 경향이 있다는 것과 갈수록 언급되지 않지만 그런데도 가끔 번쩍 떠오르는 구분을 무시해서는 안 된다. 그렇게 하는 이유는 아마도 체계통합 문제를 동시적으로 작동하는 자기생산적 체계들의 다중심적인 개최로 다루는 데서 찾을 수 있을 것이다. 그러면 비통합으로서의 통합이 주제가 될 것이다.

    그림21은 방금 다룬 체계 관계들에 소급하면서 사회적 체계들의 지금까지의 구분을 관련짓는 보기를 포함하고 있다. 좌상의 외부 가장자리의 기술들은 기능적이며 조직 관련 사회적 체계들을 위한 매체 특화된 고찰이나 코드 특화된 고찰을 보여준다. 기능들을 추구하는 고찰은 한편으로는 조직된 사회적 체계들의 일차적인 기능체계 소속성을 포함하며 다른 한편 조직된 사회적 체계들의 복수의 기능체계들에의 소속성을 포함하고 있다. 왼쪽 주변의 열은 서로 맞물려 있는 복수의 사회적 체계들을 가리킨다. 이 사전

---

252 이에 부합하는 것이 체계2의 산출을 체계1을 통한 체계1의 투입으로서 전환하는 것에 대해서도 적용된다.
253 세 번째 체계는 참여 체계들인 체계1이나 체계2의 하나일 수 있을 것이다.
254 그림 20에서 실선으로 표시되어 있다.
255 그림 20에서는 점선 원을 통해 실선의 체계 원을 표현하고 있다.

관계로부터 복수의 체계준거들과 복수 매체들의 공동 작용이 이어진다.

작동적 관계들은 구분된 각각의 사회적 부분체계들을 관련짓는다. 그래서 그 관계들은 이후에는 특별하게 언급하지 않을 것이다. 변환적 관계들은 경제체계와 학문체계 사이에서 관찰할 수 있다(맨 위 줄), 행위와 관련되어 관찰하는 관계들은 사실상 기업과 대학이라는 조직 사이에서 나타나며(위에서 둘째 줄), 어쩌면 기업의 재정부서와 대학의 연구기관 사이에서 직접적으로 나타난다(위에서 셋째 줄). 그 밖에도 조직체계들의 조직된 부분체계들 내부에서, 예를 들어 기업의 재정부서나 대학의 연구부서 사이에서 이런 종류의 관찰들을 할 수 있다(위에서 셋째 줄). 방금 구분된 관계들은 참여 체계들 중 하나의 입지나 다른 관찰자의 입지에서 그렇게 관찰될 수 있을 때 등가 관계들로서 나타난다.

사회 내에서 사회적 부분체계들의 위계가 없듯이, 체계들에 속하는 매체들의 위계도 없다. 그 밖에 작동들은 통일적으로 결정 매체 내부에서 작동한다. 그러나 규정된 조직들과 그 하위체계에서는 매체 위계들이 짜 맞추어진다. 예를 들어 기업은 경제체계의 구성 부분으로서 주로 화폐 매체에서 작동하지만, 기업은 조직으로서 화폐 매체 내부에서의 작동을 관철/보장하기 위해 권력 매체를 도구화한다. 이 위계 내에 자리 잡은 후 예컨대 기업의 하위체계에서는 진리 매체가 주도한다. 비공식 집단들(위에서부터 네 번째)은 주로 상호작용체계로 기술될 수 있으면서 주로 언어 매체에서 작동하며, 결정과 관련된 주제들뿐만 아니라 결정과 무관한 주제들을 통해 구조화되어 있다.

4.2 통합

사회의 통합을 생각하는 것은 사회학의 중심 주제 중 하나다. 그러면 루

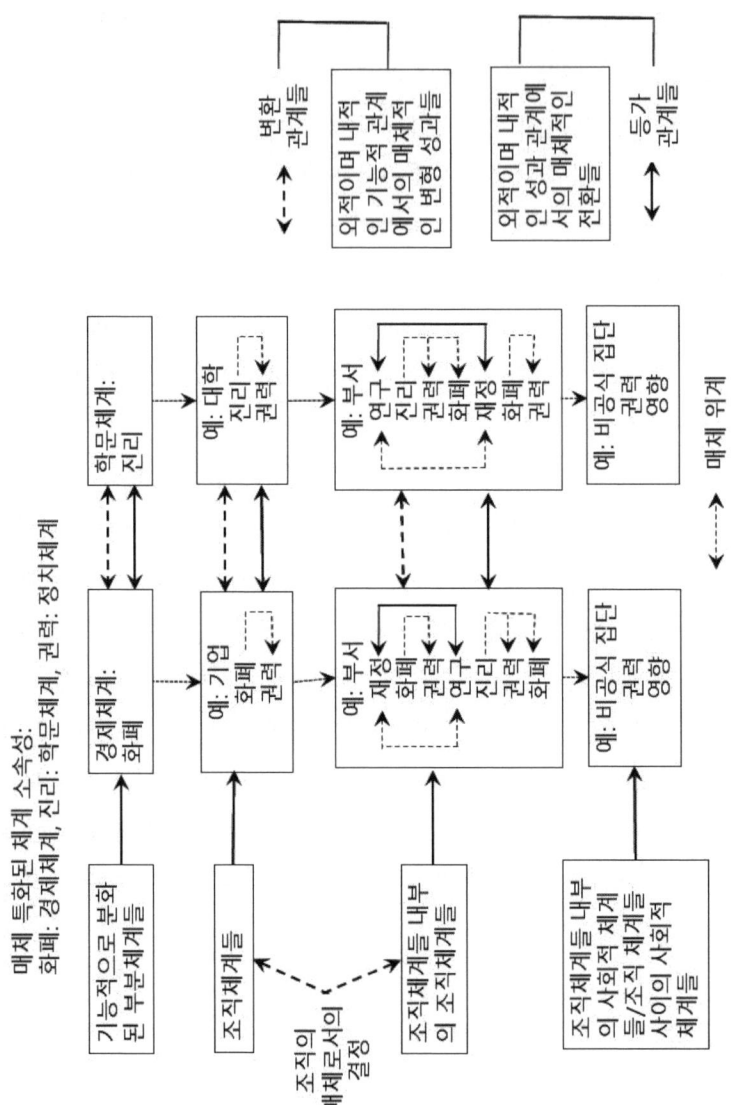

그림 21: 기능 분화, 조직 분화, 상호작용 분화에서 체계 관계들

116 루만 전체 입문

만이 와서 사회의 통합은 비통합 형식으로만 획득할 수 있으며[256] 인간들이나 개인들의 통합은 사회로부터의 배제를 필요로 한다고 주장할 것이다. 독자들은 그런 주장을 듣는 것이 불편하다고 생각할 수도 있을 것이다.[257]

4.2.1 사회의 통합

구조적 연동 개념의 타당성 요구는 '자기생산/구조적 연동'의 구분을 매개로 할 때야 비로소 분화/통합의 구분을 대체하는 것으로 제대로 파악할 수 있다. 다음 이유 때문이다. 분화는 더 이상 전체-부분-도식에서 생각할 수 없다. 그리고 통합은 가능한 것의 구조적 제한으로서 생각해야 한다.[258] 이 말은 설명이 필요하다.[259]

기능적인 사회전체적인 분화는 많든 적든 부분들이 전체에 질서있게 결합되어 있거나 결합될 가능성에 맞추어져 있다. 사회적 체계들이 끊임없이 붕괴 위협에 있거나 순간순간 새롭게 구축되는 조건에서는 비통합만이 지속적으로 보장되어 있는 것으로 보인다. 심리적 체계들과 사회적 체계들의 구축을 위한 관계화와 사회적 체계들끼리의 구축을 위한 관계화는 오직 상호침투 모델에 따라서만 일어난다.[260] 모든 개별 체계는 다른 체계들의 환경들에서 자신이 자기 자신을 위해서만 정보 값을 할당하는 교란만을 지각한다. 이 지점에서 너무 많은 공명과 너무 적은 공명이 만들어질 수 있고,

---

256 이 구분은 루만 자신이 계획한 것이 아니다. 그런데도 그는 자율과 상호의존의 전조 하에 체계의 자기생산과 연동에 관한 생각을 변이시킨다. 여기서는 체계 형성이 독립성과 의존성의 상승을 동시에 의미한다는 핵심 진술을 상기할 필요가 있다.
257 예를 들어 통합적인 질문은 일반적으로 충분히 조명되지 않고 있다. Miller 1987, Kneer/Nassehi 1991: 186ff., Stark 1994: 106-135 참조. 언급된 내용에 대해서는 여전히 Schimank 2001를 참조할 만하다.
258 루만이 빈번하게 사용한 이 공식에 대해서는 Luhmann 277: 99만 참조.
259 Luhmann 129: 314, 601ff., 742와 778만 참조. 용어 사전에서 → 통합 외에도 → 분화, 사회전체적인(사회의), → 전체-부분-도식, → 포함/배제, → 상호의존, → 연동, 구조적, → 다중심성, → 합리성, 체계이론적, → 공명, → 사회적 통합 참조
260 3.3.2.2(2)(b) 참조.

위험한 불평등이 실현될 수 있다.

그런데도 사회의 통합은 가능하다. 그렇지 않으면 사회는 관찰할 수 없을 것이기 때문이다. 지속적인 붕괴에 맞서 작용하는, 사회적 체계의 구조는 그 이유로 인해 사회의 구조 또한 항상 기본적으로, 기대할 수 있는 기대들의 안정화된 연관으로 여전히 구분될 수 있다. 설명한 것처럼, 그런 종류의 연관들이 그 자체로 그리고 서로에 맞서 상이한 관점에서 분화되며, 동일한 종류와 상이한 종류의 불균형한 모습의 체계들에 대한 관점을 형성할 때 상징적으로 일반화된 소통 매체들의 분출을 통해 주도되면서, 감소되는 동시에 증대된 소통 가능성들과 도달 가능성으로 표현된다는 점을 알 수 있다. 이와 함께 상호작용체계들과 조직체계들은 서로에 맞서 점점 더 분화되면서 사회를 향해 분화된다. 통합의 과제는 통일성이 감소하는 "노선"과 서로에 맞서 분화하는, 매개하는 매체들의 다양한 체험과 행위의 "노선"을 따르면서 점점 더 사회적 체계들로 옮겨진다.[261] 그러나 사회적 체계들은 이 과제를 각자 고유한 방식으로 그리고 서로 독립적이며 역설적인 방식으로 점점 더 많이 서로를 지시하는 형식으로 지각한다. 사회적 체계들은 예를 들어 추상적인 체계 신뢰와 우연성 공식과 탈도덕화된 도덕과 가치 같은 것의 — 사회통합적인 의미를 거의 부여하지 않는 — 형식으로 일반화된 기대 가능성을 지향한다. 일반적으로 사회적 체계들과 특수하게 기능적으로 분화된 부분체계들은 전체적으로 서로로부터 독립적인 동시에 서로에게 의존적인 것으로 관찰될 수 있다.

결국 기능적 분화가 우세한 사회는 더 이상 조종 중심이 없으며, 위에서 아래로 또는 하나의 규정된 위치에서 통일성을 지속적으로 보장하는 제도도 없으며 정치체계의 국가는 더더욱 가지고 있지 않다.[262] 가치들과 도덕

---

261 그 점에 대해 Willke 1987a 참조.
262 그런데도 체계에 중요한 환경 조건들에 영향을 미친다는 의미에서의 조종은 배제할 수 없다. 예를 들어 S. Lange 2002, Willke 1987b, 1999와 2000 참조. 작은 규모의 조종에 관해서는 예를 들어 Ludewig 1992와 2000, Pfeffer 2001, Willke 1999: 92-139 참조.

은 마찬가지로 충분한 기능적 등가로 고려되지 않는다.[263] 사건 전체의 자기운동성은 높으며, 그 자체가 여전히 가능성을 상승시키는 진화상 자기운동 맥락에 저장되어 있다.[264] 긍정적 통합으로서의 부정적 통합이라고 말할 수 있는 것을 관찰할 수 있다. 즉 통합은 구조적 연동 조건에서 자기생산적으로 작동하는 체계들이 지나친 공명 능력과 부족한 공명 능력이 있으며 다중적으로 자기조정되는 방식[265]으로 이루어진다. 사회전체적으로 개최되는 그런 종류의 자기선택성들의 연주회에서는 사실과 어긋나는 경고에도 아랑곳하지 않거나 그 경고를 이유로, 때때로 고조되는 부분체계적인 활동과 조직을 통한 돌파에도 불구하고, 전체의 지휘자도 사회전체적인 합리성의 어떤 포괄적인 기준들도 식별할 수 없다. 사회전체적인 합리성에는 더 이상 저자도 없고 수신처도 없다. 그 자리에 자기생산과 구조적 연동의 차이의 관찰 통일성이 들어섰다.[266] 구조적 연동은 말하자면 부정적인 것, 즉 전체 합리성 결핍과 개별 체계 합리성 결핍을 긍정적인 것으로 옮긴다. 그런데도 사회는 붕괴하지 않는다.

비통합으로서의 통합은 전체적으로 세 가지 관점에서 역설적인 문제로 드러난다. 1. 그것은 근본적으로 확실한 불확실성 흡수에 근거한다. 그렇지 않으면 자기부정 능력이 있는 통합이 절대적으로 불가능할 것이다. 2. 체계 경계를 안정화시켜야 하는 필연성에 가능성을 의존하는 자기조정들은 존속을 위험에 빠뜨림으로써 존속을 보장하는 역설적인 유형을 따른다. 어떤 체계도 환경으로부터의 요구들을 체계 요구로 옮길 수 없다면 자신을 환경에서 유지할 수 없다. 이때 자기조정들은 조정들로 남으며, 그 조정들은 환경들과의 관계에서 관찰하거나 그런 것으로서 관찰된 체계들 자신과

---

263   4.2.3 참조.
264   Bühl 1993: 214는 "'조종될 수 없는 자기발전'의 보편 이데올로기"를 전제하며, Bühl 1987은 "통제 개념 없는 이론"을 전제한다.
265   Bendel 1993은 독립적인 통합 요인이 이 안에 있다고 명시적으로 간주한다.
266   Esposito 1996b는 합리성의 차이-이론적인 기초를 분명하게 강조한다.

환경 내 다른 체계들 사이에서 실현되고자 시도한다. 3. 주로 기능적으로 분화된 사회는 더 이상 체계 내 정점으로부터, 체계 내 체계로부터, 또는 최종적인 의미 부여 "체계들"을 통해 사전에 통합되어 있을 수 없다. 그것은 자기 자신을 통합하지 않으면서 자기 자신을 통합한다.

4.2.2 사회 내 통합

사회의 통합은 동전의 한 면이며, 다른 면은 인간이나 개인의 사회 내 통합이라는 제목을 달고 있다.

4.2.2.1 체계 소속성

먼저 상이한 체계 소속성을 인적 소속성들과 체계 소속성으로 분류하여 구분해야 한다(그림 22).[267] 모든 사회적 체계는 체계로서 다른 사회적 체계에 소속될 수 있다. 그리고 모든 사회적 체계들은 사회라는 사회적 체계에 속한다. 그래서 기능체계인 경제는 사회체계에 속한다. 같은 원리에서 수업은 체계로서 기능체계인 교육에 속하며, 교육은 사회에 속한다. 이미 그 안에서 특정한 체계 소속성들(수업-교육)이 구분될 수 있으며, 다중적인 체계 소속성들(수업-교육-사회)이 마찬가지로 구분될 수 있다.[268] 사회적 체계들은 특정한 다른 사회적 체계들에만 주로 소속될 수 있다. 그래서 기업은 사회적 체계로서 주로 경제체계에 소속된다. 그 다음에는 규정된 형식인 인물(들)의 형식으로 사회적 체계들에 일원적으로나 다중적으로 소속될 수 있는 체계들이 있다. 심리적 체계들과 조직체계들이 오직 소통을 통해서만 수신될 수 있고 그 자체가 소통 능력이 있는 관찰 단위로서 함께 관련된다. 여기서 기능적으로 특화되었으며 기능적으로 특화되지 않은 소속성들이

---

267 루만은 그런 종류의 구획을 명시적으로 계획하지 않았지만, 그 구획들은 루만이 구분한 것과 일치한다.
268 여기서는 루만의 다체계 소속성 개념을 의미하고 있지 않다. 훨씬 아래를 참조.

나 참여들을 볼 수 있다. 그래서 가족(사랑 매체)에의 소속성은 단골손님들의 식탁 대화(매체로서의 언어)에의 참여처럼 기능적으로 특화되어 있지 않다. 반면 (예를 들어 소비자 형식의) 자연적인 인물들의 참여[269]와 유사-인물들(예를 들어 노동력에 대한 수요자 형식에서의 기업 형식)은 경제적 행위에 기능 특화되어 있다(화폐 매체).

결국 단일 체계 소속성과 특수한 다중 체계 소속성에 이르게 된다. 여기서는 시간 차원이 결정적인 역할을 한다. 소비재를 구매하는 순간 인물이 소비자 형식으로 경제체계에 참여한다. 그리고 이 인물이 시간적으로 다른 순간 유권자 형식으로 정치적인 선거에 참여하면 정치체계의 소속성이 실현된다. 결정적인 것은 각각의 순간에 요구된 소통 매체, 여기서는 상징적으로 일반화된 유형이다. 원래 의미에서의 다중 체계 소속성의 구획은 약간 더 복잡해진다.[270] 그곳에는 법적 의무를 충족하면서 지불하는 전형적인 경우가 있다. 지불 순간에 법적 의무가 충족된다. 그러나 "법적 의무 충족에서의 지불"이라는 전체 사건은 물론 두 가지 서로 다른 체계준거들(경제와 법)과 관련되지만, 화폐 매체와 법 매체의 공통성을 근거 짓지는 않는다. 준거된 체계들의 작동상 자율은 훼손되지 않은 상태로 유지된다. 사회적 체계가 조직 형식으로 화폐 매체에서 거래 행위에 참여하는 것과 고유한 연구부서에서 진리를 충족시키는 것을 동시에 허용할 때 비슷한 변항이 존재한다.[271]

이제 인물과 조직의 형식들을 특이하게 구조적 연동으로 고려하는 것이 타당하다. 지금까지 체계들에 대한 체계들의 참여를 위해 곳곳에서 사용된 사고 유형은 두 가지 면을 가지고 있거나 그런 것으로 관찰될 수 있다. 상호침투 편에서는 구축의 연관이 관찰 가능해진다. 이른바 행위자 관점이

---

269   Luhmann: 100만 참조. 인물 개념에 관해 적절한 내용은 P. Fuchs 1999a: 42ff., Kieserling 1998: 393ff., Kneer/Nassehi 1993: 90과 155ff. 참조. 용어 사전에서 → 인물, → 체계, 심리적 체계들 참조. 3.3.2.2(4)(a)도 볼 것
270   용어 사전에서 → 다체계 소속성 참조.
271   이 점에 관해 4.1.2를 참조.

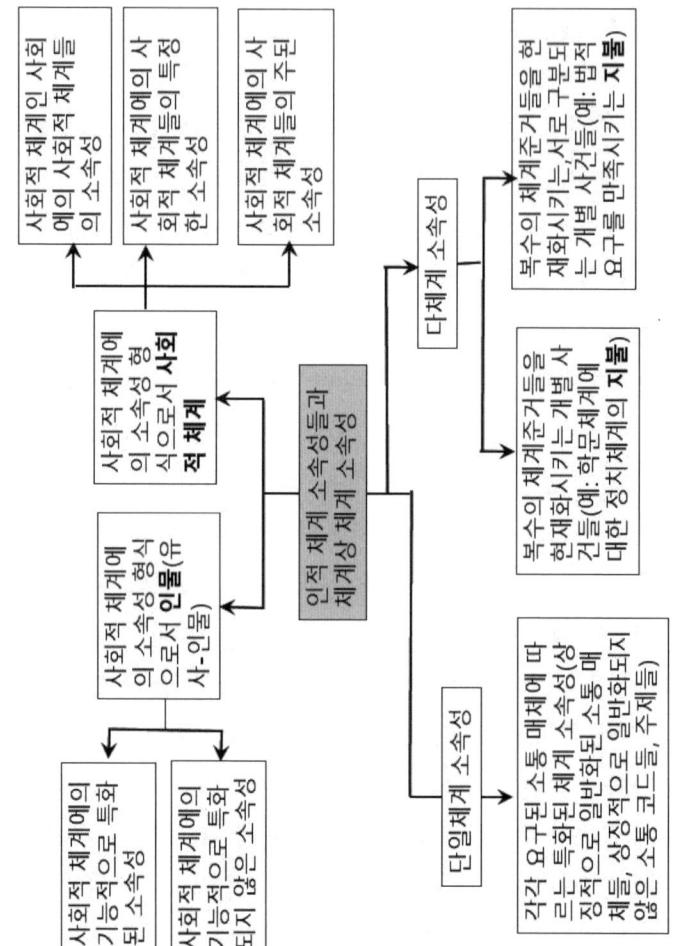

그림 22: 체계 소속성

재활성화될 수 있다.[272] 위에서는 이미 행위자로서의 인물들과 조직들을 언급했다.[273] 그 경우에는 인물은 체계들이 그것들의 관련지음에서 서로 관련짓는 매체로 지시될 수 있다. 즉 이 매체에 상이한 형식들을 새겨 넣을 수 있다.[274] 그것은 특히 인물로서의 조직, 즉 구조적 연동의 매체로서의 조직에 타당하다.[275] 이런 점에서 다음을 확정할 수 있다. 루만의 체계이론에서 개별적 행위자와 집합적 행위자(조직 형식에서 핵심적인)가 인물 형식으로 체계상 위치값을 가질 수 있다.

그러면 광범위한 결과들이 드러난다. "의도적인 소통"이나 "다른 체계의 행위에 대한 영향력 행사"는 적절한 위치를 유지할 수 있다. 그것은 행위자로서의 체계들의 관찰이다. 사람들은 대화에서 자기 의견을 마땅히 수용되어야 할 견해로 서술하고자 시도할 수 있다. 특권화된 조직의 구성원자격들은 강조된 행위 기회나 조종 기회를 예고한다. 조직된 사회적 체계들은 정점의 위치에서 많든 적든 조종 가능한 것으로 입증되며, 조직으로서 고유한 행위를 다른 조직과 사회적 체계들 및 인물의 전제로 투입할 기회를 열어준다. 정치체계는 투자 수익을 보장함으로써 기업의 자기준거적인 경

---

272 소통 개념을 도입하고 행위 개념을 소통의 하위 개념으로 취하는 것과 관련된 루만의 가장 핵심적인 진술 중 하나는 다음과 같다. 사회적 체계들은 자기 자신을 행위체계들로 본다. 즉 체험과 행위의 체계들로 본다. 루만이 사회적 체계를 관찰 층위가 분화된 것으로 개념화했다는 데서 일련의 비판가들은 벌써 이론 접근에서 실패한 것이다. 예를 들어 Esser 1994, Giegel 1987, Martens 1991: 63 5ff., Münch 1994, Saurwein 1994: 73ff., Schimank 084, Stark 1994: 93ff 참조. Haferkamp 1987는 자기관찰 관점에서 루만의 체계이론이 행위이론적으로 펼쳐질 수 있다는 것을 정확히 인식했다. 그렇게 할 때 피해야 할 것은, a) 행위개념을 행위체계 개념보다 우위에 두는 것과 b) 2개의 극을 가지는 정보 모델의 양식에서의 행위 접속들을 소통으로 기술하는 것과 c) 인지적 층위를 성과 관계 층위와 동일시하는 것이다. Hohm 2000: 139ff는 심지어 인물 개념으로부터 완전한 행위자 관련 서술을 구축하기까지 한다.
273 늦어도 여기서부터 적지 않은 저자들이 조직화된 행위의 중요성이 경시되었다고 주장하면서 착각하게 된다. Schemann 1993, Krawietz 1993a(2)와 1993b(2), Werner 1993 참조.
274 이런 의미에서 Hutter/Teubner 1995와 Ladeur 1994 참조.
275 이 점에 대해 Beetz 2003: 51 ff., 59f. 71 ff., Bieling 2001, Brodocz 1996, Lieckweg 2001 참조. 직업을 통한 구조적 연동에 관해 Kurtz 2002 참조.

제적 행위에 영향을 미치고자 시도할 수 있다. 그러면 그런 유형의 관계들은 영향을 미칠 수 있고 조종될 수 있는 교환관계로서 자기관찰될 수 있으며/타자관찰될 수 있다.

이 관점에서는 기능적으로 분화된 사회에서 상당한 조종 잠재나 합리성 잠재나 통합 잠재가 있다. 다음 내용을 생각할 수 있다. 통합적 관찰들이나 그 관찰에 상응하는 행위들과 특히 결정들은 위험하다. 즉 그것들은 단순화하는 체계-환경-전제들에 근거하며, 그것들과 결합된 기대들은 기본적으로 채워지지 않을 수 있다. 이 경로를 통해 확실성에 도달하는 것은 불가능하다. 많든 적든 적절한 불확실성 흡수만 가능할 뿐이다.[276] 체계-환경-관계들의 행위 지향적인 지배 가능성을 뜻하는 합리성에는 여전히 결정적인 한계가 주어져 있다.[277] 한 번 더 강조하면 이 모든 것은 다시금 각각의 경우에 관찰된 체계의 작동적 자율에서 어떤 것도 변화시키지 않는다.

4.2.2.2 배제를 통한 포함

기능적인 사회전체적인 분화는 전체적인 인간을 잘 질서화된 사회전체적인 연관에 관련짓는 것을 목표하는 통합 유형을 대체한다. 분해된 인간은 오직 선택적으로만 사회로 되돌릴 수 있다. 인간은 사회에서 분출되었으며 사회 안에서 분화된 사회적 체계들에 오직 선택적으로만 참여할 수 있다.[278] 참여는 이때 기본적으로 유일하게 가능한 참여이며, 여기서 보편적으로 언제나 다시 가능하기만 한 참여이며 부분적으로는 항상 다시 배제

---

276 이런 점에서 정확하게 표현하는 문헌으로 Kneer/Nassehi 1993: 167ff., Reese-Schäfer 1992:87ff 참조.
277 여기서 의도하는 위험 문제 및 관련된 조종 결핍에 대해서는 Luhmann 380만 참조. 용어 사전에서 → 위험/위해, → 조종, → 불확실성 흡수 참조. 루만적인 "비관주의"와 관련하여 적어도 더 회의적인 문헌으로는 Halfmann 1986, Hahn, A./Eirmbter 1992, Japp 1990과 1997, Kneer 1993, Konopka 1999, S. Lange 2002. Mai 1994, Nahamowitz 1988, Ronge 1994, Scharpf 1989, Schimank 1985b, 1987과 2003, Willke 1987a, 1987b, 1999와 2000 참조. 2.1도 볼 것.
278 예를 들어 Di Fabio 1991: 105ff.는 그 점을 아쉬워한다.

를 통해서만 가능한 참여다. 그것은 배제를 통한 포함이며,[279] 모든 인간이 다양한 형식(예: 기능체계들에의 참여)으로 사회에 일시적으로 복귀할 지속적인 가능성의 가능성이다. 그것은 다른 사람들을 배제하는 대가로 한 사람을 비교적 지속적으로 포함할 가능성(예: 조직된 사회적 체계에의 참여)이기도 하다. 결국 그것은 포함으로부터의 배제이며, 기능적 분화가 이제 막 시작했거나 아직 충분히 진행되지 않은 상태에서 사회 참여가 제한되거나 심지어 거부되는 상태에서 포함되지 못하고 배제되는 것이며, 또한 기능적 분화 자체에서 포함되지 못하고 배제되는 것이기도 하다.

주된 기능적 분화 조건에서 배제로 인한 포함 형식은 개별적으로 전개될 수 있다(그림 23).[280] 인간들은 포함을 통해 사회로부터 배제되어 있다. 그들은 사회의 환경으로 옮겨진 것으로 보인다.[281] 그러나 그들은 그곳에서부터 인물 형식으로 다시 사회에 참여할 수 있다. 사회 내에 있는 사회적 체계들이나 소통을 통한 사회적 체계들의 형성을 통해 참여할 수 있다.[282] 기능체계들과 조직체계들에 대한 참여를 주로 구분할 수 있다.[283] 핵심은 기능체계에의 참여다. 이 체계에는 지속적이며 무제한적으로 참여할 수 있다. 지금 이 순간 누군가는 마트 계산대에서 지불할 수 있으며, 법원에 고

---

279 Luhmann: 129: 168ff., Kap4 III; 176만 참조. 매우 광범위한 포함/배제-논쟁에 관해서는 Baecker 1998, W. Bergmann 1994, Bieling 2001, Bohn/A. Hahn 2002, Bommes 1996, Bommes/Scherr 1996, Bora 2002, Drepper 1998, Fuchs, S./Buhrow/Krilger 1994, Gobel/J.F.K. Schmidt 1998, Halfmann 2002, Hohm 2000: 99ff., 2003, Kronauer 1998, Kuhm 2000a, Mackert 1998, Malowitz 2002, Nassehi 1997, 2000b, 2003: 100ff와 106ff., Nassehi/Nollmann 1997, Rasch 1997, Scherr 1999, Schimank 1985b, Schroer 2001, Stäheli 1996b, Stichweh 1988b, 1997과 1998b, Treptow 2002, Tyrell 1978, Ziemann 1998a 참조. 특히 Ellrich 1998과 그 점과 관련하여 Briegleb 1989는 신중하게 동의한다. 용어사전에서 → 포함/배제 외에도 → 분화, 사회전체적인(사회의), → 불평등, 사회적, 참조.
280 사회전체적인 분화의 모든 형식과 관련하여 Bohn/A. Hahn 2002 참조.
281 3.3.2.1 참조.
282 체계 소속성의 가능성들에 관해 4.2.2.1 참조.
283 루만에 따르면, 포함/배제에서는 비록 기능체계에의 접근이 그 밖의 경우에 명시적으로 조직 내에서의 포함으로부터의 배제를 언급하더라도 원래 기능체계들에의 접근에 관한 것만 중요하다(Luhmann 129: 619).

소장을 제출할 수도 있다. 그 두 가지 가능성은 그 누군가가 될 수도 있는 모든 이들에게 모든 순간 자유롭게 열려 있다. 이것은 포함 개별성이 배제 개별성으로 전환되는 것이다.[284] 그것은 보편적인 포함 기회들이다. 그것은 루만에게만 호소력이 있는 것이 아닐 것이다.[285] 이것은 통합 효과가 약한 긍정적인 사회적 통합 형식의 근거가 된다. 참여의 다른 형식은 조직에서의 구성원자격이다. 여기서 지속적으로 갖추어진 구성원자격에의 참여는 조직의 고유 선택성들 때문에 선택된 범위의 인물들과 관련된다. 개별적인 구성원자격들은 충분한 조건이 될 수 없다. 이것은 통합 효과가 강한 긍정적인 사회적 통합 형식의 근거가 된다. 조직에의 선택적 참여의 결과 그리고 조직 내에서의 상이한 지위들의 점유 때문에, 그 이상으로 직접적이며 (매체로서의 화폐) 간접적으로(매체로서의 경력) 매개된 사회 참여 기회를 그 밖에도 얻게 되며, 이 일은 심지어 부정적으로 집적된 형식으로 일어나기도 한다. 그것은 통합 효과가 강한 부정적인 사회적 통합 형식의 근거가 된다. 직업이 없고 — 돈이 없고 — 좋은 변호사가 없고 — 직업교육을 받지 못하고 — 사회적 접촉이 없으며 — 그 밖에도 그런 조건들이 이어진다. 일반적으로는 다음이 타당하다. 각각의 사회적 체계에 포함되는 순간에는 대개 다른 사회적 체계에의 포함이 배제되어 있다. [어떤 부분체계에의] 포함은 [다른 부분체계들로부터의] 배제와 조합된다. 나는 지불하는 동시에 진리를 모색할 수 없다. 물론 나는 그 두 사례의 모든 경우에 동시에 사회에 참여하거나, 내가 조직 내에서 비공식 집단에서 소통할 때 동시에 조직에 참여하기는 하지만, 그것은 순간적으로 현재적으로 소통에 편입되는지의 여부에 달려 있다.

배제를 통한 사회 내적 포함의 진행과 포함을 통한 사회 내적 배제의 진행은 사회적 통합을 현재적으로나 지속적으로 규제하며 상이한 관점에서

---

284   Schroer 2001: 236ff 참조.
285   Luhmann 443: 167 참조.

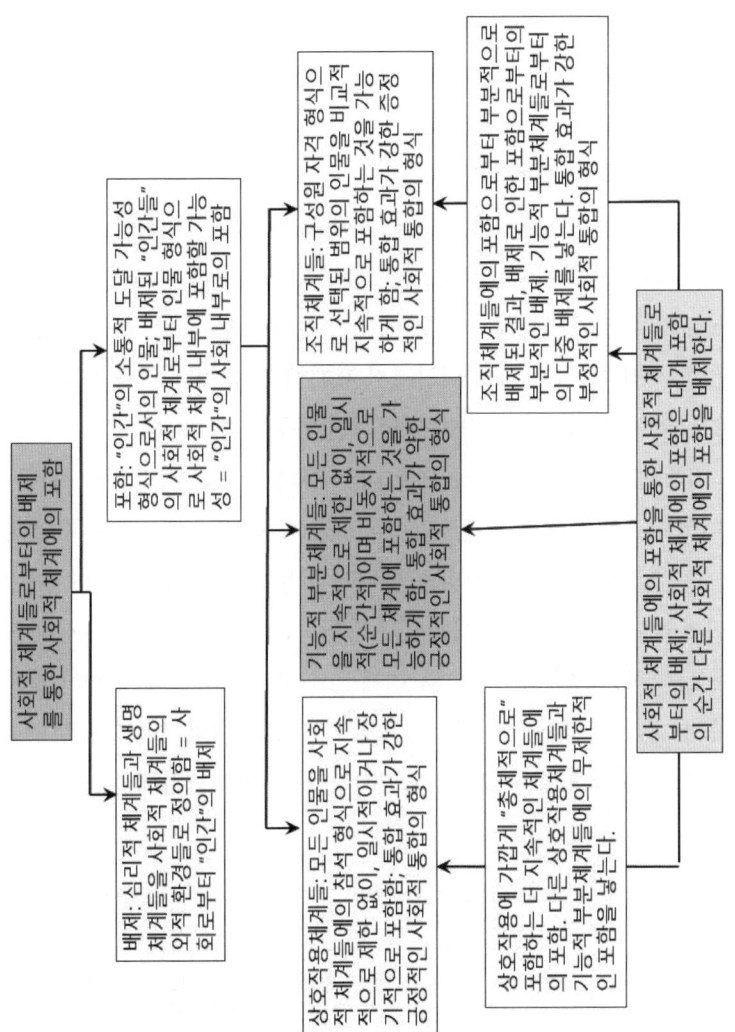

그림 23: 배제를 통한 포함

제4장 연동과 통합

의 사회적 불평등을 함의한다. 루만은 그 점을 보지만, 더 이상 관찰하지는 않는다.[286] 그런데도 그가 포함/배제라는 차이의 통일성과 조직/비조직이라는 차이의 통일성과 관련하여 있을 수 있는 사회의 초코드화를 암시하는 것은 우발이 아니다.[287]

4.2.3 가치와 도덕을 통한 통합?[288]

새로운 역설적인 통합 유형[289]은 특히 사회적 통합의 전통적인 유형을 중층화한다. 사회적 통합에서는 처음에는 전체적인 인간이나 적어도 인물을 긍정적으로 가치로 매개하여 그리고/또는 도덕적-규범적으로 사회에 통합시키는 것을 생각한다. 두 번째 위치에서 체계 내적 유형과 체계 간 유형의 긍정적으로 '가치 매개된-도덕적인-규범적인' 통합을 언급한다.[290]

사회적 체계들의 분출은 이제 그 반대로 가치 코드의 결과로 이어지는 것도 아니고, 도덕적이거나 규범적인 코드에 이어지는 것도 아니다. 결과적으로 가치, 도덕, 규범은 체계의 통합에서 하부 구조가 될 수 없다. 이런 점에서 체계들이 어떤 특정한 매체에서 작동하는 한, 이 매체는 가치에 적합하거나 도덕적으로나 규범적으로 대체될 수 없다. 물론 예를 들어 정치적이거나 경제적인 행위들은 이차적으로 가치에 적합하거나 도덕적으로나 규범적으로 정당화될 수 있다. 그렇지만 가치에 적합하거나 도덕적으

---

286 Luhmann 129: 772 참조. Hauck 2000은 루만이 그 점을 본다는 것을 보지 못한다. 그 밖에도 Kronauer 1998, Kurtz 2002, Schwinn 1998, 2000과 2003, Teubner 2001 참조.
287 이 맥락에서 Luhmann: 129: 632; 152: 76; 176: 258ff. 와 263f.; 338: 242f; 516 참조.
288 가치들과 규범들에 대해서는 Luhmann: 149, 378, 521: 33-54만 참조. 여기서 전체적으로 중요한, 가치들, 규범들, 신뢰, 친숙성, 유토피아의 주제 영역에 관해 → 기대들, → 실망, → 윤리, → 이데올로기, → 도덕, → 규범, → 사회적 통합, → 유토피아, → 신뢰, → 친숙성, → 가치 → 목적 참조.
289 4.2.1 참조.
290 윤리와 도덕의 역할에 관해 일반적으로 적절한 문헌으로 Kneer/Nassehi 1991: 178ff., Reese-Schäfer 1992: 113ff. 참조; 신뢰에 관해서는 Lewis/Weigert 1985 참조. 보다 회의적인 평가는 Ellrich 1998과 1999, Giegel 1997, Menzel 1985, Münch 1994, Preyer 1992: 79ff., Sixel 1983, Stegmaier 1998, Weinberger 1993, Wirtz 1999에서 찾아볼 수 있다.

로나 규범적으로 정치적인 행위나 경제적인 행위로 정당화될 수는 없다.[291] 반면 소통은 가치 매체에서의 가치들을 통해, 도덕 매체에서의 도덕을 통해, 규범 매체에서의 규범들을 통해 항상 그리고 사회 내 어디서나 가능하다. 그래서 가치 적합한 것, 도덕적인 것, 그리고 규범적인 것은 자기 수신 되었거나 타자 수신된 체험 기대와 행위 기대로서 바로 그렇게 타당하게 만들 수 없다. 즉 매체적으로 선택적인 의미 확정에 사용할 수 없다.

그래서 예를 들어 정치체계의 행정은 규정된 결정들을 권력 매체에서 생산하고 동시에 이 결정을 규정된 가치 사상에 의무가 있는 것으로 근거 지을 수 있을 것이다. 그래서 정치체계의 정부는 대중매체를 통해 형성된 여론에 굴복해 소위 도덕적으로 비난받는 장관을 해임할 수 있다. 모든 사회적 체계에서는 그리고 모든 사회적 체계들이나 그것들의 인물상 수신처나 조직상 수신처들과 관련하여 가치 지향적이거나 도덕적으로나 규범적인 지향에서의 주장이 도처에서 제기된다. 그리고 그것은 참여한 체계들의 작동상 자율의 관점에서는 감소하기보다는 증가한다. 가치/도덕/규범은 이때 체계 작동의 가능성 조건으로서 기능하는 것은 아니지만, 작동상 중요할 수는 있다. 예를 들면 다음과 같다. 우리가 권력을 놓지 않으려고 한다면, 우리 정책을 일반적으로 선호되는 것으로 전제하는 특정한 가치들에 지향해야 한다.[292] 그래서 가치/도덕/규범은 체계의 구조 내부까지 허용될 수 있다.

그래서 무가치적/무도덕적/무규범적으로 코드화된 체계 작동들과 가치/도덕/규범의 행위 지향적인 관점에서의 체계의 자기관찰/타자관찰을 예리하게 구분해야 한다. 특히 가치들과 규범은 체계 특화된 매체들이 아니라는 바로 그 이유로 가치 부적합하며 무도덕적으로 코드화된 체계들 사

---

291 Münch 1994는 완전하게 다른 견해를 취한다.
292 도덕 없는 결정주의로 이어지는 도덕적 최소주의에 대해서는 전혀 언급할 수 없다. 다른 관점으로 Neckel/Wolf 1994: 특히 88ff 참조.

이의 결합 매체 역할을 수용할 수 있다.[293] 그러나 가치와 도덕 및 규범들은 적어도 분출된 사회 부분체계들의 매체 특화된 형식 선택을 지휘할 수 있으며 대략 이를 통해 사회의 척도에서의 사회적 통합을 안내하는 사회의 초-매체의 위치값에 도달하지 못한다.

---

293 Luhmann 129: 409 참조.

제5장

관찰이론

제5장 관찰이론

    관찰 개념은 설명을 시작할 때부터 도입되지 않은 채 늘 다시 논거로서 사용되었다. 관찰의 일반적인 의미는 루만이 그것을 가지고 결합하는 저 의미와는 다르다. 루만을 따르는 경우에도 관찰함(Beobachten)은 보는 것, 대상을 관찰하는 것, 또는 사건을 추적하는 것과 관계있다. 그렇다면 주어진 경우에 볼 수 있으며 어떻게 볼 수 있는지 그리고 본다면 무엇을 보게 되는지를 질문해야 한다.[294]

---

[294] 루만은 이곳의 도처에서 스펜서-브라운을 끌어들인다. Henning 2000은 루만이 스펜서-브라운의 산법을 자기만의 방식으로 다루는 것을 아쉽게 생각한다. 이 말은 맞지만, 이하에서 보여줄 수 있는 루만 특이성의 성과에는 영향을 미치지 않는다.

5.1 관찰과 관찰자[295]

5.1.1 관찰

관찰에서 시작하자.[296] 관찰은 구분의 결행과 구분된 것에 대한 지시를 단번에 실행하는 것이다. 관찰은 구분과 지시의 차이의 통일성이다. "관찰은 어떤 것의 통일성"이라는 말은 현실적인 통일성을 가리키는 것이 아니라, 차이의 통일성에 대한 의미론적 명명만 가리킬 뿐이다. 구분된 것의 지시를 가지는 구분함은 어떤 것을 결정했다는 것을 포함한다. 구분되어 지시되지 않은 모든 것은 배제된다. 구분의 다른 면은 알려져 있지 않지만, 구분되지 않은 것으로서 구분된 것의 규정에 기여한다. 이 생각에 따르면, 모든 구분[297]은 비대칭이나 양-면-구분을 정초한다. 양-면-구분에서는 오직 한 면만이 이후 과정을 진행할 수 있는 접목 가능한 면으로 입증되며, 두 번째 면은 그렇지 않다. 물론 다른 방식으로 구분할 수 있었으며 그럼으로써 후속 진행을 위한 다른 관련 기준을 제출할 수 있었을 것이다. 관찰은 우연적-선택적인 사태이며, 물론 임의적인 사태인 것은 아니다. 관찰은 동시에 항상 자기포함적(selbstimplikativ)이기 때문이다.

---

295 Luhmann: 261, 287, 405만 참조. 그 점에 대해 Anderson 2003: 63-92, Baecker 1990, 1997a와 2002, Esposito 1996a, P. Fuchs 2001: 15-135, Gumbrecht 1996, Holl 1985, Horster 1997: 72 ff., Lauermann 1991, Pfütze 1991, Rossbach 1996, Schulte 1993, Sill 1997, Stäheli 1996a 참조. 용어사전에서 그 밖에도 → 관찰자, → 관찰, 외에도 → 지시, → 맹점, → 코드, → 횡단, → 차이, → 통일성, → 형식, → 주도 차이, → 유표 공간/무표 공간, → 매체/형식, → 역설, → 재-진입, → 스테노그라피/에우리알레, → 주체, → 악마, → 구분, → 세계 참조(Sthnographie(스테노그라피): 자신의 바라봄이 모든 죽어야 할 것들을 마비시키는 고르곤 중 하나로서 역설을 다루어낼 수 없다는 "교훈" 중 하나. 만약 이를 본다면 더 이상 볼 수 있는 것은 아무것도 없고, 관찰할 수 없다. 이 모델에 따른 역설들은 오직 보여지기만 할 뿐 탈역설화되지 않는다. Euryalistik(에우리알레)는 자신이 관찰하지 못하는 것을 벌한다. 그러므로 에우리알레는 볼 수 있음의 전제로서 볼 수 없음의 "교훈"이다. 이것들은 역설들이 탈역설화되는 모델들이다: 역주).
296 관찰의 개별 특성은 관찰자를 다루는 단원인 5.1.2의 그림 26에 열거되어 있다.
297 이하에서는 언어적인 이유로 자주 구분만 말하지만, 원래는 구분과 지시 또는 관찰이라고 말해야 한다.

그러나 언급된 양-면-구분 그 자체는 항상 하나의 구분일 뿐이다. 구분되어 지시되는 것은 존재나 체계나 법이다. 그것은 이미 비-존재, 비-체계, 또는 법이-아닌-것을 함의한다. 존재/비존재나 체계/환경이나 '법/법-아님'이 구분되는 것이다. 이것들은 제각기 두 면을 가진 개별 구분들이다. 여기서 다른 면은 구분되어 있지 않다. 이중적인 관점에서 그렇지 않다. 체계/환경의, 구분되어 지시된 한 면의 다른 면은 규정되지 않은 상태로 남는다. 체계는 '체계/환경-구분'의 내부에서 환경과는 달리 규정되어 있지 않으며, 환경이 되는 것은 다시금 미규정 상태로 남는다(그림 24). 그것은 처음에는 그렇게 결정적이지 않다. 앞서 말했듯이, 관찰은 한 면에 접목하는 것이지 다른 면에 접목하는 것이 아니기 때문이다.[298]

바로 그 — 관찰함의 — 순간에는 오직 하나의 관찰만 가능하다. 체계와 존재, 또는 체계/환경과 존재/비존재는 동시적으로 구분될 수 없다. 마찬가지로 하나의 구분 내부에서는 또 다른 구분들을 가지는 양 면에 동시에 접목될 수 없다. 시간을 필요로 하는 면 교체나 횡단은 알려지지 않게 관찰된(!) 대지로의 교체다. 이 대지는 그것이 구분된다면 처음에는 알려진 대지가 된다 — 그것은 새로운 구분일 것이다. 또는 표시 없이 표시된 "무표공간"은 형식을 새겨 넣음을 통해 표시된다. 횡단은 언제나 창조적인 동작(Akt)이다. 그것은 심지어 기능적인 부분체계들의 양-면-코드의 경우에도 타당하다. 이전에 법이었던 것은 나중에 '법-아닌-것'이 될 수 있으며, 이전에 '법-아닌-것'이었던 것은 나중에 법이 될 수 있다. 어쨌든 구분은 이미 구분된 것의 새로운 구분을 필요로 한다.

여기까지의 설명에서 다음 내용을 확정할 수 있다. 관찰은 언제나 형식을 형성하는 동작이다. 창조적인 동작이나 구성적인 동작이라고 말할 수도 있

---

[298] 서술된 이해에서의 관찰에 관해서는 Kneer/Nassehi 1991: 95ff. 와 142ff. 그리고 Reese-Schäfer 1992: 27ff. 와 75ff. 참조; 화폐의 보기에서 특히 Baecker 1991a와 2002 참조.

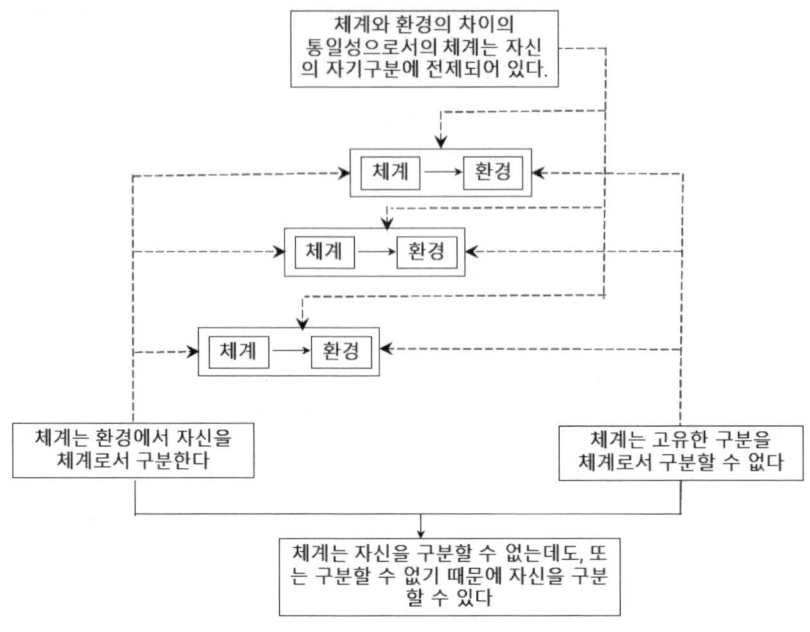

그림 24: 체계-환경-구분

다.[299] 관찰함의 몇 가지 기본 조건들은 이 모든 것을 통해 아직 언급되지 않았다. 즉 그 조건들의 역설과 동어반복은 언급되지 않았다. 관찰 대신 (관찰로서의) 역설에서 출발할 수 있었다.[300] 관찰이 관찰인 것이라면, 그것은 단순한 동어반복, 즉 관찰은 관찰이라는 말이다. 동어반복들은 이제 다른 관찰함을 위해 의미 있게 또는 심지어 논리적으로 확실한 출발점으로서 타당하지 않다.

관찰이 시작되면, (하나의) 관찰이 시작된다. 관찰은 관찰을 전제한다. 관찰은 하나의 시작이며, 그것은 자신의 시작을 전제하지만 시작할 수 있기 위해 바로 그것을 숨긴다. 관찰은 맹목적으로 작동한다. 엄격하게 본다면,

---

299   아래 5.3 참조.
300   Luhmann 219: 191만 참조.

관찰은 이런 점에서 불가능할 것이다. 그런데도 관찰은 가시화시키며. 즉 구분하고 지시하거나 관찰하면서, 어떤 관찰이 이 관찰의 기초에 있는지를 같은 순간에 가시화시킬(관찰할) 수는 없다. 그것은 다른 방식으로 기술할 수 있다. 어떤 것은 그것인 것이며, 그것은 그런데도 그것인 것이 될 수 없다. 아니면 관찰될 수 없는데도, 또는 관찰될 수 없기 때문에 관찰이 이루어진다고 말할 수 있다. 또는 다음처럼 기술할 수도 있다. 관찰은 관찰이 가능하지 않은데도, 또는 관찰이 가능하지 않기 때문에 가능하다. 또는 보지 않는 것은 본다는 것의 조건이다. 그것은 맹목적으로 보는 것과 같은 어떤 것이다. 바로 역설이다.[301] 원래는 일반적으로 계속 진행될 수 없지만, 그런데도 계속 진행된다. 그 점은 반박할 수 없는 일이기에,[302] 역설은 역설과 동어반복의 차이의 통일성으로서 해체될 수 없지만, 전개될 수는 있다. 관찰될 수 없는데도, 또는 관찰될 수 없기 때문에 관찰이 이루어진다. 그 일은 일어난다. 관찰은 경험적이며 실제적인 사건(Vorgang)이다

지금까지의 기술은 관찰이 관찰 가능하다는 것, 관찰이 자기 자신과 관련될 수 있다는 것, 즉 자기준거적인 사건으로서 기술될 수 있다는 것을 암묵적으로 포함한다. 자기관찰과 타자관찰은 관찰에 뒤따라 나오는 관찰들이다.[303] 그것은 시간을 사용하지 않고서는 가질 수 없으며, 시점들 사이의 시간 폭이 아무리 좁더라도 그렇다. 결국 관찰이 자기 자신의 내부에 진입할 가능성은 여기에 자기 자리를 가진다. 그것은 재진입이다. 관찰은 자신을 관찰로서 관찰한다. 체계가 관찰하는 경우에는 다음과 같다. 체계는 자신의 구분을 통해 자신을 구분된 환경으로부터 구분하면서 체계로서 구분하는데, 체계는 체계로서의 이 자기구분이 선행하는 체계-환경-구분, 즉 자신이 자기구분되는 순간 구분될 수 없는 구분을 전제하는데도 자신을 체계

---

301 관찰함의 역설과 그것의 전개에 관해, 반어적인 의미가 있지만 유익한 문헌으로 Schulte 1993: 27, 35ff., 115ff. 와 161 참조. 회의적인 문헌으로 Bühl 2000 참조.
302 Holl 1985도 그렇다.
303 그러므로 지금까지 관찰함의 역설에 관해 말해진 모든 것이 계속 옳다.

로서 구분한다(그림 24).[304]

관찰이 작동에 지나지 않는다는 점은 여러 번 언급했다. 그런데도 작동/관찰의 구분이 중요하다. 작동은 관찰과 약간 다르기 때문이다. 작동은 관찰의 구성적인 조건과 같은 어떤 것이다. 즉 관찰이 실행될 가능성의 조건이다. 작동을 체계이론의 "기본 개념"으로까지 생각할 수 있을 것이다.[305] 즉 관찰이나 (관찰함의) 역설 대신 역설적인 관찰로서의 작동을 가지고 시작할 수도 있었다. 자세한 내용으로 그림 25에서 개괄된 작동의 측면들을 구분할 수 있을 것이다.

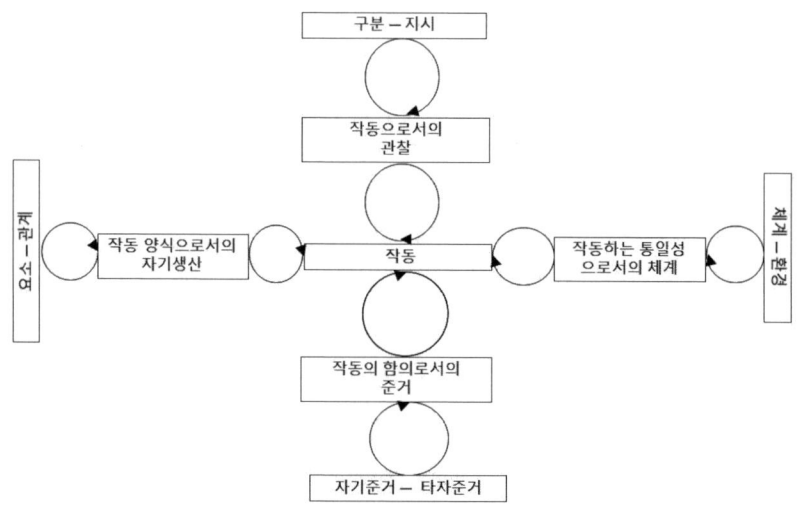

그림 25: 작동

---

304 이미 말했듯이 모든 면 교체는 시간을 필요로 하며, 시간 간격이 얼마나 작더라도 그렇다.
305 Luhmann 219: 61만 참조. 그 점에 대해 Clam 2000a와 2001 참조.

서로를 지시하는 관찰의 관찰들(Beobachtungsbeobachtungen)로서 다음 내용이 만들어진다(그림 26도 참조). 관찰은 1. 동어반복적이다. 2. 역설적이다. 3. 맹목적으로 작동한다. 4. 우연적으로-선택적으로 형식을 형성하면서 진행하거나 구성적이다. 5. 자기준거적/타자준거적이거나 순환적으로 작동한다. 6. 자기 자신을 전제한다. 7. 역설을 전개한다. 8. 실제로 일어난다.

5.1.2 관찰자

도대체 누가 또는 무엇이 관찰하는가? 관찰은 비록 실행된 것으로 관찰되기는 하더라도, 실제로는 자신을 스스로 실행시킬 수 없다. 관찰함 작동은 관찰자를 필요로 한다[306] — 관찰자도 관찰함 작동을 필요로 한다. 관찰자는 체계로서, 정확하게 말하면 자기생산적 체계로서 관찰된다(!). 즉 체계는 자신의 환경과의 차이 내부에서 자신을 체계로서 관찰한다고 말할 수 있다. 체계는 자신을 그렇게 구분하는 순간, 고유한 구분을 체계로서 구분할 수 없다. 체계는 체계와 환경을 구분할 수 없는데도 또는 구분할 수 없기 때문에, 체계와 환경을 구분할 수 있다.[307] 이런 점에서 관찰자나 관찰하는 체계, 또는 하나의 관찰하는 체계에 대해 관찰의 경우와 같은 특징이 타당할 수 있다.

관찰자는 이성적인 주체가 아니다.[308] 관찰자 유형에서 결정적인 것은 그것의 탈주체화된 지위(Status)다. 이것은 다음처럼 생각할 수 있다. 예를 들어 세포 같은 자기생산적 체계는 자신의 기초적 작동에 기반하여 중요한 환경 사건들을 등재한다. 체계는 자신의 코드화된 기초적 작동에 근거하여

---

306 Luhmann: 265: 218, 479: 252만 참조.
307 한 번 더 그림 24를 참조.
308 예를 들어 Schulte 1993: 12, 22와 26은 이 점에 적절하게 적용할 수 있다. 이 관찰에 회의적이거나 거부하는 입장을 취하는 문헌으로 Habermas 1985, Ladeur 1994, Linduschka 1979, Papcke 1990 u. 2000, Pfütze 1991, Podak 1984, H.-B. Schmid 2000, Schwinn 1995c, Zimmermann 1989 참조.

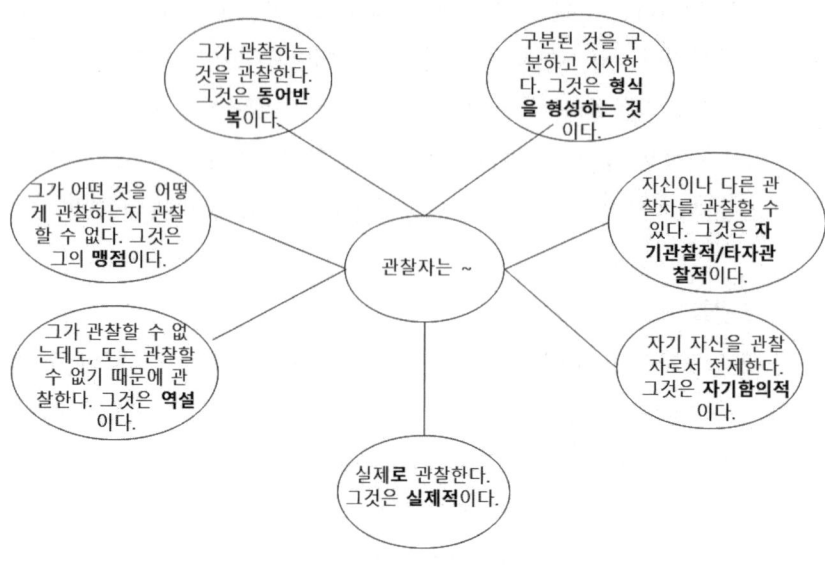

그림 26: 관찰자

구분한다. 심리적 체계도 바로 그렇게 작업한다. 심리적 체계는 생각을 생각에 관련지음에 따라, 하나의 환경 사건, 주어진 경우에는 어떤 환경 사건을 생각으로 처리할 것을 자신이 기억할지 아닐지를 구분하고 결정한다. 사회적 체계의 경우에는 이례적으로 들리는 시도를 감행해야 한다. 예를 들어 대화의 입지에서 또는 환경보호에 관해 공적으로 거행된 토론의 입지에서 관찰을 시도해야 한다. 참여자들의 기여들은 진행되는 소통의 맥락에 들어맞는지 아닌지 연결 능력이 있는 것으로 증명되는지 아닌지, 그리고 그것이 어떻게 가능한지의 관점에서 관찰된다. 그것은 그 밖에도 사회에 관찰 지위가 귀속될 때, 이해할 수 있다.

관찰자들에 대한 이하의 관찰들은 체계화할 수 있다(그림 26 참조). 1. 주체에서 관찰자로의 전환[309]은 체계로서의 관찰자에 대해 마찬가지로 탈주체화된 객관적인 지위를 — 그렇게 구분되었기 때문에 — 함의한다. 2. 그런 식으로 객관화된 관찰자는 자기 자신과 다른 모든 것의 기초에 놓여 있으며, 역설적으로 구축된 자기준거적 유형이다. 3. 이 관찰자는 그가 관찰하는 것만 관찰할 수 있다. 그러나 자신의 관찰과 무관하게 있을 수 있는 어떤 것을 관찰할 수는 없다. 4. 관찰자는 대량으로 나타난다. 즉 옳은 관찰자나 유일하게 옳은 관찰자는 있을 수 없다 — 그것은 관찰에 달려 있다. 5. 사회의 관찰자는 사회에서 나타나며, 사회 내에서만 사회를 관찰할 수 있으며, 그것은 사회의 자기관찰이라고 이름할 수 있다.[310]

5.2. 1계(系) 관찰과 2계 관찰[311]

관찰에 대한 선행 관찰들을 포함하는 모든 관찰은 그 자체가 1계 관찰이다. 모든 구분은 그것이 실행되는 순간 그것이 되는 것일 뿐이다. 관찰하는 관찰자는 그가 자신의 지시하는 구분을 가지고 보게 되는 것만을 본다. 그는 다른 것이 아니라, 그가 지금 보고 있는 이것을 본다. 그는 나무나 아이나 심리적 체계나 10퍼센트의 사고 가능성을 본다. 그러면 나무는 나무이며, 체계는 체계다. 그리고 그것은 동어반복적이다. 1계 관찰의 관찰자는 구분함의 순간 어떤 구분이 그에 의해 구분된 것의 기초가 되는지 볼 능력이 없다. 그런데도 그는 구분하며, 이것은 역설이다. 관찰하는 체계는 오직 자기 자신만을 관련지을 수 있고 그 밖에 어떤 것도 관련지을 수 없으며, 이것은 자기준거적이다. 관찰자는 그가 관찰하는 것을 실제로 관찰하며, 이것은 실제적이다.

---

309 마지막으로 이 점에 대한 언급은 Luhmann 129: Kap. 5 II와 XII 참조.
310 마지막 논점에 대해 용어 사전에서 → 자기기술, 사회전체적인(사회의), → 사회학 참조.
311 포괄적으로 그림 26 참조.

따라서 1계 관찰자는 맹목적으로 작동한다. 그는 자신이 어떻게 자신의 대상을 볼 수 있게 되는지, 자신의 대상을 만들어내는지 볼 수 없다. 2계 관찰자는 1계 관찰자가 1계 관찰자에게 비가시화될 수 있는 구분을 사용하며 이 구분을 수단으로 자신의 대상을 보게 된다는 것을 본다. 2계 관찰자의 구분은 고유한 구분이면서, 1계 관찰자의 이중 구분처럼 단순하지 않다. 이 말은 체계와 관련되면 다음을 뜻한다. 체계는 어떻게 자신이 자신이나 다른 체계를 관찰하는지를 구분하면서, 자신이 다른 체계를 관찰하거나 다른 체계가 자신을 관찰하는지를 관찰할 능력이 있다. 2계 관찰은 자기관찰과 타자관찰의 하위 사례들을 포함한다. 1계 관찰과 2계 관찰 사이에는, 첫째 대상이 마지막 대상이어야 한다면, 얼마나 눈에 띄지 않을 정도로 작더라도 시간적인 차이가 있다.

1계 관찰은 관찰함의 무엇-층위에 귀속시킬 수 있고 2계 관찰은 관찰함의 어떻게-층위에 귀속시킬 수 있다.[312] 그것은 다시금 3계 관찰이다. 한 관찰자가 자신이 관찰하는 것(1계 관찰)을 어떻게 관찰하는지를 관찰자가 관찰한다는 것(2계 관찰)이 관찰되기(3계 관찰) 때문이다. 물론 다음을 말할 수 있다. 관찰자의 관찰자나, 관찰자의 관찰자의 관찰자는 각각의 관찰자에 해당하는 관찰자를 1계 관찰자로서 식별한다. 맹목성은 모든 관찰자 또는 모든 관찰의 특징이며, 그래서 관찰자나 관찰들의 위계는 사라진다. 1대1 대응의 논리적 관계들을 뜻하는 선형화는 전혀 생각할 수 없다.[313]

사정이 그런데도 또는 바로 그 이유로 인해, 관찰자는 관찰자를 관찰한다 등. 분명한 역설은 재-진입을 통해 한 번 더 전개된다. 즉 구분이 자기 자신의 내부에 진입하는 것으로 전개된다. 간단히 말하면, 서로 다른 계(系)의 관찰들의 관찰은 관찰함의 전체적이며 역설적인 "논리"를 무효화시키지 않는다.

---

312 계속 5.4.2 참조.
313 Gripp-Hagelstange 1995: 61와 119는 다른 입장을 취한다.

5.3. 관찰함의 실재와 관찰된 실재[314]

관찰은 일어나며, 이런 점에서 실제적이다. 이것은 모든 관찰 가능성에 전제되어 있거나 틀림없이 전제되어 있는, 관찰될 수 있는 어떤 것이 있는지의 질문에 아직 답하지 않는다. 객체는 주체로 하여금 생각하도록 하거나, 주체는 객체를 생각한다. 그것은 관찰함의 가능성들을 제한하는 두 가지 가능한 방법일 것이다. 루만의 관점에서는 두 번 모두 관찰이다. 즉 관찰에 선행하는 관찰 가능한 것이나 실재가 있다고 전제할 때조차, 그것은 하나의 전제일 것이다 — 재구성할 수 있는 관찰이다. 모든 관찰은 이런 의미에서 그 자체가 관찰될 수 없게 관찰된(!) 공간인 무표 공간을 절개한다(verletzen). 무표 공간 자체는 자신의 구분을 수단으로 하여 비가시화되는 것으로만 가시화될 수 있으며, 이렇게 비가시화하는 구분은 자기편에서 구분될 수 있을 것이다. 이 순환은 헤어 나오지 못하는 덫과 같다. 무표 공간의 절개를 전제하는 것(=관찰)을 통해서도 벗어나지 못한다. 그래서 무표 공간은 단지 '유표 공간/무표 공간' 구분의 다른 면으로 입증된다. 그것은 다시 한번 재진입 능력이 있는 유형의 자기준거적으로 구축된 구분이다.

구성이론이 관찰함이나 인식의 교수이론(Instrukttheorie)의 대안으로 제안된다. 명시적으로 분명하게 하자면, 설명이론과 구성이론은 제각기 가능한 실재 관찰들, 즉 자기편에서 관찰로서 관찰 가능한 관찰들이다. 그 둘의 차이는, 알게 하면서(instruiert) 지시된 관찰함은 바로 그 관찰이 가르쳐진(instruiert) 것이라는 점을 부정하는 반면, 구성된 것으로 지시된 관찰함은 자기 자신을 구성된 것으로 관찰할 능력이 있다는 데 있다. 구성 변항을 따르거나 체계이론적이거나 작동적 구성주의 변항에 따르면, 실재는 관찰 의

---

314   Luhmann 081만 참조. 용어사전에서 → 실재, 외에도 → 외부 세계, → 관찰자, → 관찰, 맹점, → 인식, → 인식이론, 고전적, → 구성주의, 체계이론적, → 유표 공간/무표 공간 → 객체, → 존재론, → 합리성, 유럽적, → 실재, 허구적/실재적, → 재-진입, → 스테노그라피/에우리알레(각주 296 참조), → 주체, → 초월 참조.

존적이거나 관찰자 의존적인 사태이며, 그렇게 구분된 사태로서 구분된 사태이기 때문이다. 그것은 실재가 존재하거나 체계들이 실제적이라고 말하는 진술들을 포함한다.[315] 원은 스스로 닫는다. 관찰은 실제적이며 체계들도 실재적이며, 실재들은 있다. 그리고 그 결과 실제로 관찰하는 체계는 실재하는 체계나 실재하는 체계들을 관찰한다.

관찰은 적어도 의미 기반 체계들일 때는 의미를 필요로 한다. 예를 들어 세계 또는 세계 내의 세계나 실재처럼, 관찰될 수 있는 어떤 것(!)이 없다면, 관찰은 유의미하게(!, sinnhaft) 무의미하며(sinnlos), 이 경우 관찰 가능성의 확인이 자기편에서 유의미한 관찰 계기가 된다. 관찰은 자신을 스스로 실제적이라고 드러내지 못한다. 실재는 의미에 기반하여 작동하는 체계의 의미 범주이기 때문이다. 의미, 세계, 실재는 상호간에 서로를 함의하는 개념들로서 무차이 개념들이라고 말해진다. 무차이성은 여기서 오직 자기 자신을 통해서만 부정될 수 있으며 다른 어떤 것을 통해서도 부정될 수 없다는 것을 뜻한다. 의미는 의미를 통해서만 부정될 수 있다. 의미의 뒤에는 의미를 설명할 수 있을 어떤 것도 없다. 그것은 다시금 의미일 것이기 때문이다. 의미는 유의미하게만 세계에 와 있는 것일 수 있으며,[316] 그 결과 실재는 의미에 기반하여 작동하며 체계 자신을 관찰자의 관찰들의 형식으로 함의하는 체계의 구성물이다.

5.4 관찰 프로그램으로서의 체계이론

관찰 프로그램으로서[317] 또는 사회 내에서의 사회의 자기기술 프로그램

315　분명하게 보여주는 문헌으로 Luhmann 242: 30 참조.
316　분명하게 보여주는 문헌으로 Luhmann 242: 30 참조.
317　Luhmann: 390, 479만 참조. 용어 사전에서 → 계몽, 사회학적, → 구성주의, 체계이론적, → 성찰이론, → 자기기술, 사회전체적(사회의), 자기면제 금지, → 사회학, → 보편이론, → 지식 참조.

으로서의 관찰이론을 두 가지 서로 중첩되는 관점들을 요약하면서 관찰해 보자. 나는 먼저 체계이론적인 사유 건축물의 근본적인 석재들을 매우 간략하게 기술하고자 시도할 것이다. 두 번째 단계에서는 포괄적인 건축 원칙들의 개요를 아주 대략적으로 설명할 것이다.

5.4.1 체계이론적 석재들

체계이론은 체계를 대상으로 삼는다. 그렇다면 바로 몇 가지 질문들이 제기된다(그림 27).[318] 무엇이 체계들인가? 체계들은 어떻게 기능하는가? 체계들은 어떻게 생성되는가? 그것들은 어떻게 발전하는가? 무엇이 체계들을 구분하는가? 어떤 종류의 체계들을 구분할 수 있는가? 어떤 체계 관계들이 있는가? 그리고 특별하게 체계이론적 구성주의는 무엇을 의미하는가? 이 질문들이나 비슷한 질문들 중 어떤 것도 하나의 질문으로 대답할 수는 없다. 어떤 석재에서 시작하든, 그 석재가 언제나 다른 건축 석재들과의 이음새 메우기를 필요로 한다는 점이 문제가 된다.

체계나 심지어 자기생산적 체계를 쉽게 파악할 수 있는 정의를 루만의 저작에서 모색하는 것은 헛된 일이다. 루만이 생각한 것은, 체계에 속하지 않는 환경의 맞은 편에서 고유한 요소들에 기초하여 작동적으로 자신을 포함하는 연관이다. 즉 실현 가능하며 실현된 사건 형식의 요소들의 연관이다. 체계는 비록 우발에 의해 끊임없이 위협받는데도, 사건들로서의 선택적으로 가능한 요소들 사이의 비교적 지속적인 선택적인 접속들 ― 선택적인 요소들을 사건들로서 그리고 사건적인 요소들의 선택적인 접속으로서 가능하게 하는 ― 의 형성을 통해 스스로를 유지한다. 체계는 자신의 환경을 고유한 사건들로서 중요할 수 있는 그런 사건들을 향하여 더듬어 찾아갈 수 있을 때만 체계가 될 수 있다. 그래서 체계는 환경을 위한 조건이다.[319]

---

318 용어사전에서 그림 27에서 열거된 모든 개념과 개념의 구성성분들 참조.
319 그림 27에서 왼쪽 윗부분 전체 참조.

체계들은 생성되어 있음에 틀림없다. 그것들은 언젠가 한 번 틀림없이 최초로 구분되었거나 틀림없이 자기 자신을 구분했다. 체계를 위한 이유로 복잡성을 투입한다면, 복잡성은 "정초"되어야 할 것이다. 체계들을 위한 이유로 진화를 투입한다면, 진화는 "정초"되어야 할 것이다. 복잡성과 진화를 전제하는 것은 물론 체계들의 분출과 분화, 특히 기능 특화된 부분체계들의 코드 기반의 분출을 신빙성 있게 기술하는 데 아마도 매우 적절하다. 마지막으로 체계들을 위한 이유로 체계들을 투입한다면, 무엇이 체계들을 "정초하는지"를 다시금 "정초"해야 할 것이다. 이런저런 이유로 최종 이유는 발견할 수 없다. 남겨져 있는 것은 다음 전제다. 체계들은 자기 자신을 "정초"하며, 비록 그 일을 해낼 수 없는데도 그렇게 한다. 따라서 전통적인 이치적 정초 논리는 역설적 정초 논리로 대체되어야 한다. 이 점에서 출발

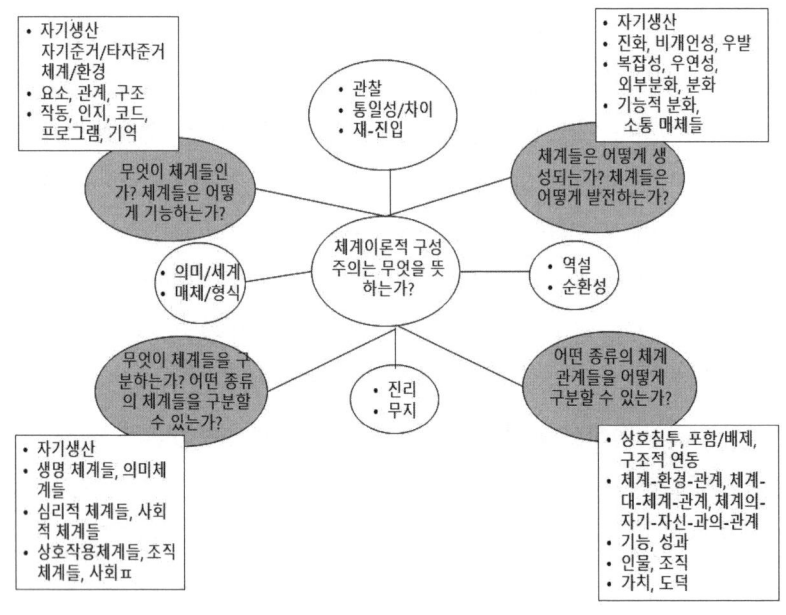

그림 27: 체계이론의 석재들

하면서, 체계들의 생성과 발전에 관한 서술을 다시금 두 발 위에 세울 수 있다.[320]

체계들이 무엇이며 어떻게 성립하는지가 구분되어 있으면, 무엇이 체계를 구분하는지도 알려져 있다. 체계들이 자기 자신을 구분하는 수단이 되는 것은 요소들의 특성(Spezifik)이다. 그러면 체계들을 서로 구분할 수 있기 위해서는 상이한 종류들의 요소들을 구분하기만 하면 된다. 생명 체계들과 의미체계들, 그리고 의미체계들 중 심리적 체계들과 사회적 체계들의 경우에 그 일은 아주 쉽다. 사회적 체계들의 경우에는 착종이 드러난다. 한편으로는, 그것들 모두는 요소로서의 소통을 가지고 작동하며, 다른 한편으로는 상이한 기능적인 위치 설정을 통해 그렇게 되는 것처럼 소통의 방식이나 대상들을 통해 구분된다. 예를 들어 상호작용체계들, 조직체계들, 사회체계들처럼 분출에 적합하며 분화에 적합한 상이한 위치값들을 가지는 구분들이 여기에 덧붙여진다.[321]

체계 관계들에 관한 질문에 어느 정도 만족할 만한 대답을 하기 위해서는 처음부터 상이한 관찰 가능성들을 전제하는 것이 가장 적절할 것이다. 선택된 관점에 따라 약간 다른 것을 볼 수 있게 된다. 그런데도 한 면에서 자기생산적 명령에 부합하면서 다른 면에서 그런데도 자신의 일상적인 관찰들이 드러나는 것을 발견하는 것은 쉬운 일이 아니다. 그 일은 자기 생산적 명령에 적절하게 출발점으로 옮겨진다면, 폐쇄성을 통한 개방성 공식으로서 가능해진다. 그것은 예를 들어 등가적인 관계들에 대한 일상적인 생각들이 구조적으로 환경들에 연동된 체계들의 자기준거와 타자준거의 단순화 요구와 결합될 수 있는 것으로 입증될 때 가능해진다. 마지막에는 다양하게 형성된, 통일성과 차이의 차이 이념을 받아들여야 한다.[322]

---

320 그림 27에서 오른쪽 윗부분 전체 참조.
321 그림 27에서 왼쪽 아랫부분 전체 참조.
322 그림 27에서 오른쪽 아랫부분 전체 참조.

5.4.2 무엇-질문, 어떻게-질문, 왜-질문[323]

체계이론적으로 도출된 관찰함의 상이한 속성들은 약간 다른 관점에서 그림 28에서 한 번 더 키워드 중심으로 요약하겠다.

체계이론의 주장으로 시작하는 것이 가장 간단하다. 무슨 이유로 또는 왜 체계이론인가? 계몽(Aufklärung)의 정화(Abklärung) 프로그램은 마지막까지 견지되었다. 체계이론은 그런 프로그램이 될 수 있기 위해, 확립된 학문적 분과들을 능가하는 것으로 만들어져야 하며 모든 사회적인 것을 보편적으로 설명할 수 있다고 주장할 수 있어야 한다.[324] 그것이 불가피하게 프로그램의 일반성을 상승시켜야 하는데도, 또는 상승시켜야 한다는 이유로 인해, 그런데도 실제적인 실재의 실제적인 이론이어야 한다는 요구는 견지되었다.[325]

체계이론은 그 이론의 고유한 대상들로 선택되는 대상들에서 입증되어야 했다. 루만은 예를 들어 처음부터 의미의 구분을 수단으로 하여 모든 의미의 사실적, 시간적, 사회적 차원을 구분했다. 그 결과 체계이론은 자신의 대상을 결코 통일성으로 살펴보지 않으며, 총체성으로는 더더욱 살펴보지 않는다. 그것은 언제나 차이들로서만, 더 정확하게 말하면 통일성과 차이의 차이들의 통일성들로만 살펴본다. 여기에는 물론 주안점 이동이 있다.[326] 사실적인 대상으로서의 행위는 소통으로 대체된다. 체험과 행위의 시간화된 복잡성의 이념으로부터 지나간 가능성들과 미래적인 가능성들의 오직 현재적으로만 가능한 관찰의 이념으로 — 진화로서 — 옮겨진다. 사회적인 것의 분화의 기능적-구조적 이론은 사회전체적인 분화의 일반 이론에서 만개한다. 그래서 소통, 진화, 분화의 부분 이론들은 단지 체계이론

---

323   이 구분에 관해 Luhmann 277: 39ff만 볼 것.
324   그 점에 대해 분명한 입장을 취하는 문헌으로 Jahraus/Marius 1997: 5ff. 참조; 회의적인 입장은 Khurana 2000 참조.
325   그림 28의 아랫부분 참조.
326   제6장 참조

적인 메달의 다른 면인 것으로 입증된다.[327]

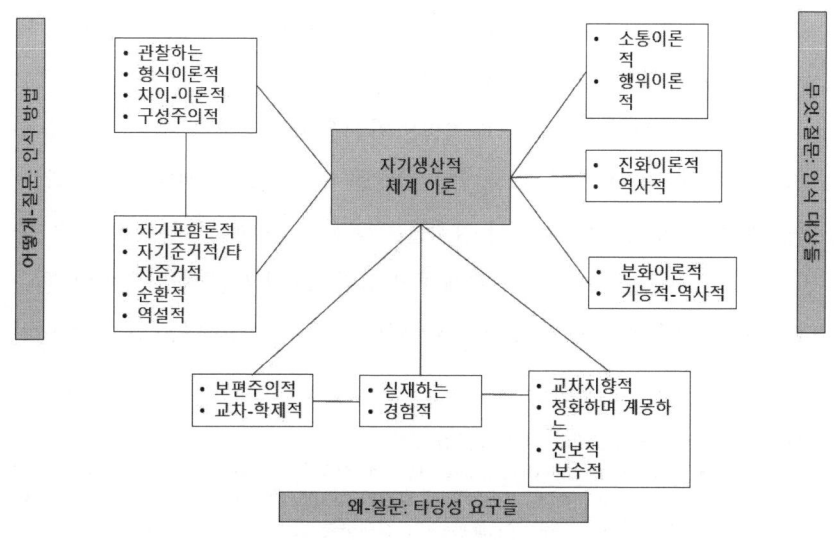

그림 28: 무엇-질문, 어떻게-질문, 왜-질문

독자들은 어떻게 모든 것을 알 수 있는지 한 번 더 알고 싶을 것이다. 체계이론은 자신의 고유한 체계이론적인 하부 건축물을 창출해야 하며, 인식에 합당하게 자기 보장된 이론으로 제안할 수 있어야 한다. 이를 위해서 상이한 사고 유형들이 하나하나 제안된다. 실체들의 기능들로의 해체, 등가기능주의, 2계 질서 사이버네틱스, 관찰이론, 형식이론, 분화이론 그리고 마지막으로 작동적 구성주의가 그것들이다. 존재과학적인 세계 접근의 실효성을 지속적으로 거부하면서, 추상화 수준은 다시 한번 개괄할 수 없을

327　그림 28의 오른쪽 부분 참조.

정도로 상승한다. 또한 하부 건축물 그리고/또는 상부 건축물이 증축되는데, 그것은 언급된 사고 유형들 각각을 역설적으로 구성된 것으로 자리매김한다. 그러면 작동적 구성주의나 체계이론적 구성주의는 인식할 수 없기에 인식할 수 있는 개최로서 인식될 수 있다. 관찰함의 역설은 동등하게 체계이론적 건축의 토대이면서 지붕이다.[328]

이제는 거두절미하며 말할 수 있다. 자신을 스스로 작동시키도록 할 수 있는 체계들이 있다. 작동상 체계들을 통해 — 관찰하는 체계들을 통해 — 가능해지는 체계들이 있다. 이 원칙들(그림 29)은 체계이론의 프로그램, 출발점, 관련 기준을 가리킨다. 체계들이 있다. 그것은 존재 진술처럼 들린다.[329] 관찰 때문에 주어져 있으며 이 의미에서(!) 존재한다는 대상이 관련

---

328 그림 28의 왼쪽 부분과 그림 27의 중간 부분 참조.
329 그 점에 대해 Luhmann: 081: 33, 242: 30, 373: 30 참조. 존재론적 전통으로부터 해방되겠다는 것을 요구하는 이론의 존재론적 지위가 의심스럽다는 것이 많은 비판의 핵심이다. 이 비판에 대해서는 루만이 물론 그가 전제하는 것과 관련하여 전제 없이 버텨나갈 수 없다는 점에서는 동의할 수 있다. 그러나 비판들은 루만이 그것을 알고 있지 않다거나 그 점이 보여지지 않는 것처럼 루만의 이론이 구축되어 있다고 전제한다는 점에서는 적절하지 않다. 바로 그곳에 (지금까지의?) 존재론에 대한 루만의 이의가 숨겨져 있다. 그 밖에도 루만은 이미 아주 일찍 그 점을 분명하게 밝혔다(435: 90). 아래에서 몇몇 비판가들과 그들의 비판이 — 그들이 루만적인 사유의 인식이론적 측면을 연구하는 한에서 — 찬성과 반대로 목록화되어 있다. 동일성인가 차이인가? Bender 2000는 차이 논리를 통일성 논리로 전환된 것으로 쌍방으로 보고자 한다. Wagner 1994와 2000은 차이의 통일성을 차이를 지시하는 것으로 보는 대신 차이를 지양하는 통일성으로 해석한다. Wagner/Zipprian 1992: 398(399ff도 볼 것)은 차이 논리가 결국 동일성 논리로서 구축되어 있다고 생각한다(그 점에 대해 Luhmann 128 참조). Zimmermann 1989는 동일성 논리로 파악할 수 있는 차이 논리를 추측하며, 체계를 향하는 추상화는 초월적 체계이론을 의미한다고 주장한다. Rustemeyer 1999: 160ff는 모든 규정 성과들의 비우연성에 대한 명시적인 고백이 없다는 점을 비판한다. 최종적으로 통일성을 부여하는 수신처가 없다는 것이다. Ellrich 2000만이 루만을 헤겔과 비교하면서 종결될 수 없는 종결-공식의 역설을 발견해낸다(herausarbeiten). 작동성을 존재론으로 보는 관점들도 있다. Kastl 1998은 시간의 작동적 자기정초의 전제를 연결하는 모든 구분함의 기초로서의 토대를 정초되지 않은 것이라고 본다. Clam 2001: 239는 이 점을 달리 본다. Brandt 1993은 체계 시간에 비밀스러운 존재론적 전제들이 있다고 추측한다. Nassehi 1993a는 루만에게 있어서 전제된 것을 단순히 관찰이라고 명명하며, 나중에는(2000a) 시간의 작동적 자기 정초라고 명명한다. MerzBenz 2000은 자기함의적인 체계/환경-구분을 초월 논리적으로 정초되었다고 명명한다. Englisch 1991은 자기준거적인 관찰함을 통해 의존 존재론이 관계 존재론이 된다. 반면 Clam 2000a는 루만 발상의 일반적인 철학적 평가의 배

기준으로서 먼저 주어져 있으며 그 대상의 속성들이 계속 탐구되어야 하는 것으로 간주된다. 다른 방식의 구조에서 출발하는 존재 진술들과의 결정적인 차이는 한편으로는, 이것이 관찰되는 대로 관찰되며 관찰 없이는 관찰되지 않는다는 점을 성찰하는 데서 발견할 수 있다. 다른 한편으로 그리고 그 때문에 이 존재 진술은 우연적이다.[330] 이것이 차이를 만드는 차이다. 그러면 체계들과 체계이론에 관한 또 다른 원칙들은 이런 점에서 더 이상 정초가 필요하지 않게 된다.

체계이론은 설명된 것처럼 학문적인 관찰 프로그램으로서, 즉 관찰함을 위한 안내로 이해할 수 있다. 그것은 체계 내에서의 체계 성찰을 가능하게 한다. 체계이론은 자신이 스스로 전제하는 것이 아닌 다른 어떤 것도 성찰할 수 없다. 체계이론은 자신의 자기성찰에 따라 보편이론이다. 그 이론은 자신의 모든 관찰에서 이론 자체를 이론 자체에 종속시킨다. 그것은 자신이 자신에 의해 관찰된 대상에 속한다는 것을 자신으로부터 안다. 체계이론에 대해서는 자기면제 금지가 적용된다.

경에서 자기 자신을 가능하게 하는 작동성의 탈-존재론화하는 개념이 있다고 주장한다. 주체이론적 유산을 물려받았다는 비판도 있다. 특히 Habermas 1985 : 426, 429f. 와 444는 주체 철학적 유산의 강화와 상속의 시도가 있다고 추측한다. Schulte 1993: 12와 22는 주체이론이라는 비판 목록을 등재한다. 주체를 체계로 단순하게 전환하기만 했을 뿐이라는 것이다. 다른 존재론 추측들도 있다. Metzner 1993: 201 (1989도) 사회적인 것의 체계 존재론이 있다고 본다. Wetzel 1992에 따르면 모든 존재론이 결국 의미에서 열린다. Gripp-Hagelstange 1991과 1995는 루만의 객관화하는 추상성이 전통으로부터 바로 전형적으로 전통적인 것으로 나타나기에, 구-유럽적이거나 바로 존재론적인 것으로 남는다는 의견을 제시한다.

330 그렇게(!) 관찰된 것으로 다음을 말할 수 있다. "세계의 모든 탈-존재론화는 그 자체가 존재론화하는 것이다"(P. Fuchs 1999a: 79).

체계들에 관한 문장들
- 체계들이 있다.
- 체계들은 자기 자신을 구분한다.
- 체계들은 자신들의 자기구분에 전제되어 있다.
- 체계들은 자신들의 자기구분을 구분할 수 없다.
- 체계들은 역설적으로 구성되어 있다.
- 체계들은 자기 자신을 가능하게 해주는 작동들을 통해 자기 자신을 가능하게 한다. 즉 체계들은 자기준거적으로 작동한다.
- 체계들은 자기 접촉을 통해 환경 접촉을 생산한다. 체계들은 자기준거적인 방식으로 타자준거적으로 작동한다.
- 체계들은 자신들의 작동들을 직접 관계화한다. 체계들은 구조 결정된 상태에서 작동한다.
- 체계들은 환경에 맞서 자신을 유지한다. 체계들은 환경에 적응되어 있다.
- 체계들은 순간순간 자신을 재생산한다. 체계들은 시간적으로 작동한다.

체계이론에 관한 문장들
- 체계이론은 자기 자신과의 관계화를 통해 자신을 정초한다.
- 체계이론은 통일성과 차이의 차이를 전제한다(차이이론).
- 체계이론은 자기 자신을 관찰하는 체계로 관찰하는 관찰자를 통해 자신을 정초한다(관찰이론).
- 체계이론은 자신을 불가능한 동시에 가능한 것으로 관찰한다(역설적 이론).
- 체계이론은 형식들에서 형식들을 형성한다(형식이론).

- 체계이론은 비개연성의 개연성을 관찰한다(진화이론).
- 체계이론은 자신을 실제 작동하는 체계들의 실제적인 이론으로 관찰한다(경험적 이론).
- 체계이론은 그것이 관련짓는 모든 것을 관련지으며, 이때 자기 자신을 관련짓는다(보편이론).
- 체계이론은 그것이 관찰하는 것을 관찰한다(구성적 이론)

그림 29: 체계들과 체계이론에 관한 원칙들

제6장

패러다임 전환

제6장 패러다임 전환[331]

체계이론이 60년대부터 90년대까지 증축되고 개축되었다는 것[332]은 분명하다.[333] 루만 스스로 패러다임 전환을 언급했다.[334] 그 이후부터 "초기" 루만과 "후기" 루만이 구분된다. 등가기능주의적 체계-환경-이론에서 자기생산적 체계 이론으로의 전환이 전환점으로 표시된 것으로 생각할 수 있다. 여기에는 불연속성보다 지속성을 더 많이 고려하는 체계이론 건축 작업에 대한 관찰이 표현되어 있다.[335] 건축은 처음부터 확정된 설계도에 따라 진행되지 않았다. 예술가들이 작품으로 만들어낼 것으로 생각하는 것에 대해 처음에는 아직 충분히 분화된 생각을 갖지 않은 것처럼, 루만 역시 건축 작업을 바로 시작했다. 한 번은 이 위치에서 다른 한 번은 저 위치에서, 한 번은 여기서 오래 머무르며 다른 한 번은 저곳에 잠깐 시선을 던지며, 한 번은 한 위치에서 작업을 중단하고 다른 위치에서 다시 수용하면서, 한 번은 보

---

331 용어 사전에서 → 패러다임 전환 참조.
332 Baus의 은유에 관해 Soentgen 1992 참조.
333 Krause 1998 참조.
334 Luhmann: 282, 373: Zur Einführung 참조.
335 Göbel 2000 또한 그렇다.

강재를 덧대면서 다른 한 번은 막 수행한 작업을 통해 스스로 교란되면서 하면서 작업해나갔다 — 언제나 미완성 상태의, 이전 관찰 가능성에서 도출한 전체 작업에 유념하면서 그렇게 했다. 이 모든 것은 미로 속에서 개최된다는 인상을 준다. 체계이론의 형성도 예술가가 예술작품을 조탁할 때 이미 실행된 조형들에만 형식을 변경하며 연결할 수 있는 것처럼 그렇게 관찰할 수 있다. 그것은 패러다임 전환으로 해석할 수 있는 변경과 관련하여 간략하게 제시할 수 있다(그림 30).

행위이론	→	소통이론
의미이론	→	매체-형식-이론
인간이라는 통일성	→	체계들의 차이의 통일성
포함을 통한 배제	→	배제를 통한 포함
기능적 방법	→	사이버네틱스 방법
복잡성	→	작동적 폐쇄
환경 개방적인 체계의 이론	→	자기생산과 구조적 연동의 차이 이론
정화된 계몽	→	해체하는 관찰
무엇-질문	→	어떻게-질문

그림 30: 패러다임 전환

1. 행위이론은 소통이론으로 대체된다.[336] 그러나 루만은 소통이 그 부분의 내부와 부분들의 사이에서 다중적으로 선택적인, 정보-통보-이해의 차이의 통일성으로서, 통일성으로 관찰 불가능하다는 것을 곳곳에서 강조한다. 소통의 통일성은 그 관찰의 차이들을 통해서만 접근할 수 있다. 서로서로 관련된 소통의 그때그때 현재화된(aktualisiert) 통일성으로서 소통적 체계 또는 사회적 체계는 마찬가지로 통일성으로서 관찰 불가능하다. 이 통일성 역시 서로서로 관련되었으며 자기편에서 관찰에 접근 가능하게 만들어진 요소들의 입지에서만 관찰 가능하다. 사회적 체계들은 이것을 단순화시킬 때, 즉 행위체계로 볼 때 비로소 자신을 관찰할 수 있다.[337] 이때 행위는 이해의 입지에서 이해할 수 있다. 즉 이해하는 체계의 입지에서 정보와 통보의 구분을 수단으로 이해할 수 있다. 결론은 다음과 같다. 소통이론은 행위이론을 포함한다.[338]

2. 의미 구분은 매체-형식-구분[339]으로 대체된다.[340] 의미는 처음에는 단순하게 유의미한(sinnhaft) 체험과 행위로 기술되었다. 그 후 유의미한 체험과 행위의 현재성과 가능성의 차이의 통일성으로서 일반화하는 기술이 이어진다 — 그것은 최종적으로 규정될 수 없는 의미 가능성들의 지평을 함의하고 있다. 그새 의미는 가장 일반적으로 형성될 수 있는 매체로 구분된 것으로 발견된다.[341] 매체 개념에서 지평 개념은 계속 살아남는다. 물론 미규정된 유의미한 가능성들의 느슨한 연동으로 한 번 더 일반화되어 기술되면서 유지되며, 이 가능성들은 매체를 사용하지 않은 채 원칙

---

336 용어 사전에서 → 행위, → 소통 참조.
337 상세한 내용은 Luhmann 373: Kap. 4 참조.
338 전체적으로 2.1.1과 3.3.2.2(2)(a) 참조.
339 용어 사전에서 → 개념들, 무차이, → 형식, → 지평, → 매체, → 매체/형식, → 현상학, → 의미, → 세계 참조.
340 그 점에 대해 Kramer 1998, Schützeichel 2003: 27ff. 참조.
341 현상학적 의미 규정에 관해 Luhmann 255 참조.

적으로 거의 무제한으로 접근할 수 있다.[342] 여기서 체계이론적인 사고의 형식이론적인 사고로의 형식 변경(Umformung)이 관철되는 것으로 보인다.[343] 결론은 다음과 같다. 매체-형식-구분은 유의미한 구분으로서 의미 구분을 포함한다.[344]

3. 인간은 통일성으로서 더 급진적으로 해체되며, 사회 내부에서 그리고 사회를 위한 중심 위치로부터 더 급진적으로 추방된다.[345] 루만에 따르면, 비록 인간이라는 실제적인 유형으로서 관찰될 수 있을 아무것도 없는데도, 의미론적 유형으로서의 인간[346]은 이른바 생략부호로서 자신의 관찰에서 언제나 다시 결정적인 서열을 차지한다. 이 생략부호는 처음에는 상당히 불명료하게 파슨스 이래 도입된 인적 체계(personales System)의 추상화를 목표로 삼았다. 나중에는 자기생산적인 기초에서 심리적 체계와 인물의 차이로의 전환이 일어났다. 즉 기능적 분화에서 인간은 사회로부터 사회의 환경으로 옮겨진다. 이 배제를 정당화하고 재포함의 계기로 삼을 수 있기 위해 인간이라는 통일성은 일단 심리적 체계와 생명 체계로 더 해체되어야 한다. 심리적 체계가 사회적 체계를 위해 중요하거나 혼자서 사회적 체계의 적실성을 관찰하는 한, 인물은 인간의 사회전체적인 중요성을 조사하기 위한 회전축이며 축점을 가리킨다.[347] 인간은 많은 관점에서 인물 형식으로 많은 사회에 다시 선택적이며 일시적으로 참여하는 것으로 관찰될 수 있다. 그 결과 사회의 인간에의 의존과 인간

342　이 변환은 상징적으로 일반화된 소통 매체의 개념에서 이미 선행자를 가지고 있다. 용어 사전에서 → 소통 매체, 상징적으로 일반화된, 참조.
343　또는 관찰이론적 사유를 생각할 수 있다.
344　전체적으로 2.1.3과 3.3.2.2(3)(a) 참조.
345　용어 사전에서 → 이중 우연성, → 사회, → 개인, → 포함/배제, → 상호침투, → 인간, → 인물, → 주체, → 체계, 심리적, → 체계, 사회적 참조.
346　더 정확한 것은 인간이라는 지시다.
347　이런 의미에서 개인의 의미론적 유형에 직면하게 된다.

의 사회에의 의존이 동시에 상승한다. 결론은 다음과 같다. 배제를 통한 포함은 인간의 사회전체적인 중요성을 경시하기보다 중시한다.[348]

4. 기능적 방법은 사이버네틱스 모델로 대체된다.[349] 등가기능주의는 세계 가능성들의 복잡성을 기술 가능하게 만들고 세계 내에서의 체험과 행위에 접근 가능하게 만들기 위해 등장했다. 체계 형성을 통한 복잡성 환원은 해법으로 생각되었다. 체계들은 여기서 벌써 관찰되며, 물론 이것이 관찰로 표시되지는 않는다. 나중에 관찰로 표시할 수 있게 되면, 체계들의 구분은 궁극적으로 존재과학적인 흔적을 완전하게 삭제한다. 체계들은 체계들로서 구분되어 있기 때문에, 또는 자기 자신을 체계들로서 구분하면서 구분된 것으로 가지고 있거나 가지게 된다는 유일한 이유로 체계들이 있다.[350] 이와 함께 자신을 순환적으로 관리하는 체계들의 이론으로 구축해 넣는 작업이 완료되었다. 세계 내에서 세계로 구분된 세계에서 체험과 행위의 우연적으로-선택적인 가능성들이 등가기능주의적으로 구분된다는 점에서는 기본적으로 달라진 것이 아무것도 없다. 결론은 다음과 같다. 사이버네틱스 모델[351]은 기능적 방법을 포함한다.[352]

5. 교환관계를 지향하며 직조된 환경 개방적인 복잡성 환원의 체계 이론은 자기생산적 체계 이론으로 대체된다 — 자기생산과 구조적 연동의 차이의 통일성 척도에 따라서 그렇게 된다. 여기서 체계이론에서의 패러다임 전환의 포함으로서 통상 타당한 것이 언급되고 있다.[353] 우리는 재

---

348 Luhmann 443: 167만 참조. 전체적으로 3.1, 3.3.2.1, 3.3.2.2(2)(b), 3.3.2.2(5)와 4.2도 참조.
349 용어 사전에서 → 방법, 기능적, → 방법, 사이버네틱스, → 문제 참조
350 용어 사전에서 → 관찰자, → 관찰, → 구성주의적, 체계이론적 참조.
351 또는 관찰의 방법이나 작동적 구성주의
352 전체적으로 2.2.5.1과 5.4.2 참조.
353 Luhmann 282만 참조. 생물학적(=생물학주의적!) 사고에의 접근으로 해석하는 경향에

현 문제의 변종이냐, 아니면 통일성과 차이의 차이의 변종이냐가 핵심적으로 중요하다는 것을 쉽게 알아챌 수 있다.[354] 출발점은 전체-부분-문제다. 전체가 자기 자신의 내부에서, 자신의 부분들 내부에서 어떻게 다시 나타날 수 있는가? 어떻게 어떤 것이 통일성인 동시에 통일성이 아닌 것일 수 있는가? 진화이론적 관점에서,[355] 문제 관점이 문제를 놓치지 않으면서 옮겨진다. 처음에는 전체가 자신의 부분들에서 재현되거나 특별하게 뛰어난 부분들을 통해 재현된다는 전형에 따라서 부분들로 구성된 전체를 관찰한다. 교환 형식으로 얽힌 개방적인 부분체계들로 구성되면서도 부분체계들과 구분될 수 있는 포괄적인 체계를 관찰하면, 제각기 존재하는 부분체계들 사이에서 실현된 얽힘의 연관에 따라 전체 체계의 다중적인 재현 가능성이 가시화된다. 자기생산적인 포괄적인 체계 내부에서 자기생산적인 부분체계들을 관찰함으로써 포괄적인 체계를 결국 하나의 부분체계를 통해 각각 선택적으로만 볼 수 있으며, 이때 모든 체계는 제각기 작동상 폐쇄되는 동시에 인지적으로 개방적으로 기능할 수 있다. 복잡성에서 자기생산으로의 전환에서 작동 범주의 가파른 경력이 이어진다. 작동들은 구분으로 안내하며 구분된 것과의 연결들을 실행하며, 체계는 이를 통해 자신의 환경에 맞서는 저항에 맞서 자기 자신을 가능하게 할 수 있다.[356] 교환 관계들은 이 조건하에서 여전히 고유한 자기생산 체계들로서 관찰 가능하며 — 비록 루만이 분명하게 조심스러운 태도를 취하기는 하지만 —, 참여한 체계들의 각자 요소적인 자율적 작동

대해 예를 들어 Beyme 1991, Lipp 1987, Stark 1994: 27ff.와 90ff. 참조; 그 밖에도 일반적으로 Ardigo 1987, M. Schmid 1996 참조. 용어 사전에서 → 패러다임 전환 참조.
354 Grathoff 1987은 단순함(Einfalt)과 다양함(Vielfalt)라는 멋진 어휘 놀이를 사용한다. 용어 사전에서 → 차이, → 통일성, → 전체-부분-도식, → 사회, → 주도 차이, → 재현, → 체계, 자기생산적, → 체계-환경-이론 참조.
355 여기서 중요한 사회전체적인 분화 형식에 대해 Luhmann 129: Kap.4 참조. 용어 사전에서 → 분화, → 분화, 사회전체적인(사회의), → 진화, → 진화, 사회적, → 체계분화 참조.
356 Luhmann 073: 179f. 참조.

에 대한 개입 가능성을 배제한 조건에서 관찰될 수 있다. 결론은 다음과 같다. 자기생산적 체계 이론은 환경 개방적 체계 이론의 급진화된 버전이다.[357]

6. 계몽의 정화는 단순한 철학 내에서 해체된다. 이 말은 철학 내에서의 사회학의 상승을 의미한다.[358] 확실하게 하기 위해, 다음을 말해둘 수 있다. 계몽의 정화는 기껏해야 어떤 식으로든 확실하게 인식될 수 있거나 심지어 완전하게 인식 가능한 세계가 관찰 가능하다는 생각으로부터 결별하기를 원한다. 여기서는 적어도 인식이 확실하며 가치 점유된 관찰의 관심으로부터 분명하게 거리를 둘 것을 재촉하지만, 정화되어 계몽된 관찰로부터의 거리 두기에 대해서는 그렇지 않다. 그 반대로, 역설적으로 모든 관찰함, 행위함 또는 결정함에 대해 확실성들을 불확실성으로 해체하라는, 즉 지식보다 무지에 더 많이 맞출 것을 더 분명하게 요구하고 있다. 그렇다면 그것은 여전히 정화되어 계몽된 사회학일 것이다. 그 이상은 아니다.[359]

7. 전체적으로 보면, 핵심적 패러다임의 교체를 말하는 대신 체계이론적인 건축물을 구축할 때 나타난 두 가지 경향에 관해 말할 수 있다. 1. 창발적인 일반화를 지향하는 이론 내재적인 경향을 가지고 무엇-질문의 층위에서 확장을 시도한다. 2. 이와 함께 어떻게-질문이 전면에 등장하며, 이것은 단순한 철학으로 표류한다는 근거 없는 의심을 조장하기도 한다. 3. 루만이 시대 구분 시도들을 기본적으로 회의적으로 생각한다는 점도

---

357 전체적으로 2.1.2, 3.3.2.2(3)과 (5), 그리고 4.1도 참조.
358 그러나 철학자들 사이에 루만이 등장하는 일은 거의 일어나지 않았다. 그 점에 대해 Clam 2000b 참조.
359 용어 사전에서 → 계몽, 사회학적, → 구성주의, 체계이론적, → 사회학 참조. 2.2와 3.3.2.2(5) 참조.

고려해야 한다. 루만 스스로는 알려진 것처럼 진화 개념을 선호하며, 그 개념 자체의 진화와 그 개념의 관찰함이 진화한다는 점도 선호한다. 전체 저작은 실제 거기에 속하는 모든 것, 즉 진화상 성취들, 창발적 외부 분화와 특히 진화 그 자체를 진화로 읽는다면 가장 적절하게 평가할 수 있을 것이다.

제7장

루만의 체계 이론에 대한
찬성과 반대

제7장 루만의 체계이론에 대한 찬성과 반대

이론을 공부하는 이들은 현실 — 또는 현실이라고 생각하는 것 — 을 이해하고 현실을 다루어내기 위한 지침이나 제안을 기대한다. 추상적인 이론 또한 순수하게 기교만 부리는 일이 되는 것을 원하지 않는다. 루만 이론을 공부하면 무엇을 얻을 수 있는가? 이 질문에 답하기 위해 루만과의 논쟁에 대한 몇 가지 종합적인 지적들[360]을 제시하고 그 후 찬성과 반대의 몇 가지 주장들을 체계적으로 제시하겠다.

한편으로는 확신시키며 심화하거나 확장하거나 수정하는 종류의 회의적인 수용이 있다.[361] 다른 한편 루만의 사유는 물론 상당한 비판을 자극한다. 70년대 초반부터 제기된 비판의 물결에 대해서는 여기서 자세하게 그려낼 수 없다.[362] "초기" 루만은 대략 무비판적이며-옹호적인 기능주의 비판

---

[360] 여기서 자세하게 열거할 수 없는 대부분의 비판은 다음과 같은 단순한 도식을 따른다. 나는 이런저런 토대에서 이런저런 입장을 취한다. 내가 루만에 대해 알고 있다고 생각하는 것 — 그리고 그것은 대부분 매우 단편적이다 — 은 내가 중요하다고 생각하는 것에서 그렇게 도움이 되지 않는다.

[361] Baecker, P. Fuchs, Hutter, Nassehi, Schwanitz, Stichweh, Teubner와 Willke의 저술들을 언급할 수 있을 것이다. 제1장 시작 부분의 진술도 참조.

[362] 일괄적이면서 부분적으로 강하게 거부하는 판단들은 드물다. 그러나 Bühl 2000, Narr

이나 사물의 진정한 본질이 없이 현상 층위에 머무르기를 고집한다는 비판에 맞서 버텨나가야 했다.[363] "후기" 루만은 훨씬 더 소극적이고-회의적인 평가에서 비난하는 평가를 불러일으켰고 지금도 불러일으키고 있다. 그런 반응의 대상들은 특히 인식론적 지위와[364] 이른바 자기생산적 전환과[365] 행위이론을 소통이론적 패러다임에 배태시킨 것과,[366] 사회전체적인 통합과 조종과 관련하여 기능적-사회적 분화 공리의 열린 측면이다.[367] 그 다음에는 가치와 도덕이라는 접합제를 사회전체적으로 폐위시킨 데 대해 주저하는 태도에 직면한다.[368] 그 밖에도 루만이 체계 구분과 체계 기술로 말을 거는 개별 학문 분과에서는 주제 이해가 부족하다는 비판을 종종 제기한다.[369]

7.1 루만 찬성

루만에 찬성하는 입장은 대략적으로 다음처럼 요약할 수 있다. 1. 멀리 보는 관점을 통한 통찰력 중개, 2. 관찰의 논리적 사슬로부터의 해방, 3. 의

2001과 Weyer 1994 참조.
363   보기들로서 Eley 1974, Giegel 1975, Grimm 1974, Habermas 1971, Maciejewski 1972, 1973, 1974, Narr/Runze 1974, Weiss 1977 참조; Demirovic 2001은 아직도 같은 입장을 유지하며 최근에 그 점에 대해 Knodt 1994 참조. 반면 Breuer 1987과 1995는 적어도 아도르노의 생각과 유사한 점을 발견했다.
364   이 점에 대해 각주 330. 366에 있는 문헌들 참조
365   Beermann 1993, J. Berger 1981, 1989와 2003, Beyme 1995, Bühl 1987과 1993, Druwe 1989와 1990, Dunsire 1996, Nahamowitz 1988과 1992 참조; 보다 정확하게 그 점에 반대하는 Kneer 1998b, Willke 2000a 참조.
366   보기로 Esser 1994, Haferkamp 1987, Martens 1991과 2000, Thome 1973 참조. 각주 368도 참조.
367   이것이 쉬만크(Schimank)와 슈빈(Schwinn)의 저술에 나타나는 경향이다. 또 다른 보기들로 Otto 2000, Tyrell 1978과 1998 참조. 각주 357도 참조.
368   국가사회주의와 관련된 보기들로 Ellrich 1998과 1999, Münch 1994, Neckel/Wolf 1994, Schöfthaler 1985, Wirtz 1999 참조.
369   그 점에 대한 논거는 예를 들어 de Berg/J. Schmidt 2000, Gripp-Hagelstange 2000에서 참조.

미를 실현하는 후퇴 위치들로부터의 철수, 4. 진지한 이론 놀이의 즐거움, 5. 확실한 불확실성의 중개(그림 31). 역설적인 정식화들은 우발이 아니다.

1. 사회학적 계몽은 관찰함 이론이나 보기(seeing) 이론으로[370], 멀리 보는 관점을 통해 정화되어 계몽된 통찰로 날개를 달았다.[371] 보기 이론은 무슨 효용이 있는가? 대답은 아주 단순하다. 현실을 다루는 가능성들을 통해 자기계몽을 자극하는 것이다. 그것은 그 자체 안에 있는 사고 제안이다. 원래 볼 수 없는 것을 어떻게 볼 수 있는지를 보는 법을 배울 수 있다. 물론 루만이 어떻게 보는지를 볼 준비가 되어 있지 않으면, 루만이 보는 것을 볼 수 없다.[372] 역설적으로, 현실이 그런 식으로 보일 수 있지 다르게 보일 수 없다는 것을 정확하게 보는 척하는 저 예언자나 권위들보다 더 많은 것을 볼 수 있다. 그것이 가능해지기 위해서는 물론 다른 관점들을 관점들로서 가시화하는 관점이 준비되어야 한다. 고유한 관점조차 마찬가지로 관찰 가능한 관점에 불과한 것으로 내세운다는 것을 추가적인 재담으로 덧붙일 수 있을 것이다.

- 멀리 보는 관점을 통한 통찰
- 계몽의 정화 - 이성과의 이성적인 결별
- 실재들의 탈객관화
- 권위들의 탈권위화
- 자기관련된 타자관련 - 개방된 폐쇄성 - 분화된 통일성(Einheitlichkeit)

370　특히 Greven 1998, Habermas 1985와 Scholz 1982는 그 안에 숨겨진, 구유럽으로부터의 작별의 요구를 이해하지 못하고 있다.
371　그림 31에서 표제어들인 "먼 곳을 보는 관점을 통한 통찰", "정화를 통한 계몽", "이성으로부터의 이성적 이별", 실재의 탈객관화", "권위들의 탈권위화"를 참조.
372　마지막에 언급한 의미에서 Münch 1992와 Pfütze 1988만 참조.

> - 역설 전개 - 비신비화
> - 열린 기회를 위한 탈이데올로기화된 옵션
> - 실험에 대한 열린 태도
> - 주제 다양성
> - 충격요법적인 정식화 기술
> - 자기반어 - 요구조건이 까다로운 요구조건 없음 - 평범성에 대한 용기
> - 새롭게 하는 건조한 정신
> - 진보적인 보수주의 - 해방적 허무주의 - 확실한 불확실성으로의 전환
> - 긍정적인 악마적인 일들 - 부정적인 것의 유사 - 종교적인 긍정화들

그림 31: 루만 찬성 표제어들

2. 그런 관점을 열기 위해서는, 하나나 다른 논리적인 사고 속박을 벗어나야 한다.[373] 그것은 근본적으로 단순하게 시인하는 문제다. 우리는 어떤 식으로든 시작해야 한다. 모든 시작함의 시작이라는 전제 또한 최초의 전제에 지나지 않기 때문에, 항상 어떤 식으로든 시작되어야 한다고 말하는 것으로 충분하다. 시작 없는 시작함은 있을 수 없다. 루만을 따르면서 이렇게 생각하면 큰 대가를 치러야 한다. 제대로 볼 수 있기 위한 아르키메데스적 지점을 포기해야 한다. 그리고 이 새로운 아르키메데스적 지점은 필수적인 지점이라기 보다는 가능한 지점으로 표시할 수 있다. 모든 진리는 비록 그것의 구성이 결코 임의성에 내맡겨져 있지 않은데도 항상 벌써 실행된 시작들을 지시하기 때문에, 우연적인 것으로 그리고

---

373   그림 31에서 표제어들인 "자기관련된 타자관련 — 개방된 폐쇄성 — 차별적 통일성", "역설 전개 — 비논리적인 것의 논리화", "최후 정초의 포기 — 사회화된 초월 — 열린 세계 공식을 위한 옵션" 참조, 열린 세계 공식을 위한 옵션에 관해서는 Luhmann: 043, 496 참조.

구성된 것으로 입증된다. 진리 구축에 관해 그런 식으로 구성된 진리는 개안 효과가 있다.

3. 루만의 보기(seeing) 이론은 필연적으로, 적어도 지배적인 스타일의 사회학자들이 좋아 하고 소중하게 생각하는 모든 것에 대한 냉정한 견해로 이끈다.[374] 선호되고 소중한 것은 사회학자들에게는 사회적 현실이나 사회의 인과적 설명들이며, 이와 함께 밀접하게 관련되는 것으로서, 추구할 만한 것이나 당위적인 것을 위한 명령들이다. 루만은 이 지점에서 신중하게 숙고된 거리 두기를 제안한다. 있었던 것이나 있는 것 중 어떤 것도 그런 모습이었거나 그런 모습과 같을 필요가 없다. 어떤 것도 사회의 또는 사회 내에서의 필수적인 발전이라는 특징을 가지지 않는다. 어떤 것도 사회 내에서의 인간 존재의 불가침적인 진리의 특징을 가지지 않는다. 어떤 것도 인간의 사회적인(gesellschaftlich) 자연에 적합하며 사회가 추진해야 하는 것의 불가침적인 진리의 특징을 가지지 않는다. 이 모든 것은 상이한 범위를 가지는 관찰 가능한 규칙성들을 배제하지 않는다. 가치, 도덕, 규범은 하늘에서 떨어진 것이 아니다. 그것은 중요한 사회적 현실의 우연적으로 현실적인 사회 전체적인 구성물이다. 루만은 인과성도 반박하지 않으며, 가치와 도덕성도 반박하지 않는다. 그렇지만 그것들의 위상을 관찰 성과로서 표시함으로써, 그리고 제한된 조종 능력의 관찰 가능성을 통해 높지 않은 것으로 평가한다. 제대로 조명한다고 말할 수 있을 것이다. 그것은 냉철하게 만든다. 그뿐이다.

4. 루만은 주제가 요구하는 것처럼 문제를 관찰하고 또 의미론적으로 관찰할 것을 제안한다. 학문은 이해할 수 있는 동시에 이해할 수 없을 뿐이라

---

374 그림 31에서 표제어들인 "탈독단화 — 탈종국화 — 탈의도화 — 탈도덕화 — 탈인본주의화", "사회의 탈신비화", 열린 사회를 위한 탈이데올로기화" 참조.

는 것이다.³⁷⁵ 이 모든 것에도 불구하고 학문에서 끈질긴 진지함의 인상은 결코 만들어지지 않는다.³⁷⁶ 그런데도 단계별로 사유하는 사상가들이나 친숙하며 의미를 부여하는 특정한 기대들이 채워지기를 희망하는 이들은 자신이 선입견 없다고 생각하는 지식인들이 관찰함이 유화적인 결론에 이를 것을 열망했던 것이 헛된 일이었음을 깨닫는 것처럼 좌절한다. 이해하고 싶어 했던 것을 이제 마침내 깨우쳤다고 믿을 때마다 잘못 생각했다는 것을 깨닫게 될 것이다. 무미건조하면서 거대한 관점을 보여주거나 지금까지 있었던 중 가장 큰 이론의 필법을 충격 요법적이고 반어적이며³⁷⁷ 평범화하면서 신선한 소도구들과 특이하게 혼합하는 것은 멀리 보는 관점을 통한 통찰과 논리화된 비논리를 안심하고 참조할 것을 권장한다. 그로 인해 가시화되는 모든 것을 조심스럽게 다룰 것을 추천한다.

5. 루만은 지독한 관찰자다. 그는 세계를 절개하는 관찰자다.³⁷⁸ 절개는 임의성들로 방출되지 않는다. 절개함과 절개된 것이나 부정적인 것에서, 그것을 향하며 그로써 구성적으로 우회하는 긍정적인 면을 얻어낸다.³⁷⁹

---

375 이것과 관련된 루만의 자기관찰에 대해 Luhmann: 226, 455 참조. 루만의 작업 양식과 관찰 양식에 관한 좋은 참고문헌은 Baecker 1986, Grathoff 1987, Reese-Schäfer 1992: 7ff.와 19ff., Schwanitz 1997와 Soentgen 1992에서 찾아볼 수 있다. 이 연관에서 Bardmann/Baecker 2000에 있는 루만이라는 인물에 관한 보고들도 유익하다.
376 그림 31에서 표제어들인 "실험에 대한 열린 태도", "충격요법적인 정식화 기술", "자기반어 — 요구조건이 까다로운 요구조건 없음 — 평범성에 대한 용기", "새롭게 하는 건조한 정신" 참조. 그 점에 대해 Bardmann 1995 참조.
377 교란하는 것과 역설화하는 것에 대한 루만의 선호에 관해 Hörisch 1998 참조. 루만에 대한 편안하면서 반어적인 기본 태도에 관해 Fach/Reiser 1990, Joerges 1988, Schwanitz 1987 참조.
378 Schulte 1993: 132가 그렇다. Lauermann 1991과 Sloterdijk 2000도 루만의 악마같은 놀이를 가지고 악마적인 유희를 한다.
379 Schulte 1993은 더 많은 것, 즉 "새로운 신 입증"이 있다고 추측한다. "그의(루만의) 신 입증은 고유한 신성의 입증이다. 이 체계이론은 신 자신이 신의 창조물 안으로 재-진입하는 것이다"(161). 슐테는 그 다음에 자기 자신이 말한 것에 대해 그가 루만에게 전제한 것을 타당하게 만들어야 한다. "통일성을 보았다고 생각하는 이는 착각하고 있는 것

그것은 아마도 놀라운 전환일 것이다. 그러나 루만의 이론은 결코 숙명론적이거나 허무주의적인 인상을 주지 않는다.[380] 그런데도 부정적인 것 자체에서 긍정적인 것을 발견하는 것은 쉬운 일이 아니다. 어떤 관점에서도 최종 확실성을 얻을 수 없다는 것을 통찰한다면, 그리고 누가 그것을 주장했겠는가마는 그렇게 할 수 없다는 확실성만 의지할 수 있고, 지금까지 아마도 확실하게 타당한 것을 그렇게 계몽되어 정화된 것으로 다루어낼 수 있다. 평범한 보기를 하나 들어보자. 이 책의 저자는 이론적으로 루만과 완전히 다른 입장을 대변하고 있다. 그는 사회적인 것의 경제 이론에 근거하는 사회 연구를 추진하고 있다. 그러나 합리적 행위와 사회적 규칙성의 경험적인 조사는 언제나 새롭게 루만의 투시경 아래에 놓인다.[381] 내가 그 때문에 연구를 중단해야 하는가? 결코 그렇지 않을 것이다. 나는 루만을 참조하여 나의 관찰 방식이 일종의 관찰 유형, 즉 구성주의적인 유형이라는 것을 본다. 나는 내가 그런 식으로 보게 되는 것만을 보게 된다. 그런데도 나는 그것을 알고 그것을 기술하기도 한다. 내가 보게 되는 것은 너무 빈약해서 나는 절망감을 느낄 수도 있다. 그래서 포기해야 하는가? 그렇게 할 하등의 이유도 없다. 약간보다 더 많이 얻는 것은 가능하지 않지만, 언제나 전혀 없는 것보다 더 낫기 때문이다. 체계 이론의 마법은 그 영향을 허용하는 이들에게만 영향을 미친다. 루만은 자기 자신을 통해서도 현혹되지 않았으며 — 어쩌면 교란되면서 — 연구를 계속했다.

이다. 그가 옳다면, 그는 그것을 더 이상 통보할 수 없을 것이기 때문이다(151, 229도 참조). Rossbach 1996은 마찬가지로 맹점과 신의 유사성에 주목한다.
380 그림 31에서 표제어들인 "진보적 보수주의 — 해방적 허무주의 — 확실한 불확실성으로의 전환"과 "긍정적인 악마적인 일들 — 부정적인 것의 유사-종교적인 긍정화들" 참조.
381 마지막으로 129: Kap. 1 II 참조; 그 점에 대해 직접적인 문헌으로 Nassehi 1998 참조; 그 밖에도 Flasch 1998, Scherr 1994 참조.

7.2 루만 반대

루만 반대 표제어들(그림 32)은 다음처럼 묶을 수 있다.[382] 1. 쓸모없이 추상적으로 철학하기, 2. 개념의 명확성 대신 언어 기교를 부림, 3. 기만적인 책략으로서의 자기생산, 4. 자기운동 대 운동하는 자기들, 5. 특히 베일에 덮인 사회적인 것, 6. 사용자 친화성이 낮음. 그러나 이런 반대 의견은 그 이의들의 상호의존성과 적어도 부분적으로는 지지 근거가 약하다는 점에서 달갑게 들리지 않는다.

1. 루만의 작업 말년의 저술을 바탕으로 보면, 관찰을 더욱 분리하여 분류한다는 인상을 획득할 수 있으며, 이것은 무엇-질문을 대가로 하여 어떻게-질문을 과도하게 강조하는 것이다. 비행은 구름 위에서나 하늘 위의 사건으로 이루어지며,[383] 하늘을 덮은 구름이 열려 지독한 미로처럼 뒤엉킨 지구를 내려다볼 수 있는 경우는 거의 없다. 하늘과 땅의 구분은 특히 '쓸모없고-추상적인-현실'과 동떨어진 이론과 '수용하면서-구체적이며-현실 친화적인' 이론의 대조를 상징하기 위한 것이다.[384] 그것이 정말로 루만 이론의 전부일까? 그러나 이론들은 현실 관찰의 구성된 우연적인 프로그램들이다.[385] 그것은 마치 하늘로부터 오는 것과 마찬가지로 또한 땅으로부터 온다.[386] 그러나 추상(하늘)은 구체화(땅)를 전제하고, 그 역도 마찬가지다.[387] 이것이 결국 유용하거나 그렇지 않은지는 이론 프로그램

---

382 완전히 다른 편찬은 Kiss 1990: 103ff에서 찾아볼 수 있다.
383 Luhmann 373: 12f.에 그렇게 되어 있다.
384 Weyer 1994는 한 번 보지도 않고, 단지 말로만 떠들고 있다. Giegel 1991은 교란시키는 소음들만 지각한다.
385 그래서 Luhmann 435: 11은 처음부터 다른 이론을 가지고 우회했다.
386 존재론의 자유는 거기서 얻을 수 없다. 시작점은 언제나 제시되어야 한다. 각주 330 참조.
387 Starnitzke 1993의 훌륭한 그림 참조.

의 실행을 통해서만 입증될 수 있다.[388]

- 구름 위의 비행
- "무엇-질문"을 대가로 하는 "어떻게-질문"의 지나친 강조
- 자기관찰의 결핍 — 잠재적 존재론
- 의미론적 절충주의
- 논증적인 불명료함과 개념적인 불명료함
- 다기능적 개념 사용
- 관찰자에 의한 의미론적 잠재의 지나친 요구
- 불분명하고 불완전하게 실행된 체계 구분들
- 기능적 분화의 과도 노출과 성과에 적합한 분화의 과소 노출
- 조직상 분화들과의 접속 부재
- 체계 관계들이 충분하게 체계화되어 있지 않다.
- 경험적인 근거 보장의 부재
- 행위자 관점은 거의 재특화될 수 없다.
- 사회적인 것의 신비화
- 위에는 우연성이 너무 많고 — 아래에는 우연성이 너무 적다.
- 사용자 친화성이 낮다.
- 의미 부여, 인간 행동학, 대중화가 부족하다.

- 많은 것을 더 간단하게 말할 수 있었을 것이다.

그림 32: 루만 반대 표제어들

---

[388] Sigrist 1989: 850ff.은 부정적인 효용만 본다. 그는 "정치적 의미론과 제3 외국어"라는 제목하에 그는 예사롭지 않은 실수를 저지른다.

넓은 범위에서 개괄할 수 없는 것에 기초하는 이론은 의심할 바 없이 그 자체에서 즐거움을 발견하고 자신의 해체를 더 많이 추진할 위험에 노출되어 있다. 사람들은 이때 더 많은 지탱 지점이나 전망대 형식들이 설치되어 있기를 바랄 것이다.

a) 지탱 지점은 고유한 관찰을 예컨대 관계 존재론적으로, 그리고 그 안에서 실체 존재론적으로 명시적으로 지정하는 것과 관련이 있을 것이다. 나는 어쨌든[389] 비밀스러운 존재론적 건축 설계가 있다고 추측한다. 루만은 "개념적인 분화보다 존재의 통일성에 우선권을 부여하면서 칸트의 코페르니쿠스적 전환을 수행한다. 그는 칸트의 업적을 구성이라고 명명하면서 칸트를 따르고, 구분을 하나 그리라는 조지 스펜서-브라운의 논리적 산법을 수용하면서 그 구성에 결정주의적인 피히테적인 전환을 부여한다. 그 후 모든 인식소론적인 원천을 부정하고 헤겔적인 먼지구름 속으로 사라지면서 자신의 흔적을 지운다."[390]

b) 다른 지탱 지점은 하늘로 갔다가 다시 땅으로 되돌아오는 길에 대한 더 정확하고 상세한 기술과 관련되어 있을 것이다. 예를 들어 소통이 비록 관찰일지라도 그 자체가 관찰될 수 없지만 자기 자신을 행위체계로서 기술하는 사회적 체계 내부의 통보 행위로서 단순화시키는 귀속을 요구한다면, 상응하는 예시적인 기술을 희망할 수 있다. 이 기술은 물론 하늘로의 이륙 이전과는 다르게 나타나야 할 것이다. 그런 기술들은 분명히 존재한다. 인권, 사회적 불평등 같은 사태들과 관련하여 일반적으로 혼하게 일어나는 것처럼 최선의 불만을 제기해야 한다는 요구가 분명하게 충족되는 것이 아니라, 그 반대로 서커스 돔에서 연기장 바닥으로 복귀할 것을 재촉한다. 경영 자문 역시 심리 치료와 경험적 사회 조사 및 복지국

---

389 그립-하겔슈탕에(Gripp-Hagelstange)와 슈바니츠(Schwanitz)를 인용하면서.
390 Schwanitz 1996b: 134.

가의 한계에 관한 연구와 마찬가지로 체계이론을 가지고 지도할 수 있는 것으로 입증된다.[391] 말하자면 잠깐 지나쳐 가면서 사회에서의 행위 가능성에 관해 그 밖의 보통인 경우보다 실제로 더 많이 그리고 다른 것을 배울 수 있다.[392] 하늘 이론을 계속 그리고 특히 포괄적으로 돋보이게 땅의 것으로 만들라는 요구는 전적으로 정당하다.

2. 그것은 자신의 언어와 언어적으로 형성된 개념들이 진입 장벽으로 서술될 때, 이론 그 자체의 사례로 간주되기를 원하는[393] 이론의 고유한 특성과 틀림없이 관계있을 것이다.[394] 언어 자체는[395] 기본적으로 단순하며, 사회학적인 외국어보다는 사용된 단어들의 의미로 이해할 수 있다. 단번에 많은 것을 말하고자 하지만 결국 할 수 없는 어려움이 있다는 것을 문장 구조에서 알 수 있다.[396] 의도된 의미는 결코 상황과 무관하게 추론할 수 없다. 핵심적인 반론은 과학적인 개념 형성과 관련되며,[397] 이것은 낯설게 하는 방식으로 정교한 개념성에 접목시키는 것을 포함한다.[398] 루

---

391 이 연관에서 Luhmann: 102, 149, 153, 159, 200, 208, 283, 304, 438 참조.
392 물론 루만이 사회를 잘못 본다거나(예를 들어 Ganssmann 1986b와 J. Berger 1989), 사회가 현실적으로 그런 것처럼 보기는 하지만, 거기서부터 비판적인 것을 만들어내지 못한다(Gripp-Hagelstange 1995의 내용)는 비판이 가해진다.
393 한 번 더 그림 27 참조.
394 Narr/Runze 1974는 루만의 개념 세계를 낯설게 생각한다. Narr 2001은 개념적으로 비밀스럽게 루만과 경쟁하고 싶어 한다 — 버릇을 고치겠다는 의도로 일으킨 혼란이다. Ternes 1999도 아주 비슷하다. Hejl 1974는 로고-중심적인 사유 놀이/언어 놀이와 다치 논리학 사이의 잘못된 관계가 있다는 것을 제시하면서 생각할 거리를 제공한다. 루만(373: 115)은 그 문제를 알고 있다. 그림 32에서 표제어들인 "의미론적 절충주의", "논증적인 불명료함과 개념적인 불명료함", "다기능적 개념 사용" 참조.
395 Luhmann 455 참조. 루만의 언어에 관해 일반적으로 P. Fuchs 1993: 11ff., Reese-Schäfer 1992: 19ff., Stäheli 1997. 397 참조
396 Luhmann 205도 참조.
397 일반적인 개념적 불명료함은 Bußhoff 1976에 의해 부정적으로 사용되었고, Teubner 1987b에 의해 긍정적으로 사용되었다. Greshoff 1999는 인용 양식이 경제적인 효용이 없다는 이의를 제기한다.
398 그 밖에도 바로 이 점과 관련하여, 고전적인 지식에 의무감이 약하며 백과사전적인 관찰 능력이 부족한, 관찰자 니클라스 루만의 관찰자 데틀레프 크라우제는 여기저기에서

만 자신은 모든 곳에서 개념적인 정확성을 요구한다. 그의 기본적인 개념들은 예를 들어 '작동상 폐쇄성/인지적 개방성'처럼 사실 매우 예리하다. 그러나 그런 개념들에 기초하는 텍스트는 가끔 그렇게 예리하지 않다. 그곳에서는 개념적 중복이 개념적 변이들과 느슨하게 연동된다. 그 모든 것은 사회(sozial)구조와 의미론의 상관관계로 면책될 수는 없다. 예를 들어 적절하게 실행되지 않은, 구분들의 구분을 보기로 들 수 있다.[399] 무표 상태는 그 자체가 이미 표시되지 않게 표시된 표시라면 어떻게 절개될 수 있는가?[400] 구분의 지시되지 않은 다른 면은 두 면으로 구분된 한 면 위에서가 아니라면, 어떻게 구분되어 있는데도 많든 적든 구분된 것으로 지시될 수 있는가? 그 밖에도 간과할 수 없는 불명료 영역을 가지고 개념적으로 포착된 체계 관계들에 대해서도 생각할 수 있다.[401]

3. 루만 이론에 대한 많은 비판이 체계들의 자기생산이라는 관찰 유형에서 촉발된 것은 우발이 아니다. 사실 자기생산 조건의 완전한 규정[402]과 체계의 자기생산을 진화상 맥락에 통합한 것을 생각한다면, 그 비판은 완전히 부적절하다. 비판의 이유들은 적어도 부분적으로는 항상 분명하지 않은 체계 구분들과 구분된 체계들 내부에 있는 종종 불완전한 구분들에서 찾을 수 있다.[403] 그러나 루만은 어떤 식으로든 관찰자의 시선을 체계의 자기생산의 핵심인 기초적 자기준거로 끄는 데 늘 다시 그리고 어쩌

과도한 요구를 받고 있다고 느낀다.
399 그것은 용어 사전에서 달리 표현한 이하 개념들의 보기에서 쉽게 공감할 수 있다. → 비대칭, → 비대칭화, → 개념, → 개념, 무차이, → 관찰, 지시, → 코드, → 횡단, → 차이, → 통일성, → 주도 차이, → 유표 공간/무표 공간, → 객체, → 재-진입, → 구분, → 세계.
400 의미에 적합하게 Pfeiffer 1998: 63ff.에서도 그렇게 되어 있다.
401 용어 사전에서 → 체계관계들의 참조문헌들 참조. 그 점에 대해 다음 단락도 볼 것.
402 의도된 것은 작동상 폐쇄성, 인지적, 개방성, 구조 결정 상태, 환경 적응 상태다. 3.3.1 참조.
403 그림 32에서 표제어들인, "기능적 분화의 과도 노출과 성과에 적합한 분화의 과소 노출", "조직상 분화들과의 접속 부재", "체계 관계들이 충분하게 체계화되어 있지 않다" 참조

면 숨은 의도를 가지고 성공한다. 왜 그런가? 그 밖의 새로운 어떤 것도 제공하지 못한다는 이의를 예상했던 것인가? 그는 적어도 자기생산적으로 작동하는 체계들의 기능적인 얽힘과 인과적인 얽힘을 언제나 관심을 돌리도록 작용하는 옆눈으로만 다루었다. 그런 얽힘을 완전하면서도 심층적으로 서술한다면, 하늘에서 땅으로 돌아오면서도 땅에서 하늘로 출발할 때와는 다르게 온다는, 체계적인 현실에 대한 일상적인 생각에 가까워질 수 있을 것이다.[404] 다양하게 조건화되었으며 끊임없이 입증에 맡겨지는 자기생산은 현실적이며, 기만적인 술책이 아니다.[405]

4. 자기생산이라는 특이한 생각에 이르기까지 전개된 고도로 추상적인 이론은 그 자체로 인해 경험 관련과 행위자 관련의 부재라는 이의를 낳았다. 경험적인 거리가 있다는 비판은 그 비판이 구성이론과 교수이론 사이에 놓인 신실증주의적 기초의 경험적 사회 조사 연구 프로그램과 어떻게 부합하는지를 생각한다면 정당하다.[406] 그러나 그 자체가 실제적이며 그렇게 실재인 것으로 상상된 실재를 관찰한다는 관찰이론적인 요구를 고려하면 이 이의는 무효가 되며, 물론 상상적 실재와 실제적 실재 사이의 상관적인 관계를 사전 전제한다면 그렇게 된다. 이런 입장에서, 체계들이 인과성 매체에서 경험적으로 검증할 수 있는 효과 타당성 도식에 따라 환경에서 현실을 관찰한다는 점은 역설적으로 배제되어 있지 않으며 실제로 포함되어 있기도 하다.[407] 효과를 유발하는 행위자들을 모색하는 것은 그다지 어렵지 않다.[408] 주체의 작용에서 비롯하는 의도적인 행

---

404 이것이 쉬만크의 일관된 경향이다.
405 예를 들어 Bühl 1987과 Münch 1992는 왜 그렇게 바뀌도록 했는가?
406 이런 의미에서 Esser 1991의 비판 참조.
407 확실히 사람들은 더 많은 부합하는 정교함을 보기를 원한다. Reese-Schäfer 1992: 169ff.은 어쨌든 루만이 경험에 대해 의식적으로 완충 장치를 갖추고 있다고 잘못 추측한다. 비슷한 문헌으로 Knorr-Cetinna 1992도 참조. 용어 사전에서 → 경험적 사회연구 참조.
408 예를 들어 Esser 1994와 Leydesdorff 1996은 전체적인 체계이론을 행위이론으로 축소하

위자는 더 이상 없다. 그 자리에 준객관화된 관찰하는 체계가 들어선다 — 스스로 관찰의 원작자로서, 심지어 행위자로서 자신을 관찰할 수 있는 체계가 들어선다. 더욱이 인물 형식을 통해 사회적 체계들을 통해 행위가 귀속될 수 있는 수신처가 제공된다. 곳곳에서 찾던 행위자 관점을 이 지점에서 쉽게 재구성할 수 있다. 그 점에 있어서 루만은 뚜렷하게 소극적인 입장을 취했던 것은 불필요했다.

5. 마지막에 언급된 종류의 진술 누락은 의심할 바 없이 사회적인 것의 신비화와 관련되어 있으며 — 그것은 사회학적 전통에 일치한다 —, 달리 말하면 규범적으로 정화된 사회적인 것의 창발과 관련되어 있다.[409] 그것은 모든 관찰에서 "아래로부터"의 우연성 대신 "위로부터"의 우연성을 선호한다는 것을 포함한다.[410] 문제는 그 점을 지지하는 충분한 증거가 있는가 하는 것이다. 루만 자신은 진화상 안정에서의 체계들의 작업에 대한 도전으로서 체계들 내부와 외부의 요소적 사건들의 층위에서 일어나는 과정들의 결정적인 역할을 반복적으로 강조했다. 체계들은 그것들의 존재에 있어서 체계들에 가능한 사건들의 지속적인 붕괴에 의존하며, 그런 의존을 위해서는 환경들을 통한 적절한 사건들의 교란들이 없다면 기반이 없을 것이다. 이런 의미에서 심리적 체계들과 사회적 체계들 사이의 구성적인 관계들에서 닭이 먼저냐 달걀이 먼저냐의 문제를 어떻게 해체할 수 있는지는 특별히 해결하기 어렵다. 또는 사회적 우연성은 모든 관찰함이 사회전체적으로 가능해진 관찰들 자체의 관점에서만 끊임없이 가능하다는 단순한 사실을 달리 표현한 것인가? 따라서 "위로부터의" 우연성과 "아래로부터의" 우연성은 — 면 교체의 가능성을 갖는 — 한 구

기를 원하기까지 한다.
409 비판이론적 사고와의 형식적 유사성이 돋보인다. Breuer 1987과 1995, Füllsack 1998 참조. 용어사전에서 → 비판이론 참조.
410 Luhmann 250에 있는 루만의 암시도 그렇게 되어 있다.

분의 두 면일 뿐이다.

6. 지금까지의 반론들은 사용자 친화성이 높은 이론을 조명하는 것은 아니다. 그것은 이론의 자체 프로그램화와 관련되어 있다. 자체 프로그램화는 모든 순간 자신이 할 수 있는 것보다 — 분명하게 — 더 많은 것을 하고자 한다. 그것은 언젠가 한 번 시작된 주제가 어떻게 속행되더라도, 새롭게 수용될 때마다 이미 소중하게 보전한 규정들을 삭제한다. 종종 대답보다 더 많은 질문이 제기되고, 저수지가 수용할 수 있는 것보다 더 많은 수문이 열린다. 지각된 것을 분류하지 못한 채 일어난 일을 놀라면서 인식하는 것은 틀림없이 드문 일이 아니었을 것이다. 규정된 이론 조각들의 더 분명하며 분명하게 하는 설명을 포기하는 것은 이론의 속성에 달려 있기만 한 것은 아니다. 루만은 초기 저작에서 매우 명확한 단계-별-논증을 사용했으며, 모든 논증에 경험적인 검증 기술을 세부적으로 사용했다. 그렇다면 개괄 불가능한 것의 밀림으로 가는 길에 의미론적 찬사를 보내야 했을까?

그런데도 다음을 말할 수 있다. 루만이 말하는 모든 것은 더 적은 낱말을 사용하여 순서대로 더 간단하게 말할 수 있었으며, 그 후 정화되어 계몽된 방식으로 의미 요구들을 충족시키고 행위를 안내할 수 있을 것이다. 이것은 역설적인 관찰이며, 어쩌면 루만에 찬성하는 주장에 근거하면 이해할 수 있는 관찰이다.

저자 유족 후기[1]

카이-데틀레프 크라우제

가난한 가정에서 태어난 데틀레프 크라우제(Detlef Krause)는 15세부터 24세까지(1955-1964)의 광부 생활을 거쳐, 그 후 불과 10년 만에 당시 독일에서 가장 젊은 교수 중 한 명이 되었습니다.

그는 각고의 노력을 기울여 교수가 되기 위한 조건을 스스로 만들어내었습니다. 그는 광부로 일하면서 야간 학교에 다녔으며, 기술전문고등학교를 졸업한 후 마침내 1965년 고등학교 졸업자격 시험에 합격했습니다. 데틀레프 크라우제는 이미 이 시기에 부양해야 할 가족이 있었습니다.

데틀레프 크라우제(Detlef Krause) 교수는 성공적인 학자였을 뿐만 아니라 무엇보다도 사랑하는 남편이자 세 자녀의 아버지였습니다. 그는 노년에도 가족 한 사람 한 사람의 안녕을 최우선으로 생각하는 밝고 활동적인 사람이었습니다.

그의 유족인 우리는 그의 저작 중 일부가 이제 한국에서 학술 청중들에게 읽히게 된다는 데 대해 무한한 긍지를 느낍니다.

가족의 이름으로
카이-데틀레프 크라우제(아들)

---

[1] 불과 몇 달 전 사랑하는 남편과 아버지를 잃은 유족들이 아버지의 역작 국역본 출간을 반기면서 아버지의 생애에 대해 한국 독자들에게 알려달라는 요청을 전해왔다. 이에 다소 이례적이지만 저자 유족 후기를 함께 출간한다(이론출판 편집인)

참고문헌

루만 참고문헌[411]

001 Baecker, D./N. Luhmann (1990): "Wege und Umwege der Soziologie. Interview im Deutschlandfunk am 3. Dezember 1989", in: *Rechtstheorie, Bd. 21*, 209-216

002 Becker, F./N. Luhmann (1963): *Verwaltungsfehler und Vertrauensschutz. Möglichkeiten gesetzlicher Regelung der Rücknehmbarkeit von Verwaltungsakten*, Berlin

003 Charles, D./V. Flusser/N.Luhmann u.a. (1992): *Zeichen der Freiheit. Vorträge im Kunstmusum Bern anläßlich der 21. Kunstausstellung des Europarates "Zeichen der Freiheit"*, Wabern-Bern

004 Dahm, K.-W./N. Luhmann/D. Stoodt (1992): *Religion, System und Sozialisation*, Darmstadt

005 Esser, H./N. Luhmann (1996): "lndividualismus und Systemdenken in der Soziologie", in: *Soziale Systeme, Jg. 2*, H. 1, 131-135

---

411 루만의 저작은 알파벳 순으로 정리하였으며 3-자리 숫자로 번호를 매겼다. 사후 그의 이름으로 출간된 저작과 그가 자기 이름으로 출간한 논저들을 포함하는 그의 개별 저술들에 대해서는 최신 에디션과 최초 출간 및 추후 출간을 고려하였다. 루만의 이름 외에 다른 인물들이 협력한 출간에 게재된 루만의 논문들은 그것들이 루만 자신에 의해 출간된 논저들에 이미 포함되어 있지 않은 경우에만 손쉽게 접근할 수 있는 논저에 따라 열거했다. *Archimedes und wir, Universität als Milieu, Protest, Short Cuts, Aufsätze und Reden*의 경우에 이 점이 적용된다. 모든 루만의 저작에 대해서 여기서 언급되는 문헌이 최초 출간이 아닌 경우에는, 최초 출간연도를 추가로 언급했다(ders.는 같은 이, Bd.는 Vol., u.a.는 다른 곳을 뜻한다: 역자).

006 Foerster, H.v./N. Luhmann/B. Schmid u.a. (1988): "Diskussion des Fallbeispiels", in: Simon, F.B. (Hg.), *Lebende Systeme. Wirklichkeitskonstruktionen in der systemischen Therapie*, Berlin-Heidelberg-New York u.a., 81-91

007 Foerster, H.v./N. Luhmann/F.J. Varela (1988): "Kreuzverhör - Fragen an Heinz von Foerster, Niklas Luhmann und Francisco Varela", in: Simon, F.B. (Hg.), *Lebende Systeme. Wirklichkeitskonstruktionen in der systemischen Therapie*, Berlin-Heidelberg-New York u.a., 95-107

008 Habermas, J./N. Luhmann (1990(10), zuerst 1971): *Theorie der Gesellschaft oder Sozialtechnologie — Was leistet die Systemforschung?*, Frankfurt a.M.

009 Lange, E./N. Luhmann (1974): "Juristen — Berufswahl und Karrieren", in: *Verwaltungsarchiv, Bd.* 65, 113-162

010 Lenzen, D./N. Luhmann (Hg.) (1997): *Bildung und Weiterbildung im Erziehungssystem. Lebenslaüf und Humanontogenese als Medium und Form*, Frankfurt a.M.

011 Luhmann, N. (1996): "A Redescription of 'Romantic Art'", in: *Modern Language Notes*, 111, 506-522

012 (2004(5), zuerst 1976): "Allgemeine Theorie organisierter Sozialsysteme", in: Ders., *Soziologische Aufklärung 2. Aufsätze zur Theorie der Gesellschaft*, Wiesbaden, 39-50

013 (1997(2), zuerst 1986): "Alternative ohne Alternative. Die Paradoxie der 'neuen sozialen Bewegungen'", in: Ders., *Protest. Systemtheorie und soziale Bewegungen*, hg. u. eingel. v. K.-U. Hellmann, Frankfurt a.M., 75-78

014 (1998(1, Nachdruck), zuerst 1989): "Am Anfang war kein Unrecht, in": Ders., *Gesellschaftsstruktur und Semantik. Studien zur Wissenssoziologie der modernen Gesellschaft, Bd. 3,* Frankfurt a.M., 11-64

015 (1991): "Am Ende der kritischen Soziologie", in: *Zeitschrift für Soziologie, Jg. 20*, H. 2, 147-152

016 (1990): "Anfang und Ende: Probleme einer Unterscheidung", in: Ders./K.E. Schorr, *Zwischen Anfang und Ende. Fragen an die Pädagogik*, Frankfurt a.M., 11-23

017 (1983): "Anspruchsinflation im Krankheitssystem. Eine Stellungnahme aus gesellschaftstheoretischer Sicht", in: Herder-Dorneich, P./A. Schuller

(Hg.), *Die Anspruchsspirale. Schicksal oder Systemdefekt?*, Stuttgart-Berlin, 28-49

018 (1994): "Ansprüche an historische Soziologie" in: *Soziologische Revue, Jg. 17*, H. 3, 259-264

019 (1999(3), zuerst 1977): "Arbeitsteilung und Moral" in: Durkheim, E., *Über die Teilung der sozialen Arbeit*, Frankfurt a.M., 17-35

020 (1987): *Archimedes und wir*, hg. v. D. Baecker/G. Stanitzek, Berlin

021 (1987): "Archimedes und wir (Interview mit F. Volpi)", in: Baecker, D./G. Stanitzek (Hg.), *Archimedes und wir*, Berlin, 156-166

022 (2001): *Aufsätze und Reden*, hg. v. O. Jahraus, Suttgart

023 (1997): "Ausdifferenzierung der Kunst", in: Institut für Gegenwartsfragen Freiburg i. Br./Kunstraum Wien (Hg.), *Art & Language & Luhmann*, Wien, 133-148

024 (1994): *Die Ausdifferenzierung des Kunstsystems*, Bern

025 (1999, zuerst 1981): *Ausdifferenzierung des Rechts. Beiträge zur Rechtssoziologie und Rechtstheorie*, Frankfurt a.M.

026 (1999, zuerst 1976): "Ausdifferenzierung des Rechtssystems", in: Ders., *Ausdifferenzierung des Rechts. Beiträge zur Rechtssoziologie und Rechtstheorie*, Frankfurt a.M., 35-52

027 (1998(1, Nachdruck), zuerst 1989): "Die Ausdifferenzierung der Religion", in: Ders., *Gesellschaftsstruktur und Semantik. Studien zur Wissenssoziologie der modernen Gesellschaft*, Bd. 3, Frankfurt a.M., 259-357

028 (1981): "Die Ausdifferenzierung van Erkenntnisgewinn: Zur Genese von Wissenschaft", in: Stehr, N./V. Meja (Hg.), *Wissenssoziologie, Sonderheft 20 der Kölner Zeitschrift für Soziologie und Sozialpsychologie*, Opladen, 101-139

029 (1966): "Automation in der öffentlichen Verwaltung", in: Ders./W. Wortmann, *Automation in der öffentlichen Verwaltung. Aufgaben und Wirkungsmöglichkeiten von Raumordnung und Landesplanung. Zwei Vorträge, gehalten auf einer Arbeitstagung für Führungskräfte der Polizei, veranstaltet von der Gewerkschaft der Polizei*, Landesbezirk Niedersachsen, Hamburg, 5-29

030 (1997): "Die Autonomie der Kunst", in: Institut für Gegenwartsfragen Freiburg i. Br./Kunstraum Wien (Hg.), *Art & Language & Luhmann*, Wien, 177-190

031 (2001, zuerst 1987): "Autopoesis als soziologischer Begriff", in: Ders., *Aufsätze und Reden*, hg. v. O. Jahraus, Stuttgart, 137-158

032 (2004(2), zuerst 1985): "Die Autopoiesis des Bewußtseins", in: Ders., *Soziologische Aufklärung 6. Die Soziologie und der Mensch*, Wiesbaden, 55-112

033 (1982): "Autopoiesis, Handlung und Kommunikative Verständigung", in: *Zeitschrift für Soziologie, Jg. 11, H.4*, 366-379

034 (1986): "The Autopoiesis of Social Systems", in: Geyer, F./J.v.d. Zouwen (eds.), *Sociocybernetic Paradoxes. Observation, Control and Evolution of Self-Steering Systems*, LondonBeverly Hills, 172-192

035 (1966): "Die Bedeutung der Organisatiansoziologie für Betrieb und Unternehmung", in: *Arbeit und Leistung, Jg. 20*, 181-189

036 (1970): "Die Bedeutung sozialwissenschaftlicher Erkenntnisse zur Organisation und Führung der Verwaltung", in: o. Hg., *Verwaltung im modernen Staat, Berliner Beamtentage 1969*, Berlin, 70-82

037 (1987, zuerst 1980): "Begriff des Politischen (Interview mit A. Balaffi)", in: Baecker, D./G. Stanitzek (Hg.), *Archimedes und wir*, Berlin, 2-13

038 (1999(1, Nachdruck), zuerst 1995): "Die Behandlung van Irritationen: Abweichung ader Neuheit?", in: Ders., *Gesellschaftsstruktur und Semantik. Studien zur Wissenssoziologie der modernen Gesellschaft, Bd. 4*, Frankfurt a.M., 55-100

039 (1993): "Bemerkungen zu 'Selbstreferenz' und zu 'Differenzierung' aus Anlaß van Beiträgen in Heft 6, 1992, der Zeitschrift für Soziologie", in: *Zeitschrift für Soziologie, Jg. 22, H. 2*, 141-146

040 (1992): "Die Beobachtung der Beobachter im politischen System: Zur Thearie der öffentlichen Meinung", in: Wilke, J. (Hg.), *Offentliche Meinung. Theorie, Methoden, Befunde. Beiträge zu Ehren von Elisabeth Noelle-Neumann*, Freiburg-Milnchen, 77-86

041 (1992): *Beobachtungen der Moderne*, Opladen

042 (1992): "Die Beschreibung der Zukunft", in: Ders., *Beobachtungen der Moderne*, Opladen, 129-147

043 (2002(4), zuerst 1987): "Biographie, Attitüden, Zettelkasten, Interview mit R. Erd u. A. Maihofer", in: Gente, P./H. Paris/M. Weinmann (Hg.), *Niklas Luhmann. Short Cuts*, Frankfurt a.M., 7-40

044 (2002(4), zuerst 1993): "Borniert und einfühlsam zugleich. Schon, daß wir

so ungeniert plaudern. Eine soziologische Betrachtung", in: Gente, P./H. Paris/M. Weinmann (Hg.), *Niklas Luhmann. Short Cuts*, Frankfurt a.M., 113-119

045 (2004(3), zuerst 1987): "Brauchen wir einen neuen Mythos?", in: Ders., *Soziologische Aufklärung 4. Beiträge zur funktionalen Differenzierung der Gesellschaft*, Wiesbaden, 254-274

046 (1983): "Bürgerliche Rechtssoziologie. Eine Theorie des 18. Jahrhunderts", in: *Archiv für Rechts- und Sozialphilosophie, Jg. 69, H. 4*, 431-445

047 (2002(4), zuerst 1994): "Chirurg auf der Parkbank. Des Wählers Freiheit, eine Illusion", in: Gente, P./H. Paris/M. Weinmann (Hg.), *Niklas Luhmann. Short Cuts*, Frankfurt a.M., 120-126

048 (1988): "Closure and Openess: On Reality in the World of Law", in: Teubner, G. (ed.), *Autopoietic Law: A New Approach to Law and Society*, Berlin, 335-348

049 (1993): "The Code of the Moral", in: *Cardozo Law Review, Vol. 14*, 995-1009

050 (1986): "Die Codierungdes Rechtssystems", in: *Rechtstheorie, Bd. 17, N. 2*, 171-203

051 (2004(3), zuerst 1986): "Codierung und Programmierung. Bildung und Selektion im Erziehungssystem", in: Ders., *Soziologische Aufklärung 4. Beiträge zur funktionalen Differenzierung der GeseJlschaft*, Wiesbaden, 182-20 I

052 (1981): "Communication About Law in Interaction Systems", in: Knorr-Cetina, K./A. Cicourel (eds.), *Advances in Social Theory and Methodology. Towards an Integration of Micro- and Macro-Sociology*, London, 234-256

053 (1990, zuerst 1985): "Complexity and Meaning", in: Ders., *Essays on Self-Reference*, New York, 80-85

054 (1996): "Complexity, Structural Contingencies and Value Conflicts", in: Heelas, P./S. Lash/P. Morris (eds.), *Detraditionalization. Critical Reflections on Authority and Identity*, Oxford, 59-71

055 (1997): "The Control of Intransparency", in: *Systems Research and Behavioral Science, Vol. 14*, 359-371

056 (1994): "Copierte Existenz und Karriere. Zur Herstellung von lndividualität", in: Beck, U./E. Beck-Gernsheim (Hg.), *Riskante*

Freiheiten. Individualisierung in modernen Gesellschaften, Frankfurt a.M., 191-200

057 (1997(2), zuerst 1990): "Dabeisein und Dagegensein. Anregungen zu einem Nachruf auf die Bundesrepublik", in: Ders., *Protest. Systemtheorie und soziale Bewegungen, hg. u. eingel. v. K.-U. Hellmann*, Frankfurt a.M., 156-159

058 (2002(4), zuerst 1983): "Darum Liebe, Interview m. D. Baecker", in: Gente, P./H. Paris/M. Weinmann (Hg.), *Niklas Luhmann. Short Cuts*, Frankfurt a.M., 135-149

059 (1997(2), zuerst 1986): "Das trojanische Pferd. Ein Interview", in: Ders., *Protest. Systemtheorie und soziale Bewegungen, hg. u. eingel. v. K.-U. Hellmann*, Frankfurt a.M., 64-74

060 (1983): "Das sind Preise. Ein soziologisch-systemtheoretischer Klärungsversuch", in: *Soziale Welt, Jg. 34, H. 2*, 153-170

061 (2001, zuerst 1993): "Dekonstruktion als Beobachtung zweiter Ordnung", in: Ders., *Aufsätze und Reden, hg. v. O. Jahraus*, Stuttgart, 263-296

062 (1982, zuerst 1977): "The Differentiation of Society", in: Ders., *The Differentiation of Society*, New York, 229-254

063 (1984): "Die Differenzierung von Interaktion und Gesellschaft. Probleme der sozialen Solidarität", in: Kopp, R. (Hg.), *Solidarität in der Welt der 80er Jahre. Leistungsgesellschaft und Sozialstaat*, Basel-Frankfurt a.M., 79-96

064 (2004(3), zuerst 1987): "Die Differenzierung von Politik und ihre gesellschaftlichen Grundlagen", in: Ders., *Soziologische Aufklärung 4. Beiträge zur funktionalen Differenzierung der Gesellschaft*, Wiesbaden, 32-48

065 (1992): "The Direction of Evolution", in: Haferkamp, H./N. J. Smelser (eds.), *Social Change and Modernity*, Berkeley-Los Angeles-Oxford, 279-293

066 (2004(3), zuerst 1986): "Distinctions directrices", in: Ders., *Soziologische Aufklärung 4. Beiträge zur funktionalen Differenzierung der Gesellschaft*, Wiesbaden, 13-31

067 (1997): "Disziplinierung durch Kontingenz. Zu einer Theorie des politischen Entscheidens", in: Hradil, S. (Hg.), *Differenz und Integration. Die Zukunft moderner Gesellschaften. Verhandlungen des 28. Kon-*

gresses der Deutschen Gesellschaft für Soziologie in Dresden, Frankfurt-New York, 1074-1087

068 (1993): "Ecological Communication. Coping with the Unknown", in: *System Practice, Vol. 6,* 65-83

069 (1993): "Die Ehrlichkeit der Politiker und die höhere Amoralität der Politik", in: Kemper, P. (Hg.), *Opfer der Macht. Müssen Politiker ehrlich sein?,* Frankfurt a.M.-Leipzig, 27-41

070 (1963): "Einblicke in vergleichende Verwaltungswissenschaft", in: *Der Staat, Jg. 2,* 495-500

071 (2004(5), zuerst 1972): "Einfache Sozialsysteme", in: Ders., *Soziologische Aufklärung 2. Aufsätze zur Theorie der Gesellschaft,* Wiesbaden, 21-38

072 (2004(5), zuerst 1974): "Einführende Bemerkungen zu einer Theorie symbolisch generalisierter Kommunikationsmedien", in: Ders., *Soziologische Autklärung 2. Aufsätze zur Theorie der Gesellschaft,* Wiesbaden, 170-192

073 (2002): *Einführung in die Systemtheorie, hg. v. D. Baecker,* Heidelberg

074 (1983): "Die Einheit des Rechtssystems", in: *Rechtstheorie, Bd. 14,* 129-154

075 (1985): "Einige Probleme mit 'rejlexivem Recht'", in: *Zeitschrift für Rechtssoziologie, Jg. 6, H.* 1, 1-18

076 (1988): "Das Ende der alteuropäischen Politik", in: *Tijdschrift voor de Studie van de Verlichtung an het Vrije Denken, Vol. 16,* 249-257

077 (1991): "Ende des Fortschritts — Angst statt Argumente?", in: Lohmar, U./ P. Lichtenberg (Hg.), *Kommunikation zwischen Spannung, Konflikt und Harmonie,* Bonn, 117-128

078 (2004(3), zuerst 1987): "Enttäuschungen und Hoffnungen. Zur Zukunft der Demokratie", in: Ders., *Soziologische Aufklärung 4. Beiträge zur funktionalen Differenzierung der Gesellschaft,* Wiesbaden, 134-141

079 (1992): "Erfahrungen mit Universitäten. Ein Interview", in: Ders., *Universität als Milieu, hg. v. A. Kieserling,* Bielefeld, 100-125

080 (2001, zuerst 1988): "Erkenntnis als Konstruktion", in: Ders., *Aufsätze und Reden, hg. v. O. Jahraus,* Stuttgart, 218-242

081 (2004(3), zuerst 1990): "Das Erkenntnisprogramm des Konstruktivismus und die unbekannt bleibende Realität", in: Ders., *Soziologische Aufklärung 5. Konstruktivistische Perspektiven,* Wiesbaden, 31-58

082 (2004(4), zuerst 1978): "Erleben und Handeln", in: Ders., *Soziologische Aufklärung 3. Soziales System, Gesellschaft, Organisation*, Wiesbaden, 67-80

083 (1985): "Erwiderung auf H. Mader", in: *Zeitschrift für Soziologie*, Jg. 14, H. 4, 333-334

084 (1985): "Erziehender Unterricht als Interaktionssystem", in: Diederich, J. (Hg.), *Erziehender Unterricht als Fiktion und Faktum*, Frankfurt a.M., 77-94

085 (1997): "Erziehung als Formung des Lebenslaufs", in: Lenzen, D./N. Luhmann (Hg.), *Bildung und Weiterbildung im Erziehungssystem. Lebenslauf und Humanontogenese als Medium und Form*, Frankfurt a.M., 11-29

086 (2002): *Das Erziehungssystem der Gesellschaft, hg. v. D. Lenzen*, Frankfurt a.M.

087 (1996): "Das Erziehungssystem und die Systeme seiner Umwelt", in: Luhmann, N./K.E. Schorr (Hg.), *Zwischen System und Umwelt. Fragen an die Pädagogik*, Frankfurt a.M., 14-52

088 (1998(1, Nachdruck), zuerst 1989): "Ethik als Rejlexionstheorie der Moral", in: Ders., *Gesellschaftsstruktur und Semantik. Studien zur Wissenssoziologie der modernen Gesellschaft, Bd. 3*, Frankfurt a.M., 358-447

089 (1999): "Ethik in internationalen Beziehungen", in: *Soziale Welt, Jg. 50*, 247-254

090 (1994): "Europa als Problem der Weltgesellschaft", in: *Berliner Debatte INITIAL, 2*, 3-7

091 (1992): "Europäische Rationalität", in: Ders., *Beobachtungen der Moderne*, Opladen, 51-91 092 (1994, zuerst 1983)): "Evolution - kein Menschenbild. Die Gesellschaft besteht nicht aus Menschen", in: *Ethik und Unterricht, Jg. 5, H. I,* 14-18

093 (1993): "Die Evolution des Kunstsystems", in: *Kunstforum International, 124*, 221-228

094 (1982): "The Evolution of Meaning Systems. An Interview with Niklas Luhmann", in: *Theory, Culture and Society, Vol. 1, N. 1*, 33-48

095 (1999, zuerst 1970): "Evolution des Rechts", in: *Ders., Ausdifferenzierung des Rechts. Beiträge zur Rechtssoziologie und Rechtstheorie*, Frankfurt a.M., 11-34

096 (2004(5), zuerst 1976): "Evolution und Geschichte", in: Ders., *Soziologische Aufklärung 2. Aufsätze zur Theorie der Gesellschaft,* Wiesbaden, 150-169

097 (1987): "The Evolutiona,y Differentiation Between Society and Interaction", in: Alexander, J.C./B. Giesen/R. Münch/N. J: Smelser (eds.), *The Micro-Macro Link*; Berkeley-Los Angeles-London, 112-131

098 (1988): "Familiarity, Confidence, Trust: Problems and Alternatives", in: Gambetta, D. (ed.), *Trust. Making and Breaking Cooperative Relations*, Oxford, 94-107

099 (1992): "The Form of Writing", in: *Stanford Literature Review*, Vol. 9, N. 1, 25-42

100 (2004(2), zuerst 1991): "Die Form 'Person'", in: *Ders., Soziologische Aufkärung 6. Die Soziologie und der Mensch*, Wiesbaden, 142-154

101 (2004(5), zuerst 1973): "Formen des Helfens im Wandel gesellschaftlicher Bedingungen", in: Ders., *Soziologische Aufklärung 2. Aufsätze zur Theorie der Gesellschaft, Wiesbaden*, 134-149

102 (1992): "Fragen an Niklas Luhmann (Interview)", in: Königswieser, J./C. Lutz (Hg.), *Das systemisch evolutionäre Management*, Wien, 95-111

103 (1990, zuerst 1989): "Die Franzosische Revolution ist zu Ende. Individuum und Gesellschaft nach 1789", in: Helbing, H./M. Meyer (Hg.), *Die Große Revolution. 1789 und die Folgen*, Zürich, 822-824

104 (1997(2), zuerst 1988): "Frauen, Manner und George Spencer Brown", in: Ders., *Protest. Systemtheorie und soziale Bewegungen, hg. u. eingel. v. K.-U. Hellmann*, Frankfurt a. M., 107-155

105 (1998(1, Nachdruck), zuerst 1980): "Frühneuzeitliche Anthropologie. Theorietechnische Lösungen für ein Evolutionsproblem der Gesellschaft", in: Ders., *Gesellschaftsstruktur und Semantik. Studien zur Wissenssoziologie der modernen Gesellschaft, Bd. 1*, Frankfurt a.M., 162-234

106 (1970): "Die Funktion der Gewissensfreiheit im öffentlichen Recht", in: *Evangelische Akademie in Hessen und Nassau, Funktion des Gewissens im Recht*, Frankfurt, 9-22

107 (1999, zuerst 1974): "Die Funktion des Rechts. Erwartungssicherung oder Verhaltenssteuerung?", in: Ders., *Ausdifferenzierung des Rechts. Beiträge zur Rechtssoziologie und Rechtstheorie*, Frankfurt a.M., 73-112

108 (1999(5), zuerst 1977): *Funktion der Religion*, Frankfurt a.M.

109 (2004(7), zuerst 1962): "Funktion und Kausalität", in: Ders., *Soziologische Aufkläung I. Aufsätze zur Theorie sozialer Systeme*, Wiesbaden, 9-30

110 (1999, zuerst 1969): "Funktionale Methode und juristische Entscheidung", in: Ders., *Ausdifferenzierung des Rechts. Beiträge zur Rechtssoziologie und Rechtstheorie*, Frankfurt a.M., 273-307

111 (2004(7), zuerst 1964): "Funktionale Methode und Systemtheorie", in: Ders., *Soziologische Aufklärung 1. Aufsätze zur Theorie sozialer Systeme*, Wiesbaden, 31-53

112 (1994(4), zuerst 1969): "Funktionen der Rechtsprechung im politischen System", in: Ders., *Politische Planung. Aufsätze zur Soziologie von Politik und Verwaltung*, Opladen, 46-52

113 (1999(5), zuerst 1964): *Funktionen und Folgen formaler Organisation. Mit einem Epilog 1994*, Berlin

114 (1958): Der "Funktionsbegriff in der Verwaltungswissenschaft", in: *Verwaltungsarchiv, Bd. 49*, 97-105

115 (2002(4), zuerst 1990): "Der Fussball", in: Gente, P./H. Paris/M. Weinmann (Hg.), *Niklas Luhmann. Short Cuts*, Frankfurt a.M., 88-90

116 (1995): "Das Gedächtnis der Politik", in: *Zeitschrift für Politik, Jg. 42, H. 2*, 109-121

117 (1996): "Gefahr oder Risiko, Solidarität oder Konflikt", in: Königswieser, R./M. Haller/P. Maas/H. Jarmei (Hg.), *Risiko-Dialog. Zukunft ohne Harmonieformel*, Koln, 38-46

118 (2001(4), zuerst I989): "Geheimnis, Zeit und Ewigkeit", in: Ders./P. Fuchs, *Reden und Schweigen*, Frankfurt a.M., 101-137

119 (1991): "Die Geltung des Rechts", in: *Rechtstheorie, Bd. 22, H. 3*, 273-286

120 (1990): "General Theory and American Sociology", in: Garns, H.J. (ed.), *Sociology in America*, Newbury Park-London-New Delhi, 253-264

121 (1972): "Generalized Media and the Problem of Contingency", in: Loubser, J.J. u.a. (eds.), *Explorations in General Theory in the Social Sciences. Essays in Honor of Talcott Parsons, Vol. II*, New York, 507-532

122 (1999, zuerst 1973): "Gerechtigkeit in den Rechtssystemen der modernen Gesellschaft", in: Ders., *Ausdifferenzierung des Rechts. Beiträge zur Rechtssoziologie und Rechtstheorie*, Frankfurt a.M., 374-418

123 (2004(4), zuerst 1978): "Geschichte als Prozeß und die Theorie sozio-

kultureller Evolution", in: Ders., *Soziologische Aufklärung 3. Soziales System, Gesellschaft, Organisation*, Wiesbaden, 178-197

124 (1995): "Geschlecht — und Gesellschaft?", in: *Soziologische Revue, Jg. 18, H. 3,* 314-319

125 (1968): "Gesellschaft", in: o. Hg., *Sowjetsystem und Demokratische Gesellschaft. Eine vergleichende Enzyklopädie*, Bd. 2, Freiburg-Basel-Wien, Sp. 959-972

126 (2004(7), zuerst 1970): "Gesellschaft", in: Ders., *Soziologische Aufklärung 1. Aufsätze zur Theorie sozialer Systeme*, Opladen, I37-153

127 (1975): "Gesellschaft", in: Nikles, B.W./J. Weiß (Hg.), *Gesellschaft*, Hamburg, 210-224

128 (1994): "Gesellschaft als Differenz. Zu den Beitragen von Gerhard Wagner und Alfred Bohnen in der Zeitschrift für Soziologie Heft 4" (1994), in: *Zeitschrift für Soziologie, Jg. 23, H. 6*, 477-481

129 (2001 (3), zuerst 1997): *Die Gesellschaft der Gesellschaft, 2* Bände, Frankfurt a.M.

130 (1994): "Die Gesellschaft und ihre Organisationen", in: Derlien, H.-U./ U. Gerhardt/F.W. Scharpf (Hg.), *Systemrationalität und Partialinteresse. Festschrift für Renate Mayntz*, Baden-Baden, 189-201

131 (1971): "Gesellschaften als Systeme der Komplexitatsreduktion", in: Tjaden, K.H. (Hg.), *Soziale Systeme*, Berlin, 346-359

132 (2004(2), zuerst 1987): "Die gesellschaftliche Differenzierung und das Jndividuum", in: Ders., *Soziologische Aufklärung 6. Die Soziologie und der Mensch,* Wiesbaden, 125-141

133 (2004(3), zuerst 1981) : "Gesellschaftliche Grundlagen der Macht. Steigerung und Verteilung", in: Ders., *Soziologische Aufklärung 4. Beiträge zur funktionalen Differenzierung der Gesellschaft*, Wiesbaden, 117-125

134 (2004(3), zuerst 1990): "Gesellschaftliche Komplexität und öffentliche Meinung", in: Ders., *Soziologische Aufklärung 5. Konstruktivistische Perspektiven*, Wiesbaden, 170-182

135 (1969): "Gesellschaftliche Organisation", in: Ellwein, T./M. Groothoff/H. Rauschenberg u.a. (Hg.), *Erziehungswissenschaftliches Handbuch, Bd. I*, Berlin, 387-407

136 (1998(1, Nachdruck), zuerst 1980): "Gesellschaftliche Struktur und seman-

tische Tradition", in: Ders., *Gesellschaftsstruktur und Semantik. Studien zur Wissenssoziologie der modernen Gesellschaft, Bd. 1*, Frankfurt a.M., 9-71

137 (1994(4), zuerst 1967): "Gesellschaftliche und politische Bedingungen des Rechtsstaates", in: *Ders., Politische Planung. Aufsätze zur Soziologie von Politik und Verwaltung*, Opladen, 53-65

138 (1992, zuerst 1987): "Die gesellschaftliche Verantwortung der Soziologie", in: Ders., *Universität als Milieu, hg. v. A Kieserling*, Bielefeld, 126-136

139 (1998(1, Nachdruck), zuerst 1980): *Gesellschaftsstruktur und Semantik. Studien zur Wissenssoziologie der modernen Gesellschaft, Bd. I*, Frankfurt a.M.

140 (2000(1, Nachdruck), zuerst 1981): *Gesellschaftsstruktur und Semantik. Studien zur Wissenssoziologie der modernen Gesellschaft, Bd. 2*, Frankfurt a. M.

141 (1998(1, Nachdruck), zuerst 1989): *Gesellschaftsstruktur und Semantik. Studien zur Wissenssoziologie der modernen Gesellschaft, Bd. 3*, Frankfurt a.M.

142 (1999(1, Nachdruck), zuerst 1995): *Gesellschaftsstruktur und Semantik, Studien zur Wissenssoziologie der modernen Gesellschaft, Bd. 4*, Frankfurt a.M.

143 (2004(3), zuerst 1981): "Gesellschaftsstrukturelle Bedingungen und Folgeprobleme des naturwissenschaftlich-technischen Fortschritts", in: Ders., *Soziologische Aufkärung 4. Beiträge zur funktionalen Differenzierung der Gesellschaft*, Wiesbaden, 49-63

144 (1993): "Gesellschaftstheorie und Normentheorie", in: Fazis, U./J.C. Nelt (Hg.), *Gesellschaftstheorie und Normentheorie. Symposium zum Gedenken an Theodor Geiger*, Basel, 15-19

145 (1970): "Gesetzgebung und Rechtsprechung im Spiegel der Gesellschaft", in: Derbolowsky, U./E. Stephan (Hg.), *Die Wirklichkeit und das Böse*, Hamburg, 161-170

146 (1994): "Gespräch zwischen N. Luhmann und G.J Lischka", in: Luhmann, N., *Die Ausdifferenzierung des Kunstsystems*, Bern, 69-105

147 (1999, zuerst 1965): "Die Gewissensfreiheit und das Gewissen", in: Ders., *Ausdifferenzierung des Rechts. Beiträge zur Rechtssoziologie und Rechtstheorie*, Frankfurt a.M., 326-359

148 (1992): "Gibt es ein 'System' der Intelligenz?", in: Meyer, M. (Hg.), *Intellektuellendammerung? Beiträge zur neuesten Zeit des Geistes*, München-Wien, 57-73

149 (1993): *Gibt es in unserer Gesellschaft noch unverzichtbare Normen?*, Heidelberg

150 (1991): "Der Gleichheitssatz als Form und als Norm", in: *Archiv fur Rechts- und Sozialphilosophie, Jg. 77, H. 4*, 435-445

151 (2004(3), zuerst 1990): "Gleichzeitigkeit und Synchronisation", in: Ders., *Soziologische Aufkärung 5. Konstruktivistische Perspektiven*, Wiesbaden, 95-130

152 (1997): "Globalization or World Society: How to Conceive of Modern Society?", in: *International Review of Sociology, Vol. 7, N. 1*, 67-79

153 (2004(3), zuerst 1990): "Glück und Unglück der Kommunikation in Familien: Zur Genese von Pathologien", in: Ders., *Soziologische Aufklärung 5. Konstruktivistische Perspektiven*, Wiesbaden, 218-227

154 (1995): "Die Gorgonen und die Musen. Zur Dekonstruktion einer Unterscheidung", in: Dombrowsky, W.R./U. Pasero (Hg.), *Wissenschaft, Literatur, Katastrophe. Festschrift zum sechzigsten Geburtstag von Lars Clausen*, Opladen, 219-224

155 (1965): "Die Grenzen einer betriebswirtschaftlichen Verwaltungslehre", in: *Verwaltungsarchiv, Bd. 56*, 303-313

156 (1997): "Grenzwerte der ökologischen Politik. Eine Form von Risikomanagement", in: Hiller, P./G. Krücken (Hg.), *Risiko und Regulierung. Soziologische Beiträge zu Technikkontrolle und Umweltpolitik*, Frankfurt a.M., 195-221

157 (1971): "Grundbegriffliche Probleme einer interdisziplinären Entscheidungstheorie", in: *Die Verwaltung, Jg. 4*, 470-477

158 (1999(4), zuerst 1965): *Grundrechte als Institution. Ein Beitrag zur politischen Soziologie*, Berlin

159 (2004(4), zuerst 1978): "Grundwerte als Zivilreligion", in: Ders., *Soziologische Aufklärung 3. Soziales System, Gesellschaft, Organisation*, Wiesbaden, 293-308

160 (2004(3), zuerst 1990): "Haltlose Komplexitat", in: Ders., *Soziologische Aufklärung 5. Konstruktivistische Perspektiven*, Wiesbaden, 59-76

161 (2004(4), zuerst 1978): "Handlungstheorie und Systemtheorie", in: Ders.,

Soziologische Aufklärung 3. Soziales System, Gesellschaft, Organisation, Wiesbaden, 50-66

162 (1992, zuerst 1984): "Helmut Schelsky zum Gedenken", in: Ders., *Universität als Milieu, hg. v. A. Kieserling*, Bielefeld, 49-61

163 (1994): "Die Herrschaft der Natur in ihren späten Tagen", in: *Frankfurter Allgemeine Zeitung vom 21. Nov. 1994, Nr. 250*, S. L13

164 (1990): "Die Homogenisierung des Anfangs. Zur Ausdifferenzierung der Schulerziehung", in: Ders./K.E. Schorr, *Zwischen Anfang und Ende. Fragen an die Pädagogik*, Frankfurt a.M., 73-111

165 (1991): "'Ich denke primär historisch'. Religionssoziologische Perspektiven (Ein Gespräch mit Fragen von Detlef Pollack (Leipzig)", in: *Deutsche Zeitschrift für Philosophie. Religionssoziologische Perspektiven, Jg. 39, H. 9*, 937-956

166 (1987, zuerst 1987): "Ich nehme mal Karl Marx (Interview mit W v. Rossum)", in: Baecker, D./G. Stanitzek (Hg.), *Archimedes und wir*, Berlin, 14-37

167 (2004(3), zuerst 1990): "Ich sehe was, was Du nicht siehst", in: Ders., *Soziologische Aufklärung 5. Konstruktivistische Perspektiven*, Wiesbaden, 228-234

168 (1981): "Ideengeschichten in soziologischer Perspektive", in: Matthes, J. (Hg.), *Lebenswelt und soziale Probleme. Verhandlungen des 20. Deutschen Soziologentages zu Bremen*, Frankfurt-New York, 49-61

169 (2004(3), zuerst 1990): "Identität - Was oder wie?", in: Ders., *Soziologische Aufklärung 5. Konstruktivistische Perspektiven*, Wiesbaden, 7-30

170 (2004(4), zuerst 1979): "Identitätsgebrauch in selbstsubstitutiven Ordnungen, besonders Gesellschaften", in: Ders., *Soziologische Aufklärung 3. Soziales System, Gesellschaft, Organisation*, Wiesbaden, 198-227

171 (1992): "Immer noch Bundesrepublik? Das Erbe und die Zukunft", in: Rammstedt, O./G. Schmidt (Hg.), *BRD ade! Vierzig Jahre in Rück-Ansichten von Sozial- und Kulturwissenschaftlern*, Frankfurt a.M., 95-100

172 (1986): "The Individuality of the Individual. Historical Meaning and Contemporary Problems", in: Heller, T.C./M Sosna/D.E. Wellbery (eds.), *Reconstructing Individualism. Autonomy, Individuality, and the Self in Western Thought*, Stanford (Cal.), 313-325

173 (1998(1, Nachdruck), zuerst 1989): "Individuum, Individualitdt,

Individualismus", in: Ders., *Gesellschaftsstruktur und Semantik. Studien zur Wissenssoziologie der modernen Gesellschaft, Bd. 3,* Frankfurt a.M., 149-258

174 (1983): "Individuum und Gesellschaft", in: *Universitas, Jg: 39,* 1-11

175 (1971): "Information und Struktur in Verwaltungsorganisationen", in: *Verwaltungspraxis, Jg. 25,* 35-42

176 (2004(2), zuerst 1994): "Inklusion und Exklusion", in: Ders., *Soziologische Aufklärung 6. Die Soziologie und der Mensch,* Wiesbaden, 237-264

177 (1983): "Insistence on Systems Theory. Perspectives From Germany", in: *Social Forces, Vol. 61,* 987-998

178 (1995): "Instead of a Preface to the English Edition: On the Concept of 'Subject' and 'Action'", in: Ders., *Social Systems,* Stanford, xxxvii-xliv

179 (1974): "Institutionalisierte Religion gemäß funktionaler Soziologie", in: *Concilium, Jg. 10,* 17-22

180 (1973 (2)): "Institutionalisierung - Funktion und Mechanismus im sozialen System der Gesellschaft", in: Schelsky, H. (Hg.), *Zur Theorie der Institution,* Düsseldorf: 27-41

181 (1998(1, Nachdruck), zuerst 1980): "Interaktion in Oberschichten. Zur Transformation ihrer Semantik im 17. und 18. Jahrhundert", in: Ders., *Gesellschaftsstruktur und Semantik. Studien zur Wissenssoziologie der modernen Gesellschaft, Bd. I ,* Frankfurt a.M., 72-161

182 (2004(5), zuerst 1975): "Interaktion, Organisation, Gesellschaft", in: Ders., *Soziologische Aufklärung 2. Aufsätze zur Theorie der Gesellschaft,* Wiesbaden, 9-20

183 (1992, zuerst 1983): "Interdisziplinäre Theoriebildung in den Sozialwissenschaften", in: Ders., *Universität als Milieu, hg. v. A. Kieserling,* Bielefeld, 62-68

184 (1990): "Interesse und Interessenjurisprudenz im Spannungsfeld von Gesetzgebung und Rechtsprechung", in: *Zeitschrift für neuere Rechtsgeschichte, Jg.I2, H. 1/2,* 1-13

185 (1978): "Interpenetration bei Parsons", in: *Zeitschrift für Soziologie, Jg. 7, H. 3,* 299-302 186 (2004(4), zuerst 1977): "Interpenetration — Zum Verhältnis personaler und sozialer Systeme", in: Ders., *Soziologische Aufklärung 3. Soziales System, Gesellschaft, Organisation,* Wiesbaden, 151-169

187 (2004(2), zuerst 1986): "Intersubjektivität oder Kommunikation: Unterschiedliche Ausgangspunkte soziologischer Theoriebildung", in: Ders., *Soziologische Aufklärung 6. Die Soziologie und der Mensch*, Wiesbaden, 169-188

188 (1995): "Interventionen in die Gesellschaft? Die Gesellschaft kann nur kommunizieren", in: Haan, G.d. (Hg.), *Umweltbewußtsein und Massenmedien. Perspektiven ökologischer Kommunikation,* Berlin, 37-45

189 (1991): "Interview mit Niklas Luhmann (Niklas Luhmann und Hans Dieter Huber im Gespräch)", in: *Texte zur Kunst, 1,4*, 121-133

190 (1987, zuerst 1983): "Intervista siciliana (Interview mit D. Parrinello)", in: Baecker, D./G. Stanitzek (Hg.), *Archimedes und wir, Berlin*, 58-60

191 (2004(4), zuerst 1976): "Ist Kunst codierbar?", in: Ders., *Soziologische Aufklärung 3. Soziales System, Gesellschaft, Organisation,* Wiesbaden, 245-266

192 (1999(l, Nachdruck), zuerst 1995): "Jenseits van Barbarei", in: Ders., *Gesellschaftsstruktur und Semantik. Studien zur Wissenssoziologie der modernen Gesellschaft, Bd. 4*, Frankfurt a.M., 138-150

193 (1995): Juristische Argumentation: Eine Analyse ihrer Form, in: Teubner, G. (Hg.), Entscheidungsfolgen als Rechtsgrtinde. Folgenorientiertes Argumentieren in rechtsvergleichender Sicht, Baden-Baden, 19-37

194 (1999, zuerst 1973): "Die juristische Rechtsquellenlehre in soziologischer Sicht", in: Ders., *Ausdifferenzierung des Rechts. Beiträge zur Rechtssoziologie und Rechtstheorie*, Frankfurt a.M., 308-325

195 (1997(2), zuerst i985): "Kann die moderne Gesellschaft sich auf ökologische Gefährdungen einstellen?", in: Ders., *Protest. Systemtheorie und soziale Bewegungen, hg. u. eingel. v. K.-U. Hellmann*, Frankfurt a. M;, 46-63

196 (1960): "Kann die Verwaltung wirtschaftlich handeln?", in: *Verwaltungsarchiv, Bd. 51*, 97-115

197 (1984): "Kapital und Arbeit - eine falsche Front. Zu einer Strukturformel der Gesellschaft", in: *Neue Zürcher Zeitung, N. 45, Literatur und Kunst,* 31-33

198 (1986): "Kapital und Arbeit. Probleme einer Unterscheidung", in: Berger, J. (Hg.), *Die Moderne - Kontinuitäten und Zäsuren, Sonderband 4 der*

Zeitschrift Soziale Welt, Göttingen, 57-78

199 (1994): "Kapitalismus und Utopie", in: *Merkur, Jg. 48*, 189-198

200 (1995): "Kausalität im Süden", in: *Soziale Systeme, Jg. 1, H. 1*, 7-28

201 (2004(2), zuerst 1991): "Das Kind als Medium der Erziehung", in: Ders., *Soziologische Aufklärung 6. Die Soziologie und der Mensch*, Wiesbaden, 204-228

202 (1969): "Klassische Theorie der Macht. Kritik ihrer Prämissen", in: *Zeitschrift für Politik, Jg. 16, H.2*, 149-170

203 (1972): "Knappheit, Geld und die bürgerliche Gesellschaft", in: *Jahrbuch für Sozialwissenschaft, Jg. 23, H. 2*, 186-210

204 (1994(4), zuerst 1968): "Die Knappheit der Zeit und die Vordringlichkeit des Befristeten", in: Ders., *Politische Planung. Aufsätze zur Soziologie von Politik und Verwaltung*, Opladen, 143-164

205 (1992, zuerst 1981): "Kommunikation mit Zettelkasten. Ein Erfahrungsbericht", in: Ders., *Universität als Milieu*, Bielefeld, 53-61

206 (1969): "Kommunikation, soziale", in: Grochla, E. (Hg.), *Handwörterbuch der Organisation*, Stuttgart, Sp. 831-838

207 (1999, zuerst 1980): "Kommunikation über Recht und Unrecht in Interaktionssystemen", in : Ders., *Ausdifferenzierung des Rechts. Beiträge zur Rechtssoziologie und Rechtstheorie*, Frankfurt a.M., 53-72

208 (2001(4), zuerst 1989): "Kommunikationssperren in der Unternehmensberatung", in: Ders./P. Fuchs, *Reden und Schweigen,* Frankfurt a.M., 209-227

209 (1989): "Kommunikationsweisen und Gesellschaft", in: Rammert, W./ G. Bechmann (Hg.), *Technik und Gesellschaft 5: Computer, Medien, Gesellschaft*, Frankfurt-New York, 11-18

210 (1980(2)): "Komplexität", in: Grochla, E. (Hg.), *Handwörterbuch der Organisation, Stuttgart*, Sp. l064-1070

211 (2004(5), zuerst 1975): "Komplexität", in: Ders., *Soziologische Aufklärung 2. Aufsätze zur Theorie der Gesellschaft,* Wiesbaden, 204-220

212 (1976): "Komplexitat", in: Ritter, J./K. Grunder (Hg.), *Historisches Wörterbuch der Philosophie*, Bd. 4, Basel, Sp. 93 9-941

213 (1994(4), zuerst 1969): "Komplexität und Demokratie", in: Ders., *Politische Planung. Aufsätze zur Soziologie von Politik und Verwaltung*, Opladen, 35-44

214 (1999): "Konflikt und Recht", in: Ders., *Ausdifferenzierung des Rechts. Beiträge zur Rechtssoziologie und Rechtstheorie*, Frankfurt a.M., 92-112

215 (1975): "Konfliktpotentiale in sozialen Systemen", in: Landeszentrale für politische Bildung NRW (Hg.), *Der Mensch i n den Konfliktfeldern der Gegenwart*, Köln, 65-74

216 (1992): "Kontingenz als Eigenwert der modernen Gesellschaft", in : Ders., *Beobachtungen der Moderne*, Opladen, 93-128

217 (2002(4), zuerst 1995): "Konzeptkunst. Brent Spar oder Können Unternehmen von der Öffentlichkeit lernen?", in: Gente, P./H. Paris/M. Weinmann (Hg.), *Niklas Luhmann. Short Cuts*, Frankfurt a.M., 127-134

218 (1999(1, Nachdruck), zuerst 1995): "Kultur als historischer Begriff", in: Ders., *Gesellschaftsstruktur und Semantik. Studien zur Wissenssoziologie der modernen Gesellschaft, Bd. 4*, Frankfurt a.M., 31-54

219 (2002(4), zuerst 1995): *Die Kunst der Gesellschaft*, Frankfurt a.M.

220 (1984): "Das Kunstwerk und die Selbstreproduktion von Kunst", in: *Delfin, Jg. 3*, 51-69

221 (2004(3), zuerst 1985): "Läßt unsere Gesellschaft Kommunikation mit Gott zu?", in: Ders., *Soziologische Aufklärung 4. Beiträge zur funktionalen Differenzierung der Gesellschaft*, Wiesbaden, 227-235

222 (1989): "Law as a Social System", in: *Northwestern University Law Review, Vol. 83, N. 1/2*, 136-150

223 (1986): "Die Lebenswelt — nach Rucksprache mit Phänomenologen", in: *Archiv für Rechts und Sozialphilosophie, Jg. 72*, 176-194

224 (1975): "The Legal Profession. Comments on the Situation in the Federal Republic of Germany", in: *The Juridical Review, Vol. 20*, 116-132

225 (2001 (5), zuerst 1969): *Legitimation durch Verfahren*, Frankfurt a.M.

226 (2002(4), zuerst 2000): "Lesen lernen", in: Gente, P./H. Paris/M. Weinmann (Hg.), *Niklas Luhmann. Short Cuts*, Frankfurt a.M., 150-157

227 (2003(7), zuerst 1982): *Liebe als Passion. Zur Codierung von Intimität*, Frankfurt a.M.

228 (1997): "Lieber leicht und elegant (Interview mit M. Niroumand)", in: *die tageszeitung*, o. Jg., 18./19. Jan., 13

229 (1997): "Limits of Steering", in: *Theory, Culture & Society, Vol. 14, N. 1*, 41-57

230 (1994(4), zuerst 1964): "Lob der Routine", in: Ders., *Politische Planung. Aufsätze zur Soziologie von Politik und Verwaltung*, Opladen, 113-142

231 (2003(3), zuerst 1975): *Macht, 3. Aufl.*, Stuttgart

232 (1977): "Macht und System — Ansatze zur Analyse von Macht in der Politikwissenschaft", in: *Universitas, Jg. 32, 1. Bd.*, 473-482

233 (1988): "Die 'Macht der Verhältnisse' und die Macht der Politik", in: Schneider, H. (Hg.), *Macht und Ohnmacht*, Wien, 43-51

234 (2004(3), zuerst 1981): "Machtkreislauf und Recht in Demokratien", in: *Ders., Soziologische Aufklärung 4. Beiträge zur funktionalen Differenzierung der Gesellschaft*, Wiesbaden, 142-151

235 (1996): "'Man zwingt andere Begriffe zur Anpassung.' Andreas Geyer im Gespräch mit Niklas Luhmann", in: *Universitas, Jg. 51, 2. Bd.*, 1017-1027

236 (1980): "Max Webers Forschungsprogramm in typologischer Rekonstruktion. Wolfgang Schluchter: Die Entwicklung des okzidentalen Rationalismus", in: *Soziologische Revue, Jg. 3, H.* 3, 243-250

237 (2001, zuerst 1986): "Das Medium der Kunst", in: Ders:, *Aufsätze und Reden, hg. v. O. Jahraus*, Stuttgart, 198-217

238 (1997): "Das Medium der Religion. Eine soziologische Betrachtung über Gott und die Seelen", in: *Evangelische Theologie, Jg. 57, H. 4*, 305-318

239 (1983): "Medizin und Gesellschaftstheorie", in: *Medizin, Mensch, Gesellschaft, Bd. 8, H. 3*, 168-175

240 (2004(3), zuerst 1990): "Der medizinische Code", in: Ders., *Soziologische Aufklärung 5. Konstruktivistische Perspektiven*, Wiesbaden, 183-195

241 (1991): "Mein 'Mittelalter'", in: *Rechtshistorisches Journal, Bd. 10*, 66-70

242 (1990): "'Meine Theorie ist ein Spezialhobby.' Interview mit Niklas Luhmann — Teil I: Über den systemtheoretischen Status seiner Moraltheorie", in: *Zeitschrift für Entwicklungspädagogik, Jg. 13, H. 2*, 26-30

243 (1998): "Meinungsfreiheit, öffentliche Meinung, Demokratie", in: Lampe, E.-J. (Hg.), *Meinungsfreiheit als Menschenrecht*, Baden-Baden, 99-110

244 (1996): "Membership and Motives in Social Systems", in: *Systems Research, Vol. 13, N. 3*, 341-348

245 (1999(1, Nachdruck), zuerst 1994): "Metamorphosen des Staate", in: Ders., *Gesellschaftsstruktur und Semantik. Studien zur Wissenssoziologie der*

modernen Gesellschaft, Bd. 4, Frankfurt a.M., 101-137

246 (1992, zuerst 1991): "Das Moderne der modernen Gesellschaft", in: Ders., *Beobachtungen der Moderne,* Opladen, 11-49

247 (1990(10), zuerst 1968): "Moderne Systemtheorien als Form gesamtgesellschaftlicher Analyse", in: Habermas, J./N. Luhmann, *Theorie der Gesellschaft oder Sozialtechnologie — Was leistet die Systemforschung?,* Frankfurt a.M., 7-24

248 (1993, zuerst 1987): "Die Moral des Risikos und das Risiko der Moral", in: Bechmann, G. (Hg.), *Risiko und Gesellschaft*, Opladen, 327-338

249 (1962): "Der neue Chef", in: *Verwaltungsarchiv, Bd. 53*, 11-24

250 (1985): "Neue Politische Ökonomie", in: *Soziologische Revue, Jg. 8*, 115-120

251 (1988): "Neuere Entwicklungen in der Systemtheorie", in: *Merkur, Jg. 42, H. 4*, 292-300

252 (1992): "1968 — und was nun?", in: Ders., *Universität als Milieu, hg. v. A Kieserling*, Bielefeld, 147-156

253 (1987): "'1984' — Streitgespräch mit Robert Jungk", in: Baecker, D./G. Stanitzek (Hg.), *Archimedes und wir*, Berlin, 99-107

254 (1995): "Neu-sein als Herausforderung", in: Salzburger Kunstverein (Hg.), *Original*, Salzburg, 45-55

255 (1997(2), zuerst 1996): *Die neuzeitlichen Wissenschaften und die Phänomenologie*, Wien

256 (1990): "Niklas Luhmann (Interview)", in: *Kunstforum International, Bd. 108*, 102-107

257 (2002(4), zuerst 1988): "Njet-Set und Terror-Desperados", in: Gente, P./H. Paris/M. Weinmann (Hg.), *Niklas Luhmann. Short Cuts*, Frankfurt a.M., 64-74

258 (1969): "Normen in soziologischer Perspektive", in: *Soziale Welt, Jg. 20, H. 1*, 28-48

259 (2001): "Notes on the Project 'Poetry and Social Theory'", in: *Theory, Culture & Society, Vol. 18, N. 1*, 15-27

260 (1988): "Observing and Describing Complexity", in: Yak, K. (Hg.), *Complexities of the Human Environment. A Cultural and Technological Perspective*, Wien, 251-256

261 (1994, zuerst 1993): "Observing Re-entries", in: *Protosoziologie, o. Jg., H. 6*, 4-13

262 (1994(4), zuerst 1970): "Öffentliche Meinung", in: Ders., *Politische Planung. Aufsätze zur Soziologie von Politik und Verwaltung*, 9-34

263 (2000(2), zuerst 1999): "Öffentliche Meinung und Demokratie", in: Maresch, R./N. Werber (Hg.), *Kommunikation Medien Macht, 2. Aufl.*, Frankfurt a.M., 19-34

264 (1965): *Öffentlich-rechtliche Entschadigung rechtspolitisch betrachtet*, Berlin

265 (1992): "Ökologie des Nichtwissens", in: Ders., *Beobachtungen der Moderne*, Opladen, 149-220

266 (1989): "Ökologie und Kommunikation", in: Criblez, L./P. Gonon (Hg.), *1st Ökologie lehrbar?*, Bern, 17-30

267 (1989): "Ökologische Kommunikation. Ein Theorie-Entscheidungsspiel", in: Fischer, J. (Hg.), *Ökologie im Endspiel*, München, 31-37

268 (2004(4), zuerst 1986): *Ökologische Kommunikation. Kann die moderne Gesellschaft sich auf ökologische Gefährdungen einstellen?*, Wiesbaden

269 (1996) : On the scientific context of the concept of communication, in : Social Science Information, Vol. 35, N. 2, 257-267

270 (1991): "Operational Closure and Structural Coupling. The Differentiation of the Legal System", in: *Cardozo Law Review, Vol. 13, N. 2*, 1419-1441

271 (2004(2), zuerst 1992): "Die operative Geschlossenheit psychischer und sozialer Systeme", in: Ders., *Soziologische Aufklärung 6. Die Soziologie und der Mensch*, Wiesbaden, 25-36

272 (1994(4), zuerst 1971): "Opportunismus und Programmatik in der öffentlichen Verwaltung", in: Ders., *Politische Planung. Aufsätze zur Soziologie von Politik und Verwaltung*, Opladen, 165-180

273 (1984): "Organisation", in: o. Hg., *Historisches Wörterbuch der Philosophie, Bd. 6*, BaselStuttgart, Sp. 1326-1328

274 (1988): "Organisation", in: Kilpper, W./G. Ortmann (Hg.), *Mikropolitik. Rationalität, Macht und Spiele in Organisationen*, Opladen, 165-185

275 (1966): "Organisation, soziologisch", in: o. Hg., *Evangelisches Staatslexikon*, Stuttgart, Sp. 1410-1414

276 (2004(4), zuerst 1978): "Organisation und Entscheidung", in: Ders., *Soziologische Aufklärung 3. Soziales System, Gesellschaft, Organisation*,

Wiesbaden, 335-389

277 (2000): *Organisation und Entscheidung*, Opladen-Wiesbaden

278 (2004(4), zuerst 1981): "Organisationen im Wirtschaftssystem", in: Ders., *Soziologische Aufklärung 3. Soziales System, Gesellschaft, Organisation*, Wiesbaden, 390-414

279 (1978): "Die Organisationsmittel des Wohlfahrtsstaates und ihre Grenzen", in: Geißler, H. (Hg.), *Verwaltete Bürger — Gesellschaft in Fesseln*, München, 235-253

280 (1972): Die Organisierbark(fit von Religionen und Kirchen, in: Wossner, J. (Hg:), Religion im,Umbruch Stuttgart, 245-285

281 (2001 (4), zuerst 1989): "Paradigm Lost: Über die ethische Reflexion der Moral. Rede anläßlich der Verleihung des Hegel-Preises 1988", in: o. Hg., *Paradigm Lost: Über die ethische Reflexion der Moral*, Frankfurt a.M., 9-48. (이 책에서는 Ferdinand Enke 출판사의 Stuttgart 1988판 개별 판본에서 인용했다.)

282 (1987, zuerst 1983): "Paradigmawechsel in der Systemtheorie. Ein Paradigma fur Fortschritt?", in: Herzog, R./R. Koselleck (Hg.), *Epochenschwelle und Epochenbewußtsein. Poetik und Hermeneutik XII*, München, 305-322

283 (2004(2), zuerst 1993): "Das Paradox der Menschenrechte und drei Formen seiner Entfaltung", in: Ders., *Soziologische Aufklärung 6. Die Soziologie und der Mensch*, Wiesbaden, 229-236

284 (1990): "The Paradox of System Differentiation and the Evolution of Society", in: Alexander, J.C./P. Colomy (eds.), *Differentiation Theory and Social Change. Comparative and Historical Perspectives*, New York u.a., 409-440

285 (1993): "Die Paradoxie des Entscheidens", in: *Verwaltungsarchiv, Bd. 84, H.3*, 287-310

286 (2001, zuerst 1993): "Die Paradoxie der Form", in: Ders., *Aufsätze und Reden, hg. v. O. Jahraus*, Stuttgart, 243-261

287 (1995): "The Paradoxy of Observing Systems", in: *Cultural Critique, Vol. 31, Fall*, 37-55

288 (1993): "'Die Parteien versagen vor dem Problem, den Menschen unsere Gesellschaft verstandlich zu machen.' Ein Gespräch mit dem Soziologen Niklas Luhmann", in: *Universitas, Jg. 48, 1. Bd., H.1*, 1-10

289 (2004(3), zuerst 1987): "Partizipation und legitimation. Die Ideen und die Erfahrungen", in: Ders., *Soziologische Aufklärung 4. Beiträge zur funktionalen Differenzierung der Gesellschaft*, Wiesbaden, 152-160

290 (2004(3), zuerst 1983): "Perspektiven fur Hochschulpolitik", in: Ders., *Soziologische Aufklärung 4. Beiträge zur funktionalen Differenzierung der Gesellschaft*, Wiesbaden, 216-223

291 (1973): "Das Phänomen des Gewissens und die normative Selbstbestimmung der Persönlichkeit", in: Böckle, F./E.-W. Böckenförde (Hg.), *Naturrecht in der Kritik*, Mainz, 223-243

292 (1994): "Politicians, Honesty and the Higher Amorality of Politics", in: *Theory, Culture & Society, Vol. 11, N. 2*, 25-36

293 (1997): "Politik, Demokratie, Moral", in: Konferenz der Deutschen Akademien der Wissenschaften (Hg.), *Normen, Ethik und Gesellschaft*, Mainz, 17-39

294 (2002): *Die Politik der Gesellschaft*, hg. v. A. Kieserling, Frankfurt a.M.

295 (1991): "Politik und Moral. Zum Beitrag von Otfred Höffe", in: *Politische Vierteljahresschrift, Jg. 32*, 497-500

296 (1995): "Politik und Wirtschaft", in: *Merkur, Jg. 49, H. 7*, 573-581

297 (1997(2), zuerst 1972): "Politikbegriffe und 'Politisierung' der Verwaltung", in: o. Hg., *Demokratie und Verwaltung. 25 Jahre Hochschule fur Verwaltungswissenschaften Speyer, 2. Autl*., Berlin, 211-228

298 (2004(4), zuerst 1974): "Der politische Code. 'Konservativ' und 'progressiv' in systemtheoretischer Sicht", in: Ders., *Soziologische Aufklärung 3. Soziales System, Gesellschaft, Organisation*, Wiesbaden, 267-286

299 (1977): "Der politische Code. Zur Entwirrung von Verwirrungen", in: *Kölner Zeitschrift für Soziologie und Sozialpsychologie, Jg. 29*, 157-159

300 (1994(4), zuerst 1971): *Politische Planung. Aufsätze zur Soziologie von Politik und Verwaltung*, Opladen

301 (1994(4), zuerst 1966): "Politische Planung", in: Ders., *Politische Planung. Aufsätze zur Soziologie von Politik und Verwaltung*, Opladen, 66-89

302 (1989): "Politische Steuerung. Ein Diskussionsbeitrag", in: *Politische Vierteljahresschrift, Jg. 30, H. I*, 4-9

303 (1993): "Politische Steuerungsfähigkeit eines Gemeinwesens", in: Göhmer, R. (Hg.), *Die Gesellschaft für morgen*, München-Zürich, 50-65

304 (1981): Politische Theorie im Wohlfahrtsstaat, Milnchen

305 (1973): "Politische Verfassungen im Kontext des Gesellschaftssystems", in: *Der Staat, Jg. 12*, 1-22 (1. Teil)과 165-182 (2. Teil)

306 (2004(7), zuerst 1967): "Positives Recht und Ideologie", in: Ders., *Soziologische Aufklärung I. Aufsätze zur Theorie sozialer Systeme*, Wiesbaden, 178-203

307 (1988): "Positivität als Selbstbestimmtheit des Rechts", in: *Rechtstheorie, Bd. 19, N. I*, 11-27

308 (1999, zuerst 1970) : "Positivität des Rechts als Voraussetzung einer modernen Gesellschaft", in: Ders., *Ausdifferenzierung des Rechts. Beiträge zur Rechtssoziologie und Rechtstheorie*, Frankfurt a.M., 113-153

309 (2004(7), zuerst 1969): "Die Praxis der Theorie", in: Ders., *Soziologische Aufklärung 1. Aufsätze zur Theorie sozialer Systeme*, Wiesbaden, 253-267

310 (1985): "Das Problem der Epochenbildung und die Evolutionstheorie", in: Gumbrecht, H.U./U. Link-Heer (Hg.), *Epochenschwellen und Epochenstrukturen im Diskurs der Literatur- und Sprachhistorie*, Frankfurt a.M., 11-33

311 (1977): "Probleme eines Parteiprogramms", in: Baier, H. (Hg.), *Freiheit und Sachzwang. Beiträge zu Ehren Helmut Schelskys*, Opladen, 167-181

312 (1992, zuerst 1991): "Probleme der Forschung in der Soziologie", in: Ders., *Universität als Milieu, hg. v. A. Kieserling*, Bielefeld, 69-73

313 (2004(2), zuerst 1995): "Probleme mit operativer Schließung", in: Ders., *Soziologische Aufklärung 6. Die Soziologie und der Mensch*, Wiesbaden, 12-24

314 (1999, zuerst 1981): "Die Profession der Juristen. Kommentare zur Situation in der Bundesrepublik Deutschland", in: Ders., *Ausdifferenzierung des Rechts. Beiträge zur Rechtssoziologie und Rechtstheorie*, Frankfurt a.M., 173-190

315 (1997(2), zuerst 1996): *Protest. Systemtheorie und soziale Bewegungen, hg. u. eingel. v. K.-U. Hellmann*, Frankfurt a.M.

316 (1997(2), zuerst 1995): Protestbewegungen, in: Ders., *Protest. Systemtheorie und soziale Bewegungen, hg. u. eingel. v. K.-U. Hellmann*, Frankfurt a.M., 201-215

317 (1993): "Quod omnes tangit ... Anmerkungen zur Rechtstheorie von

Jurgen Habermas", in: *Rechtshistorisches Journal, Bd. 12*, 36-56

318 (1994): "Der 'Radikale Konstruktivismus' als Theorie der Massenmedien? Bemerkungen zu einer irreführenden Debatte", in: *Communicatio Socialis, Jg. 27, H. 1*, 7-12

319 (2004(3), zuerst 1995): *Die Realität der Massenmedien*, Wiesbaden

320 (1999, zuerst 1986): "Recht als soziales System", in: *Zeitschrift für Rechtssoziologie, Jg. 20, H. 1*, 1-13

321 (2002(4), zuerst 1993): *Das Recht der Gesellschaft*, Frankfurt a.M.

322 (1997(2), zuerst 1966): *Recht und Automation in der öffentlichen Verwaltung. Eine verwaltungswissenschaftliche Untersuchung*, Berlin

323 (1976): "Rechtsprechung als professionelle Praxis", in: Gebauer, B. (Hg.), *Material Über Zukunftsaspekte der Rechtspolitik, Politische Akademie Eichholz, Materialien Heft 36*, Eichholz, 67-71

324 (1987(3), zuerst 1980): *Rechtssoziologie*, Opladen

325 (1974): *Rechtssystem und Rechtsdogmatik*, Stuttgart

326 (1999, zuerst 1972): "Rechtstheorie im interdisziplinären Zusammenhang", in: Ders., *Ausdifferenzierung des Rechts. Beiträge zur Rechtssoziologie und Rechtstheorie*, Frankfurt a.M., 191-240

327 (1999, zuerst 1981): "Rechtszwang und politische Gewalt", in: Ders., *Ausdifferenzierung des Rechts. Beiträge zur Rechtssoziologie und Rechtstheorie*, Frankfurt a.M., 154-172

328 (2001(4), zuerst 1989): "Reden und Schweigen", in: Ders;/P. Fuchs, *Reden und Schweigen*, Frankfurt a.M., 7-20

329 (1992): "Reduktion von Komplexität", in: Ritter, J./K. Gründer (Hg.), *Historisches Wörterbuch der Philosophie, Bd. 8*, Basel, 377-378

330 (2004(7), zuerst 1966): "Reflexive Mechanismen", in: Ders., *Soziologische Aufklärung 1. Aufsätze zur Theorie sozialer Systeme*, Wiesbaden, 92-112

331 (1982, zuerst 1974): "Reform des öffentlichen Dienstes: Ein Beipiel für die Schwierigkeiten der Verwaltungsreform", in: Remer, A. (Hg.), *Verwaltungsführung*, Berlin-New York, 319-339

332 (1994(4), zuerst 1971): "Reform des offentlichen Dienstes. Zum Problem ihrer Probleme", in: *Ders., Politische Planung. Aufsätze zur Soziologie von Politik und Verwaltung*, Opladen, 203-256

333 (1994(4), zuerst 1970): "Reform und Information. Theoretische

Überlegungen zur Reform der Verwaltung", in: Ders., *Politische Planung. Aufsätze zur Soziologie von Politik und Verwaltung*, Opladen, 181-202

334. (1972): "Religiöse Dogmatik und gesellschaftliche Evolution", in: Dahm, K.-W./N. Luhmann/O. Stoodt, *Religion. System und Sozialisation*, Neuwied a.Rh., 15-132

335 (1998): "Religion als Kommunikation", in: Tyrell, H./V. Krech/H. Knoblauch (Hg.), *Religion als Kommunikation*, Würzburg, 133-145

336 (1996): "Religion als Kultur", in: Kallscheuer, O. (Hg.), *Das Europa der Religionen*, Frankfurt a.M., 291-315

337 (1972): "Religion als System. Thesen", in: Dahm, K.-W./N. Luhmann/O. Stoodt, *Religion. System und Sozialisation*, Neuwied a.Rh., 11-15

338 (2002): *Die Religion der Gesellschaft*, hg. v. Andre Kieserling, Frankfurt a.M.

339 (1991): "Religion und Gesellschaft", in: *Sociologia Internationalis, Bd. 29, H. 2*, 133-139

340 (1984): *Religious Dogmatics and the Evolution of Society*, New York

341 (1991): "Replik des Autors auf die Besprechung des Buches Niklas Luhmann, Die Wirtschaft der Gesellschaft, Frankfurt a.M. 1989 durch Richard Münch und Claus Offe in: Soziologische Revue, Jg. 13, H. 4, 1990, 381-393", in: *Soziologische Revue, Jg. 14, H. 2*, 258-261

342 (1987): Die "Richtigkeit soziologischer Theorie", in: *Merkur, Jg. 41, H. 1*, 36-49

343 (1971): "Die Risiken der Wahrheit und die Perfektion der Kritik", in: Saame, O./P. Schneider (Hg.), *Wissenschaft und Kritik. Eine interdisziplinäre Ringvorlesung, Mainzer Universitätsgespräche 1971*, Mainz, 30-41

344 (2002(4), zuerst 1991): "Risiko aufalle Fälle. Schwierigkeiten bei der Beschreibung der Zukunft", in: Gente, P./H. Paris/M. Weinmann (Hg.), *Niklas Luhmann. Short Cuts*, Frankfurt a.M., 91-98

345 (1995): "Das Risiko der Kausalität", in: *Zeitschrift für Wissenschaftsforschung, Jg. 9/10*, 107-119

346 (2004(3), zuerst 1990): "Risiko und Gefahr", in: Ders., *Soziologische Aufklärung 5. Konstruktivistische Perspektiven*, Wiesbaden, 131-169

347 (1996): "Das Risiko der Versicherung gegen Gefahren", in: *Soziale Welt, Jg. 43, H. 3*, 273-284

348 (2000): "Die Rückgabe des zwölften Kamels: Zum Sinn einer soziologischen Analyse des Rechts", in: Teubner, G. (Hg.), *Die Rückgabe des zwölften Kamels. Niklas Luhmann in der Diskussion über Gerechtigkeit, Sonderausgabe aus der Zeitschrift für Rechtssoziologie Bd.21, H.1*, 2000, Stuttgart, 3-60

349 (2004(4), zuerst 1979): "Schematismen der Interaktion", in: Ders. *Soziologische Aufklärung 3. Soziales System, Gesellschaft, Organisation*, Wiesbaden, 81-100

350 (1991): "Schwierigkeiten bei der Beschreibung der Zukunft", in: Scholl, A.A. (Hg.), *Zwischen gestern und morgen*, München, 56-59

351 (1987): "Schwierigkeiten mit dem Aufhören", in: Baecker, D./G. Stanitzek (Hg.), *Archimedes und wir*, Berlin, 74-98

352 (1992, zuerst 1984): "Die Selbstbeschreibung der Gesellschaft und die Soziologie", in: Ders. *Universität als Milieu*, hg. v. A. Kieserling, Bielefeld, 137-146

353 (1981): "Selbstlegitimation des Staates", in: Achterberg, N./W. Krawietz (Hg.), *Legitimation des modernen Staates, Archiv für Rechts- und Sozialphilosophie, Beiheft 15*, Wiesbaden, 65-83

354 (1991): "Selbstorganisation und Information im politischen System", in: Niedersen, U./L.Pohlmann (Hg.), *Der Mensch in Ordnung und Chaos, Selbstorganisation, Bd. 2*, Berlin, 11-26

355 (1997): "Selbstorganisation und Mikrodiversität: Zur Wissenssoziologie des neuzeitlichen Individualismus", in: *Soziale Systeme, Jg.3, H.1*, 23-32

356 (1988): "Selbstreferentielle Systeme", in: Simon, F.B. (Hg.), *Lebende Systeme. Wirklich-keitskonstruktionen in der systemischen Therapie*, Berlin-Heidelberg-New York u.a., 47-53

357 (1998(1,Nachdruck), zuerst 1980): "Selbstreferenz und binäre Schematisierung", in: Ders, *Gesellschaftsstruktur und Semantik. Studien zur Wissenssoziologie der modernen Gesellschaft, Bd. 1*, Frankfurt a.M, 301-313

358 (2000(1,Nachdruck), zuerst 1981): "Selbstreferenz und Teleologie in gesellschaftstheoreti-scher Perspektive", in: Ders. *Gesellschaftsstruktur und Semantik. Studien zur Wissenssoziologie der modernen Gesellschaft, Bd. 2*, Frankfurt a.M., 9-44

359 (1999, zuerst 1979): "Selbstreflexion des Rechtssystems.Rechtstheorie in

gesellschaftstheoretischer Perspektive", in: Ders. *Ausdifferenzierung des Rechts. Beiräge zur Rechtssoziologie und Rechtstheorie*, Frankfurt a.M., 419-450

360 (2004(7), zuerst 1968): "Selbststeuerung der Wissenschaft", in: Ders., *Soziologische Aufklärung 1. Aufsätze zur Theorie sozialer Systeme*, Wiesbaden, 232-252

361 (2004(5),zuerst 1973): "Selbst-Thematisierung des Gesellschaftssystems", in: Ders., *Soziologische Aufklärung 2. Aufsätze zur Theorie der Gesellschaft*, Wiesbaden, 72-102

362 (1986, zuerst 1984)"The Self-Reproduction of the Law and its Limits", in: Teubner, G. (ed.), *Dilemmas of Law in the Welfare State*, Berlin-New York, 111-127

363 (2002(4), zuerst 2000): *Short Cuts*, hg.v. P. Gente/H. Paris/M. Weinmann, Frankfurt a.M.

364 (1995): "Sich im Undurchschaubaren bewegen. Zur Veränderungsdynamik hochentwickelter Gesellschaften", in: Grossmann,R./E.E. Krainz/ M. Oswald (Hg.), *Veränderung in Organisationen.Management und Beratung*, Wiesbaden, 9-18

365 (1987): "Sicherheit und Risiko aus der Sicht der Sozialwissenschaften", in: Rheinisch-Westfälische Akademie der Wissenschaften, *Die Sicherheit technischer Systeme, 4. Akademie-Forum, Vorträge* Nr. 351, Opladen, 63-66

366 (1990(10), zuerst 1971): "Sinn als Grundbegriffder Soziologie", in: Habermas, J./N.Luhmann, *Theorie der Gesellschaft oder Sozialtechnologie — Was leistet die Systemforschung?*, Frankfurt a.M., 25-100

367 (1996): "Sinn der Kunst und Sinn des Marktes — zwei autonome Systeme", in: Millier, F./M. Millier (Hg.), *Markt und Sinn. Dominiert der Markt unsere Werte?*, Frankfurt-New York, 195-207

368 (1996): "Die Sinnform Religion", in: *Soziale Systeme, Jg. 2, H. 1*, 3-33

369 (1992): "Societal Complexity", in: Szell, G. (Hg.), *Concise Encyclopedia of Participation and Co-Management*, Berlin, 793-806

370 (1985): "Society, Meaning, Religion — Based on Self-Reference", in: *Sociological Analysis, Vol. 46*, 5-20

371 (1996): "The Sociology of the Moral and Ethics", in: *International Sociology, Vol. 11, N. 1*, 27-36

372 (Hg.) (1985): *Soziale Differenzierung. Zur Geschichte einer Idee*, Opladen

373 (2003(10), zuerst 1984): *Soziale Systeme. Grundriß einer allgemeinen Theorie*, Frankfurt a.M.

374 (2004(3), zuerst 1987): "Sozialisation und Erziehung", in: Ders., *Soziologische Aufklärung 4. Beiträge zur funktionalen Differenzierung der Gesellschaft*, Wiesbaden, 173-181

375 (2004(3), zuerst 1988): "Sozialsystem Familie", in: Ders., *Soziologische Aufklärung 5. Konstruktivistische Perspektiven*, Wiesbaden, 196-217

376 (2004(7), zuerst 1967): "Soziologie als Theorie sozialer Systeme", in: Ders., *Soziologische Aufklärung 1. Aufsätze zur Theorie sozialer Systeme*, Wiesbaden, 113-136

377 (1987, zuerst 1986): "Soziologie für unsere Zeit - seit Max Weber. Methodenbewußtsein und Grenzerfahrung einer Wissenschaft", in: Meyer, M. (Hg.), *Wo wir stehen. Dreißig Beiträge zur Kultur der Moderne*, Zürich, 53-59

378 (1978): "Soziologie der Moral", in: Ders./H. Pfürtner (Hg.), *Theorietechnik und Moral,* Frankfurt a.M., 8-116

379 (2004(7), zuerst 1968): "Soziologie des politischen Systems", in: Ders., *Soziologische Aufklärung 1. Aufsätze zur Theorie sozialer Systeme*, Wiesbaden, 154-"177

380 (2003, zuerst 1991): *Soziologie des Risikos*, Berlin-New York

381 (2004(2), zuerst 1985): "Die Soziologie und der Mensch", in: Ders., *Soziologische Aufklärung 6. Die Soziologie und der Mensch*, Wiesbaden, 265-274

382 (1999(1, Nachdruck), zuerst 1995): "Die Soziologie des Wissens: Probleme ihrer theoretischen Konstruktion", in: Ders., *Gesellschaftsstruktur und Semantik. Studien zur Wissenssoziologie der modernen Gesellschaft, Bd. 4*, Frankfurt a.M., 151-180

383 (1984): "Soziologische Aspekte des Entscheidungsverhaltens", in: *Die Betriebswirtschaft, Jg. 44, H. 4,* 591-604

384 (2004(7), zuerst 1970): *Soziologische Aufklärung 1. Aufsätze zur Theorie sozialer Systeme*, Wiesbaden

385 (2004(5), zuerst 1975): *Soziologische Aufklärung 2. Aufsätze zur Theorie der Gesellschaft*, Wiesbaden

386 (2004(4), zuerst 1981): *Soziologische Aufkärung 3. Soziales System,*

Gesellschaft, Organisation, Wiesbaden

387 (2004(3), zuerst 1987): *Soziologische Aufklärung 4. Beiträge zur funktionalen Differenzierung der Gesellschaft*, Wiesbaden

388 (2004(3), zuerst 1990): *Soziologische Aufklärung 5. Konstruktivistische Perspektiven*, Wiesbaden

389 (2004(2), zuerst 1995): *Soziologische Aufklärung 6. Die Soziologie und der Mensch*, Wiesbaden

390 (2004(7), zuerst 1967): "Soziologische Aufklärung", in: Ders., *Soziologische Aufklärung 1. Aufsätze zur Theorie sozialer Systeme*, Wiesbaden, 66-71

391 (1986): *Die soziologische Beobachtung des Rechts*, Frankfurt a.M.

392 (1965): "Spontane Ordnungsbildung", in: Morstein Marx, F. (Hg.), *Verwaltung. Eine einführende Darstellung*, Berlin, 163-183

393 (1987): "Sprache und Kommunikationsmedien. Ein schieflaufender Vergleich", in: *Zeitschrift für Soziologie, Jg. 16, H. 6*, 467-468

394 (1984): "Der Staat als historischer Begriff", in: Storme, M., *Mijmeringen van een Jurist bij 1984*, Antwerpen, 139-154

395 (1998): "Der Staat des politischen Systems — Geschichte und Stellung in der Weltgesellschaft", in: Beck, U. (Hg.), *Perspektiven der Weltgesellschaft*, Frankfurt a.M., 345-380

396 (1977): "Staat und Gesellschaft (Interview)", in: o. Hg., *Soziologische Positionen*, Frankfurt a.M., 42-60

397 (2004(3), zuerst 1984): "Staat und Politik. Zur Semantik der Selbstbeschreibung politischer Systeme", in: Ders., *Soziologische Aufklärung 4. Beiträge zur funktionalen Differenzierung der Gesellschaft*, Wiesbaden, 74-103

398 (1998(1, Nachdruck), zuerst 1989): "Staat und Staatsraison im Obergang van traditionaler Herrschaft zu moderner Politik", in: Ders., *Gesellschaftsstruktur und Semantik. Studien zur Wissenssoziologie der modernen Gesellschaft, Bd. 3*, Frankfurt a.M., 65-148

399 (2002(4), zuerst 1996): "Statistische Depression. Zahlen in den Massenmedien", in: Gente, P./H. Paris/M. Weinmann (Hg.), *Niklas Luhmann. Short Cuts*, Frankfurt a.M., 107-112

400 (1992, zuerst 1968): "Status Quo als Argument", in: Ders., *Universität als Milieu, hg. v. A. Kieserling*, Bielefeld, 16-29

401 (1971): "Das 'Statusproblem' und die Reform des öffentlichen Dienstes",

in: *Zeitschrift für Rechtspolitik, Jg. 4*, 49-52

402 (1990): "Die Stellung der Gerichte im Rechtssystem", in: *Rechtstheorie, Bd. 21, H. 4*, 459-473

403 (1992): "Stellungnahme", in: Krawietz, W./M. Welker (Hg.), *Kritik der Theorie sozialer Systeme. Auseinandersetzungen mit Luhmanns Hauptwerk*, Frankfurt a.M., 371-386

404 (1990): "Steuerung durch Recht? Einige klarstellende Bemerkungen", in: *Zeitschrift für Rechtssoziologie, Jg. 11*, 137-160

405 (1990, zuerst 1988): "Sthenographie", in: Ders./U. Maturana/M. Redder/ F. Varela, *Beobachter. Konvergenzen der Erkenntnistheorien?*, München, 119-137

406 (1991): "Sthenographie und Euryalistik", in: Gumbrecht, H.U./K.L. Pfeiffer (Hg.), *Paradoxien, Dissonanzen, Zusammenbrüche. Situationen offener Epistemologie*, Frankfurt a.M., 58-82

407 (1987): "Defizite. Bemerkungen zur systemtheoretischen Analyse des Erziehungswesens", in: Oelkers, J./H.-E. Tenorth (Hg.), *Pädagogik, Erziehungswissenschaft und Systemtheorie*, Weinheim-Basel, 57-75

408 (2000(1, Nachdruck), zuerst 1981): "Subjektive Rechte. Zum Umbau des Rechtsbewußtseins für die moderne Gesellschaft", in: Ders., *Gesellschaftsstruktur und Semantik. Studien zur Wissenssoziologie der modernen Gesellschaft, Bd. 2*, Frankfurt a.M., 45-104

409 (1979): "Suche der Identität und Jdentität der Suche. Ober teleologische und selbstreferentielle Prozesse", in: Marquard, O./K. Stierle (Hg.), *Identität*, Milnchen, 593-594

410 (2004(4), zuerst 1974): "Symbiotische Mechanismen", in: Ders., *Soziologische Aufklärung 3. Soziales System, Gesellschaft, Organisation*, Wiesbaden, 228-244

411 (1974): "System — Systemtheorie", in: Wulf, C. (Hg.), *Wörterbuch der Erziehung*, München, 582-585

412 (1992): "System und Absicht der Erziehung", in: Ders./K.E. Schorr, *Zwischen Absicht und Person. Fragen an die Pädagogik*, Frankfurt a.M., 102-124

413 (1989): "Systemansatz und Strukturkonzept", in: *Philosophisches Jahrbuch, Jg. 96*, 97-100

414 (1986): "Systeme verstehen Systeme", in: Ders./K..E. Schorr, *Zwischen*

Intransparenz und Verstehen. Fragen an die Pädagogik, Frankfurt a.M., 72-117

415 (1974): "Die Systemreferenz von Gerechtigkeit. In Erwiderung auf die Ausführungen von Ralf Dreier", in: *Rechtstheorie, Bd. 5, H. 1/2*, 201-203

416 (1972): "Systemtheoretische Ansätze zur Analyse von Macht", in: o. Hg., *Systemtheorie. Forschung und Information, Bd. 12*, Berlin, 473-482

417 (1990(10), zuerst 1971): "Systemtheoretische Argumentationen. Eine Entgegnung auf Jürgen Habermas", in: Habermas, J./N. Luhmann, *Theorie der Gesellschaft oder Sozialtechnologie — Was leistet die Systemforschung?*, Frankfurt a.M., 291-404

418 (1999, zuerst 1972): "Systemtheoretische Beiträge zur Rechtstheorie", in: Ders., *Ausdifferenzierung des Rechts. Beiträge zur Rechtssoziologie und Rechtstheorie*, Frankfurt a.M., 241-272

419 (2004(5), zuerst 1975): "Systemtheorie, Evolutionstheorie und Kommunikationstheorie", in: Ders., *Soziologische Aufklärung 2. Aufsätze zur Theorie der Gesellschaft*, Wiesbaden, 193-203

420 (1997(2), zuerst 1994): "Systemtheorie und Protestbewegungen. Ein Interview", in: Ders., Protest. *Systemtheorie und soziale Bewegungen, hg. u. eingel. v. K.-U. Hellmann*, Frankfurt a.M., 175-200

421 (1992): "Die Systemtheorie zwischen Involution und Normativitat. Ein Interview mit Niklas Luhmann", in: *Symptome, Jg. 10*, 46-56

422 (1996): "Takt und Zensur im Erziehungssystem", in: Luhmann, N./K.E. Schorr (Hg.), *Zwischen System und Umwelt. Fragen an die Pädagogik*, Frankfurt a.M., 279-294

423 (1980): "Talcott Parsons — Zur Zukunft eines Theorieprogramms", in: *Zeitschrift für Soziologie, Jg. 9, H. 1*, 5-17

424 (1997(2), zuerst 1987): "Tautologie und Paradoxie in den Selbstbeschreibungen der modernen Gesellschaft", in: Ders., *Protest. Systemtheorie und soziale Bewegungen, hg. u. eingel. v. K.-U. Hellmann*, Frankfurt a.M., 79-106

425 (1987): "'Technik und Ethik' aus soziologischer Sicht", in: *Rheinisch-Westfälische Akademie der Wissenschaften, Technik und Ethik, 2. Akademie-Forum, Vortrage G 284*, Opladen, 31-34

426 (1990): "Technology, Environment and Social Risk: A Systems

Perspective", in: *Industrial Crisis Quarterly, Vol. 4, N. 3*, 223-231

427 (1998(1, Nachdruck), zuerst 1978): "Temporalisierung von Komplexität. Zur Semantik neuzeitlicher Begriffe", in: Ders., *Gesellschaftsstruktur und Semantik. Studien zur Wissenssoziologie der modernen Gesellschaft, Bd. 1*, Frankfurt a.M., 235-300

428 (2004(4), zuerst 1980): "Temporalstrukturen des Handlungssystems. Zum Zusammenhang von Handlungs- und Systemtheorie", in: Ders., *Soziologische Aufklärung 3. Soziales System, Gesellschaft, Organisation*, Wiesbaden, 126-150

429 (1982): "Territorial Borders as System Boundaries", in: Strassoldo, R./G.D. Zotti (eds.), *Cooperation and Conflict in Border Areas*, Milano, 235-244

430 (2004(4)): "Theoretische Orientierung der Politik", in: Ders., *Soziologische Aufklärung 3. Soziales System, Gesellschaft, Organisation*, Wiesbaden, 287-292

431 (2004(4), zuerst 1977) : "Theoretische und praktische Probleme der anwendungsbezogenen Sozialwissenschaft", in: Ders., *Soziologische Aufklärung 3. Soziales System, Gesellschaft, Organisation*, Wiesbaden, 321-334

432 (1984): "Die Theorie der Ordnung und die natürlichen Rechte", in: *Rechtshistorisches nal, Bd. 3*, 133-149

433 (1989): "Theorie der politischen Opposition", in: *Zeitschrift für Politik, Jg. 36, H. 1*, 13-26

434 (1976): "'Theorie und Praxis' und die Ausdifferenzierung des Wissenschaftssystems", in: o. Hg., *Teorie en praxis in de sociologiese teorie, Serie Amsterdams Sociologische Tijdschrift, Teorie No. I*, Amsterdam, 28-37

435 (1966): *Theorie der Verwaltungswissenschaft. Bestandsaufnahme und Entwurf*, KolnBerlin

436 (2000(1, Nachdruck), zuerst 1981): "Theoriesubstitution in der Erziehungswissenschaft. Von der Philanthropie zum Neuhumanismus", in: Ders., *Gesellschaftsstruktur und Semantik. Studien zur Wissenssoziologie der modernen Gesellschaft, Bd. 2*, Frankfurt a.M., 105-184

437 (1986): "The Theory of Social Systems and Its Epistemology. Reply to Danilo Zola's Critical Comments", in: *Philosophy of the Social Sciences, Jg. 16*, 129-134

438 (1988): "Therapeutische Systeme — Fragen an Niklas Luhmann", in:

Simon, F.B. (Hg.), *Lebende Systeme. Wirklichkeitskonstruktionen in der systemischen Therapie*, BerlinHeidelberg-New York u.a., 124-138

439 (1988): "The Third Question. The Creative Use ofParadoxes in Law and Legal History", in: *Journal of Law and Society, Vol. 15*, 153-165

440 (1968): "Tradition und Mobilität. Zu den 'Leitsätzen der Verwaltungspolitik'", in: *Recht und Politk*, 49-53

441 (2000): "Tradition und Modernitat. Über Beziehungen zwischen Religion und Wissenschaft, hg. u. komm. v. R.-M. E Jacobi (Bonn) u. Mitw. v. R. Stichweh (Bielefeld)", in: Jacobi, R.-M.E. (Hg.), *Geschichte zwischen Erlebnis und Erkenntnis, Selbstorganisation Bd. 10*, Berlin, 395-401

442 (1979): *Trust and Power*, Chichester

443 (2004(2), zuerst l994): "Die Tücke des Subjekts und die Frage nach dem Menschen", in: Ders., *Soziologische Aufklärung 6. Die Soziologie und der Mensch*, Wiesbaden, 155-168

444 (2004(4), zuerst 1975): "Über die Funktion der Negation in sinnkonstituierenden Systemen", in: Ders., *Soziologische Aufklärung 3. Soziales System, Gesellschaft, Organisation*, Wiesbaden, 35-49

445 (1988): "Über, Kreativität", in: Gumbrecht, H.-U. (Hg.), *Kreativität — Ein verbrauchter Begriff?*, München, 13-19

446 (1999(1, Nachdruck), zuerst 1995): "Über Natur", in: Ders., *Gesellschaftsstruktur und Semantik. Studien zur Wissenssoziologie der modernen Gesellschaft, Bd. 4*, Frankfurt a.M., 9-30

447 (1990): "Über systemtheoretische Grundlagen der Gesellschaftstheorie", in: *Deutsche Zeitschrift für Philosophie, Jg. 38, H. 3*, 277-284

448 (1997(2), zuerst 1996): "Umweltrisiko und Politik", in: Ders., *Protest. Systemtheorie und soziale Bewegungen, hg. u. eingel. v. K.-U. Hellmann*, Frankfurt a.M,, 160-174

449 (1993, zuerst 1992): "Die Unbeliebtheit der Parteien", in: Unseld, S. (Hg.), *Politik ohne Projekt? Nachdenken Über Deutschland*, Frankfurt a.M., 43-53

450 (1992): *Universität als Milieu, hg. v. A Kieserling*, Bielefeld

451 (1992, zuerst 1983): "Die Universität als organisierte Institution", in: Ders., *Universität als Milieu, hg. v. A Kieserling*, Bielefeld, 90-99

452 (1994): "Unsere Zukunft hängt von Entscheidungen ab (Gespräch mit Rudolf Maresch)", in: *Am Ende vorbei. Gespräche mit Oskar Negt u.a.*

geführt von *Rudolf Maresch*, Wien, 152-174

453 (2004(3), zuerst 1987): "Die Unterscheidung Gottes", in: Ders., *Soziologische Aufklärung 4. Beiträge zur funktionalen Differenzierung der Gesellschaft*, Wiesbaden, 226-253

454 (2004(3), zuerst 1987): "Die Unterscheidung von Staat und Gesellschaft", in: Ders., *Soziologische Aufklärung 4. Beiträge zur funktionalen Differenzierung der Gesellschaft*, Wiesbaden, 67-73

455 (2004(4), zuerst 1979): "Unverständliche Wissenschaft. Probleme einer theoriegeleiteten Sprache", in: Ders., *Soziologische Aufklärung 3. Soziales System, Gesellschaft, Organisation*, Wiesbaden, 170-177

456 (2004(4), zuerst 1981): "Die Unwahrscheinlichkeit der Kommunikation", in: Ders., *Soziologische Aufklärung 3. Soziales System, Gesellschaft, Organisation*, Wiesbaden, 25-34

457 (1991, zuerst 1989): "Der Ursprung des Eigentums und seine Legitimation. Ein historischer Bericht", in: Krawietz, W./A.A. Martino/K.I. Winston (Hg.), *Technischer Imperativ und Legitimationskrise des Rechts, Beiheft 15 der Zeitschrift für Logik, Methodenlehre, Kybernetik und Soziologie des Rechts*, Berlin, 43-57

458 (2004(4), zuerst 1975): "Veränderungen im System gesellschaftlicher Kommunikation und die Massenmedien", in: Ders., *Soziologische Aufklärung 3. Soziales System, Gesellschaft, Organisation*, Wiesbaden, 309-320

459 (1990): "Verfassung als evolutionäre Errungenschaft", in: *Rechtshistorisches Journal, Bd. 9*, 176-220

460 (1972): "Verfassungsmäßige Auswirkungen der elektronischen Datenverarbeitung", in: *Öffentliche Verwaltung und Datenverarbeitung, Jg. 2*, 44-47

461 (1991): "Verständigung über Risiken und Gefahren", in: *Die politische Meinung, Jg. 36.1, Nr. 258*, 86-95

462 (2000(4), zuerst 1968): *Vertrauen. Ein Mechanismus der Reduktion sozialer Komplexität*, Stuttgart

463 (1970(6)): "Verwaltungswissenschaft I", in: o. Hg., *Staatslexikon, 6. Aufl., 11. Bd., 3. Ergänzungsband*, Freiburg, Sp. 606-620

464 (1967): "Verwaltungswissenschaft in Deutschland", in: *Recht und Politik, o. Jg.*, 123-128

465 (1993): "Das Volk steigt aus", in: *Die Politische Meinung, Jg. 38.1*, 91-94

466 (1987, zuerst 1985): "Vom menschlichen Leben (Interview mit C. Camarda u.a.)", in: Baecker, D./G. Stanitzek (Hg.), *Archimedes und wir*, Berlin, 38-57

467 (o,J. (1985)): "Von der allmählichen Auszehrung der Werte. Sind die Zeiten gesellschafllicher Utopien fur immer vorbei?", in: Voswinkel, G. (Hg.), *Mindener Gespräche, Bd. 2: Referate und Diskussionen der Universitätswoche* 1985, o.O., 69-76

468 (1982): "Die Voraussetzung der Kausalität", in: Ders./K.E. Schorr, *Zwischen Technologie und Selbstreferenz. Fragen an die Pädagogik*, Frankfurt a.M., 41-50

469 (2004(4), zuerst 1981): "Vorbemerkungen zu einer Theorie sozialer Systeme", in: Ders., *Soziologische Aufklärung 3. Soziales System, Gesellschaft, Organisation*, Wiesbaden, 11-24

470 (I991): "Vorwort", in: Baecker, D., *Womit handeln Banken?*, Frankfurt a.M., 7-12

471 (1986): "Vorwort", in: Markowitz, J., *Verhalten im Systemkontext*, Frankfurt a.M., I-VI

472 (1984): "Vorwort von Niklas Luhmann", in: Souto, C., *Allgemeinste wissenschaftliche Grundlagen des Sozialen*, Wiesbaden, 9-12

473 (1992, zuerst 1975): "Wabuwabu in der Universität", in: Ders., *Universität als Milieu, hg. v. A. Kieserling*, Bielefeld, 30-48

474 (Interview) (1996): "'Wahrheit ist nicht zentral.' Woher wissen wir das, was wir wissen? Aus den Medien. Und was folgt daraus? Fragen an den Bielefelder Sozialwissenschafller, Fragesteller: D. Knipphals u. C. Schlüter", in: *Das Sonntagsblatt, Jg. 49, N. 42*, 28/29

475 (2004(7), zuerst 1962): "Wahrheit und Ideologie. Vorschläge zur Wiederaufnahme der Diskussion", in: Ders., *Soziologische Aufklärung I. Aufsätze zur Theorie sozialer Systeme*, Wiesbaden, 54-65

476 (1992): "Wahrnehmung und Kommunikation an Hand von Kunstwerken", in: Lux, H./P. Ursprung (Hg.), *Stillstand switches ... Ein Gedankenaustausch zur Gegenwartskunst. Stadthalle Zürich 1991*, Zürich, 65-74

477 (2004(2), zuerst I 989): "Wahrnehmung und Kommunikation sexueller Interessen", in: Ders., *Soziologische Aufklärung 6. Die Soziologie und*

der Mensch, Wiesbaden, 189-203

478 (1988): "Warum AGI!L?", in: *Kölner Zeitschrift für Soziologie und Sozialpsychologie, Jg. 40, H. 1*, 127-139

479 (1993): "'Was ist der Fall?' und 'Was Steckt dahinter?' Die zwei Soziologien und die Gesellschaflstheorie", in: *Zeitschrift für Soziologie, Jg. 22, H. 4*, 245-260

480 (2004(2), zuerst 1987): "Was ist Kommunikation?", in: Ders., *Soziologische Aufklärung 6. Die Soziologie und der Mensch*, Wiesbaden, 4-16

481 (1990): "Was tut ein Manager in einem sich selbst organisierenden System?", in: *gdiimpuls, o. Jg., H. 1*, 11-16

482 (2004(3), zuerst 1990): "Die Weisung Gottes als Form der Freiheit", in: Ders., *Soziologische Aufklärung 5. Konstruktivistische Perspektiven*, Wiesbaden, 77-94

483 (1986): "Die Welt als Wille ohne Vorstellung. Sicherheit und Risiko aus der Sicht der Sozialwissenschaften", in: *Die politische Meinung, Jg. 31*, 18-21

484 (1991): "Die Welt der Kunst", in: Zacharias, W. (Hg.), *Schöne Aussichten? Asthetische Bildung in einer technisch-medialen Welt, Essen*, 49-63

485 (2004(5), zuerst 1971): "Die Weltgesellschaft", in: Ders., *Soziologische Aufklärung 2. Aufsätze zur Theorie der Gesellschaft*, Wiesbaden, 51-71

486 (1995): "Die Weltgesellschafl und ihre Religion", in: *Solidarität, Jg. 45, H. 9/10*, 11-12

487 (1997, zuerst 1990): "Weltkunst", in: Gerhards, J. (Hg.), *Soziologie der Kunst. Produzenten, Vermittler und Rezipienten*, Opladen, 55-102

488 (2004(5), zuerst 1973): "Weltzeit und Systemgeschichte", in: Ders., *Soziologische Aufklärung 2. Aufsätze zur Theorie der Gesellschaft*, Wiesbaden, 103-133

489 (1992): "Wer kennt Wil Martens? Eine Anmerkung zum Problem der Emergenz sozialer Systeme", in: *Kölner Zeitschrift für Soziologie und Sozialpsychologie, Jg. 44, H. 1*, 139-142

490 (1989): "Wer sagt das? Eine Replik", in: *Delfin, Jg. 12*, 90-91

491 (1994): "Wessen Umwelt", in: Umweltbundesamt (Hg.), *Wissenschaften im ökologischen Wandel*, Berlin, 25-33

492 (1995): "Why Does Society Describe Itself as Postmodern?", in: *Cultural Critique, Vol. 30, Spring*, 171-186

493 (2004(3), zuerst 1984): "Widerstandsrecht und politische Gewalt", in: Ders., *Soziologische Aufklärung 4. Beiträge zur funktionalen Differenzierung der Gesellschaft*, Wiesbaden, 161-170

494 (2004(2), zuerst 1988): "Wie ist Bewußtsein an Kommunikation beteiligt?", in: Ders., *Soziologische Aufklärung 6. Die Soziologie und der Mensch*, Wiesbaden, 37-54

495 (2000(1, Nachdruck), zuerst 1981): "Wie ist soziale Ordnung moglich?", in: Ders., *Gesellschaftsstruktur und Semantik. Studien zur Wissenssoziologie der modemen Gesellschaft, Bd. 2*, Frankfurt a.M., 195-285

496 (1997): "'Wie konstruiert man in eine Welt, die so ist wie sie ist, Freiheiten hinein?' Interview mit T.M. Bardmann", in: Bardmann, T.M. (Hg.), *Zirkuläre Positionen. Konstruktivismus als praktische Theorie*, Opladen, 67-83

497 (2002, zuerst 1991): "Wie lassen sich latente Strukturen beobachten?", in: Watzlawick, P./P. Krieg (Hg.), *Das Auge des Betrachters. Beiträge zum Konstruktivismus. Festschrift für Heinz von Foerster*, Heidelberg, 61-74

498 (2002(4), zuerst 1994): "Wir haben wir gewählt. Aber haben wir wirklich gewählt — oder hat das Volks gewürfelt?", in: Gente, P./H. Paris/M. Weinmann (Hg.), *Niklas Luhmann. Short Cuts*, Frankfurt a.M., 99-106

499 (1992): "Wirtschaft als autopoietisches System. Bemerkungen zur Kritik von Karl-Heinz Brodbeck", in: *Zeitschrift für Politik, Jg. 39*, 191-194

500 (2004(7), zuerst 1971): "Wirtschaft als soziales System", in: Ders., *Soziologische Aufklärung 1. Aufsätze zur Theorie sozialer Systeme*, Wiesbaden, 204-231

501 (2002(4), zuerst 1988): *Die Wirtschaft der Gesellschaft*, Frankfurt a.M.

502 (1984): "Die Wirtschaft der Gesellschaft als autopoietisches System", in: *Zeitschrift für Soziologie, Jg. 13, H. 4*, 308-327

503 (1993): "Wirtschaftsethik — als Ethik?", in: Wieland, J. (Hg.), *Wirtschaftsethik und Theorie der Gesellschaft*, Frankfurt a.M., 134-147

504 (2002(4), zuerst 1990): *Die Wissenschaft der Gesellschaft*, Frankfurt a.M.

505 (2004(3), zuerst 1983): "Der Wohlfahrtsstaat zwischen Evolution und Rationalität", in: Ders., *Soziologische Aufklärung 4. Beiträge zur funktionalen Differenzierung der Gesellschaft*, Wiesbaden, l04-116

506 (1993): "Zeichen als Form", in: Baecker, D. (Hg.), *Probleme der Form*, Frankfurt a.M., 45-69

507 (1992): "Zeichen der Freiheit — oder Freiheit der Zeichen?", in: Charles, D./V. Flusser/N. Luhmann u.a., *Zeichen der Freiheit. Vorträge im Kunstmuseum Bern 1991 anläßlich der 21. Kunstausstellung des Europarates "Zeichen der Freiheit"*, Wabern-Bern, 55-77

508 (1996): "Zeit und Gedächtnis", in: *Soziale Systeme, Jg. 2, H. 2*, 307-330

509 (2004(4), zuerst 1979): "Zeit und Handlung. Eine vergessene Theorie", in: Ders., *Soziologische Aufklärung 3. Soziales System, Gesellschaft, Organisation*, Wiesbaden, 101-125

510 (1997): "Zettelkasten, fehlendes Schreibpersonal und die Arbeit an der Theorie", in: *Frankfurter Rundschau, o. Jg., Nr. 285*, 10

511 (2004(3), zuerst 1986): "Die Zukunft der Demokratie", in: Ders., *Soziologische Aufklärung 4. Beiträge zur funktionalen Differenzierung der Gesellschaft*, Wiesbaden, 126-132

512 (1990, zuerst 1976): "Die Zukunft kann nicht beginnen: Temporalstrukturen der modernen Gesellschaft", in: Sloterdijk, P. (Hg.), *Vor der Jahrtausendwende: Berichte zur Lage der Zukunft, Erster Band*, Frankfurt a.M., 119-150

513 (1985, zuerst 1984): "Zum Begriff der sozialen Klasse", in: Ders. (Hg.), *Soziale Differenzierung. Zur Geschichte einer Idee*, Opladen, 119-162

514 (1992): "Zum Geleit", in: Esposito, E., *L'operazione di osservazione. Construttivismo e teoria dei systemi sociali*, Milano, 7-1

515 (1990): "'Zunächst einmal schlage ich gar nichts vor.' Interview mit Niklas Luhmann — Teil II: 11 Über ökologische Kommunikation und Moral", in: *Zeitschrift für Entwicklungspädagogik, Jg. 13, H. 3*, 24-28

516 (1992): "Zur Einführung", in: Neves, M., *Verfassung und Positivität des Rechts in der peripheren Moderne. Eine theoretische Betrachtung und eine Interpretation des Falls Brasilien*, Berlin, 1-4

517 (1999, zuerst 1970): "Zur Funktion der 'subjektiven Rechte'", in: Ders., *Ausdifferenzierung des Rechts. Beiträge zur Rechtssoziologie und Rechtstheorie*, Frankfurt a.M., 360-373

518 (1976): "Zur systemtheoretischen Konstruktion von Evolution", in: Lepsius, M.R. (Hg.), *Zwischenbilanz der Soziologie. Verhandlungen des 17. Deutschen Soziologentages*, Stuttgart, 49-52

519 (1973): "Zurechnung von Beförderungen im öffentlichen Dienst", in: *Zeitschrift für Soziologie, Jg. 2*, 326-351

520 (1994(4), zuerst 1964): "Zweck — Herrschaft — System. Grundbegtiffe und Pramissen Max Webers", in: Ders., *Politische Planung. Aufsätze zur Soziologie von Politik und Verwaltung*, Opladen, 90-I 12

521 (1999(6), zuerst 1968): *Zweckbegriff und Systemrationalität. Über die Funktion von Zwecken in sozialen Systemen*, Frankfurt a.M.

522 (2004(3), zuerst 1981): "Zwei Quellen der Burokratisierung in Hochschulen", in: Ders., *Soziologische Aufklärung 4. Beiträge zur funktionalen Differenzierung der Gesellschaft*, Wiesbaden, 212-215

523 (1989): "Zwei Seiten des Rechtsstaates", in: o. Hg., *Conflict and Integration. Comparative Law in the World Today. The 40th Anniversary of The Institute of Comparative Law in Japan Chuo University 1988*, Tokyo, 493-506

524 (2004(3), zuerst 1987): "Zwischen Gesellschaft und Organisation. Zur Situation der Universitäten", in: Ders., *Soziologische Aufklärung 4. Beiträge zur funktionalen Differenzierung der Gesellschaft*, Wiesbaden, 202-211

525 _____/F. Becker (1963): *Verwaltungsfehler und Vertrauensschutz. Möglichkeiten gesetzlicher Regelung der Rücknehmbarkeit von Verwaltungsakten*, Berlin

526 _____/F.D. Bunsen/D. Baecker (1990): "Das Kabelkalb. Ein Gespräch über Kunst", in: Dies., *Unbeobachtbare Welt,* Bielefeld, 51-66

527 _____/F.D. Bunsen/D. Baecker (1990): *Unbeobachtbare Welt. Über Kunst und Architektur*, Bielefeld

528 _____/P. Fuchs (2001(4), zuerst 1989): *Reden und Schweigen*, Frankfurt a.M.

529 _____/H.D. Huber (1991): "Interview mit Niklas Luhmann", in: *Texte zur Kunst, Jg. 1, H. 4*, 121-133

530 _____/E. Lange (1975): "Abiturienten ohne Studium im öffentlichen Dienst. Einige Zusammenhänge zwischen Ausbildung und Karrieren", in: *Die Verwaltung, Jg. 8*, 230-251

531 _____/R. Mayntz (1973): *Personal im öffentlichen Dienst. Eintritt und Karrieren. Personaluntersuchung*, Baden-Baden

532 _____/M. Namiki/V. Redder/F. Varela (1992(2), zuerst 1990): *Beobachter: Konvergenz der Erkenntnistheorien?*, München

533 _____/W. Pannenberg (1978): "Die Allgemeingultigkeit der Religion", in:

Evangelische Kommentare, Jg. 11, 350-357

534 _____/K.E. Schorr (1976): "Ausbildung fur Professionen — Über-legungen zum Curriculum fur Lehrerausbildung", in: *Jahrbuch für Erziehungswissenschaft, o. Jg.*, 247-277

535 _____/K.E. Schorr (1996): "Einleitung", in: Dies., *Zwischen Absicht und Person. Fragen an die Pädagogik*, Frankfurt a.M., 7-13

536 _____/K.E. Schorr (1979): "'Kompensatorische Erziehung' unter pädagogischer Kontrolle?", in: *Bildung und Erziehung, Jg. 32*, 551-570

537 _____/K.E. Schorr (1982): "Personale Identität und Möglichkeiten der Erziehung", in: Dies., *Zwischen Technologie und Selbstreferenz. Fragen an die Pädagogik*, Frankfurt a.M., 224-261

538 _____/K.E. Schorr (1999(2, Nachdruck), zuerst 1979): *Reflexionsprobleme im Erziehungssystem*, Frankfurt a.M., Neudruck mit Nachwort

539 _____/K.E. Schorr (1988): "Strukturelle Bedingungen von Reformpädagogik. Soziologische Analysen zur Pädagogik der Moderne", in: *Zeitschrift für Pädagogik, Jg. 34, H. 4*, 463-480

540 _____/K.E. Schorr (1982): "Das Technologiedefizit der Erziehung und die Pädagogik", in: Dies., *Zwischen Technologie und Selbstreferenz. Fragen an die Pädagogik*, Frankfurt a.M., 11- 40

541 _____/K.E. Schorr (1980): "Wie ist Erziehung möglich? Eine wissenschaftssoziologische Analyse der Erziehungswissenschaft", in: *Zeitschrift für Sozialisationsforschung und Erziehungssoziologie, Jg. 1*, H. 1, 37-54

542 _____/K.E. Schorr (1992): *Zwischen Absicht und Person. Fragen an die Pädagogik*, Frankfurt a.M.

543 _____/K.E. Schorr (1990): *Zwischen Anfang und Ende. Fragen an die Pädagogik*, Frankfurt a.M.

544 _____/K.E. Schorr (1986): *Zwischen Intransparenz und Verstehen. Fragen an die Pädagogik*, Frankfurt a.M.

545 _____/K.E. Schorr (Hg.) (1996): *Zwischen System und Umwelt. Fragen an die Pädagogik*, Frankfurt a.M.

546 _____/K.E. Schorr (1982): *Zwischen Technologie und Selbstreferenz. Fragen an die Pädagogik*, Frankfurt a.M.

547 Sciulli, D./N. Luhmann (1994): "An Interview with Niklas Luhmann", in: *Theory, Culture & Society, Vol. 11, N. 2*, 37-68

일반 참고문헌

Ahlemann, H.W. (1995): *Soziale Bewegungen als Kommunikationssystem. Einheit, Umweltverhältnis und Funktion eines sozialen Phänomens*, Opladen

Ahlemeyer, H.W. (1990): "*Funktionale Differenzierung und die Konstruktion technischer Risiken*", in: Tschiedel, R. (Hg.), Die technische Konstruktion der sozialen Wirklichkeit. Gestaltungsperspektiven der Techniksoziologie, München, 193-207

Alber, J. (1989): "*Die Steuerung des Gesundheitswesens in vergleichender Perspektive*", in: Journal für Sozialforschung, Jg. 29, H. 3, 259-284

Albert, M. (1999): "*Observing World Politics. Luhmann's Systems Theory of Society and Jnternational Relations*", in: Millenium, Vol. 28, N. 2, 239-265

Albrecht, C. (1986): *Liebe als System — zur Passion des Codierens. Eine fragmentarische Glosse über Niklas Luhmann oder: die Macht und Ohnmacht der Gefühle*, in: Soziologie, o. Jg., H. 2, 104-116

Ammassari, P. (1985): "*Gültigkeit und Legitimität der Kausalanalyse*", in: Annali di Sociologia, Vol. 1, N. 1, 118-140

Anderson, N.A. (2003): *Discursive Analytical Strategies. Understanding Foucault*, Koselleck, Laclau, Luhmann, Bristol

Ardigo, A. (1987): "*Jenseits der Pendelbewegungen in der Entwicklung der Theorien der Sozialsysteme*", in: Annali di Sociologia, Vol. 3, N. 2, 42-64

Arnold, R. (1995): "*Luhmann und die Folgen: Vom Nutzen der neueren Systemtheorie für die Erwachsenenpädagogik*", in: Zeitschrift für Pädagogik, Jg. 41, H. 4, 599-614

Aschke, M. (2002): *Kommunikation, Koordination und soziales System. Theoretische Grundlagen für die Erklärung der Evolution von Kultur und Gesellschaft*, Stuttgart

Baecker, D. (1986): " '*Explosivstoff Selbstreferenz'. Eine Paraphrase zu Niklas Luhmann, Soziale Systeme: Grundriß einer allgemeinen Theorie*", in: Archiv für Rechts- und Sozialphilosophie, Jg. 72, 246-256

_____ (1987): "*Das Gedächtnis der Wirtschaft*", in: Ders./J. Markowitz/ R. Stichweh u.a. (Hg.), Theorie als Passion. Niklas Luhmann zum 60. Geburtstag, Frankfurt a.M., 519-546

_____ (1988a): *Information und Risiko in der Marktwirtschaft*, Frankfurt a.M.

_____ (1988b): "*Die Ökologie der Angst*", in: Verhaltenstherapie und psychosoziale Praxis, Jg. 20, H. 3, 301-313

_____ (1989): "*Steuerung im Markt: zur These paradoxer Systemkonstitution am Beispiel einer Analyse der Wirtschaft*", in: Glagow, M./H. Willke (Hg.), Dezentrale Gesellschaftssteuerung. Probleme der Integration polyzentrischer Gesellschaften, Pfaffenweiler, 31-54

_____ (1990): "*Die Kunst der Unterscheidungen*", in: ars electronica (Hg.), Im Netz der Systeme, Berlin, 7-39

_____ (1991a): "*Die Beobachtung der Paradoxie des Geldes*", in: Gumbrecht, H.U./K.L. Pfeiffer (Hg.), Paradoxien, Dissonanzen, Zusammenbrüche. Situationen offener Epistemologie, Frankfurt a.M., 174-186

_____ (1991b): *Womit handeln Banken?*, Frankfurt a.M.

_____ (1992): "*Die Unterscheidung zwischen Bewußtsein und Kommunikation*", in: Krohn, W./G. Küppers (Hg.), Emergenz. Die Entstehung von Ordnung, Organisation und Bedeutung, Frankfurt a.M., 217-268

_____ (1993): *Die Form des Unternehmens*, Frankfurt a.M.

_____ (1994a): "*Soziale Hilfe als Funktionssystem der Gesellschaft*", in: Zeitschrift für Soziologie, Jg. 23, 93-110

_____ (1994b): "*Die Wirtschaft ais seibstreferentielles soziales System*", in: Lange, E. (Hg.), Der Wandel der Wirtschaft. Soziologische Perspektiven, Berlin, 17-45

_____ (1996a): "*Der Einwand der Kultur*", in: Berliner Journal für Soziologie, Jg. 6, H. 1, 5-14

_____ (1996b): "*Gewalt im System*", in: Soziale Welt, Jg. 47, 92-109

_____ (1997a): "*George Spencer-Brown und der feine Unterschied. Sein Kalkül belehrte nicht nur Luhmann*", in : FAZ 1997, Nr. 238

_____ (1997b): "*Helfen im Kontext eines Funktionssystems*", in: Vogel, H.-C./J. Kaiser (Hg.), Neue Anforderungsprofile in der Sozialen Arbeit. Probleme, Projekte, Perspektiven, Aachen, 41-54

_____ (1998): "*Die bessere Gesellschaft*", in: Ders., Poker im Osten, Berlin, 131-144

_____ (1999a): *Organisation als System*, Frankfurt a.M.

_____ (1999b): *"Preisbildung an der Börse"*, in: Soziale Systeme, Jg. 5, 287-312

_____ (1999c): *"Unbestimmte Kultur"*, in: Koschorke, A./C. Vismann (Hg.), Widerstände der Systemtheorie. Kulturtheoretische Analysen zum Werk von Niklas Luhmann, Berlin, 29-46

_____ (2000a): *"Eine bestimmt unbestimmte Gesellschaft"*, in: Ethik und Sozial-wissenschaften, Jg. 11, H. 2, 209-212

_____ (2000b): *"Kommunikation im Medium der Information"*, in: Maresch, R./N. Werber (Hg.), Kommunikation Medien Macht, 2. Aufl., Frankfurt a.M., 174-191

_____ (2001a(2)): *Wozu Kultur?*, 2. erw. Aufl., Berlin

_____ (2001b): *"Kapital als strukturelle Kopplung"*, in: Soziale Systeme, Jg. 7, H. 2, 314-3 28

_____ (2002): *"Die Form der Zahlung"*, in: Leviathan, Sonderheft 21: Die gesellschaftliche Macht des Geldes, 73-82

Bahrenberg, G./K. Kuhm (1998): *"Weltgesellschaft und Region — eine systemtheoretische Perspektive"*, in: Geographische Zeitschrift, Jg. 87, 193-209

Baier, H. (1989): *Soziologie als Aufklärung - oder die Vertreibung der Transzendenz aus der Gesellschaft. Niklas Luhmann zum 60. Geburtstag*, Konstanzer Universitätsreden 168, Konstanz

Bakken, T./T. Hemes (eds.) (2003): *Autopoietic Organization Theory. Drawing on Niklas Luhmann's Social Systems Perspective*, Oslo-Malmo.

Balke, F. (1999): *"Dichter, Denker und Niklas Luhmann. Über den Sinnzwang in der Systemtheorie"*, in: Koschorke, A./C. Vismann (Hg.), Widerstände der Systemtheorie. Kulturtheoretische Analysen zum Werk von Niklas Luhmann, Berlin, 135-157

Bango, J. (1998): *Auf dem Weg zur postglobalen Gesellschaft. Verlorenes Zentrum, abgebaute Peripherie, „ erfundene" Region*, Berlin

Baraldi, C./G. Corsi/E. Esposito (1997): *GLU Glossar zu Niklas Luhmanns Theorie sozialer Systeme*, Frankfurt a.M.

Barben, D. (1996): *Theorietechnik und Politik bei Niklas Luhmann. Grenzen einer universalen Theorie der modernen Gesellschaft*, Opladen

_____ (1998): *"'Funktionale Differenzierung' als regulierendes Resultat. Zur analytischen Rekonstruktion des Verhältnisses von Theorietechnik und*

Politik bei Luhmann", in: Schweizerische Zeitschrift für Soziologie, Jg. 24, H. 3, 479-510

_____ (2001) : "*Die Wirtschaft der modernen Gesellschaft. Luhmanns soziologische Aufklärung als kritische Apologetik*", in: Demirovic, A. (Hg.), Komplexität und Emanzipation. Kritische Gesellschaftstheorie und die Herausforderung der Systemtheorie, Münster, 101-147

Bardmann, T.M. (1995): "*Rhetorik als Irritation der Politik: z. B. Niklas Luhmann*", in: Kopperschmidt, J. (Hg.), Politik und Rhetorik. Funktionsmodelle Politischer Rede, Opladen, 239- 267

_____ (2000): "*Soziale Arbeit im Licht der Systemtheorie Niklas Luhmanns*", in: Gripp-Hagelstange, H. (Hg.), Niklas Luhmanns Denken. Interdisziplinäre Einflüsse und Wirkungen, Konstanz, 75-103

Bardmann, T.M./D. Baecker (Hg.) (2000): "*Gibt es eigentlich den Berliner Zoo noch?*" *Erinnerungen an Niklas Luhmann*, Konstanz

Bardmann, T.M./A. Lamprecht (1999): *Systemtheorie verstehen. Eine multimediale Einführung in systemisches Denken*. CD-ROM mit Lehrbuch, Wiesbaden

Bassler, M. (1998): "*Systeme kann man nicht lesen*", in: Rechtshistorisches Journal, Bd. 17, 387-404

Bauch, J. (1996): *Gesundheit als sozialer Code. Von der Vergesellschaftung des Gesundheitswesens zur Medikalisierung der Gesellschaft*, Weinheim-München

_____ (2000): "*Selbst- und Fremdbeschreibung des Gesundheitswesens. Anmerk-ungen zu einem absonderlichen Sozialsystem*", in: de Berg, H/J Schmidt (Hg.), Rezeption und Reflexion. Zur Resonanz der Systemtheorie Niklas Luhmanns außerhalb der Soziologie, Frankfurt a.M., 387-410

Baum, R.C./F.J. Lechner (1987): "*Zum Begriff der Hierarchie: Von Luhmann zu Parsons*", in: Baecker, D./J. Markowitz/R. Stichweh, R. u.a. (Hg.), Theorie als Passion. Niklas Luhmann zum 60. Geburtstag, Frankfurt a.M., 298-332

Beckenbach, F. (1989): *Die Wirtschaft der Systemtheorie*, in: Das Argument, Jg. 31, H. 6, 887-904

Becker, F./E. Reinhardt-Becker (2001): *Systemtheorie. Eine Einführung für die Geschichts- und Kulturwissenschaften*, Frankfurt-New York

Bednarz, J. (1984): "*Functional Method and Phenomenology: The View of Niklas Luhmann*", in: Human Studies, Vol. 7, N. 3-4, 343-362

Beermann, W. (1993(2)): "*Luhmanns Autopoiesisbegriff — 'Order From Noise?'*", in: Fischer, H.R. (Hg.), Autopoiesis. Eine Theorie im Brennpunkt der Kritik, zweite korr. Aufl., Heidelberg, 243-261

Beetz, M. (2003): *Organisation und Gesellschaft. Eine systemtheoretische Analyse des Verhältnisses von Organisationen zu gesellschaftlichen Funktionssystemen*, Hamburg

Bendel, K. (1993): "*Funktionale Differenzierung und gesellschaftliche Rationalität. Zu Niklas Luhrnanns Konzeption des Verhältnisses von Selbstreferenz und Koordination in modernen Gesellschaften*", in: Zeitschrift für Soziologie, Jg. 22, H. 4, 261-278

Bender, C. (1998): "*Macht — eine von Habermas und Luhmann vergessene Kategorie?*", in: Österreichische Zeitschrift für Soziologie, Jg. 23, H. 1, 3-19

_____ (2000): "*Das System der Logik ist das Reich der Schatten ...*", in: Merz-Benz, U./G. Wagner (Hg.), Die Logik der Systeme. Zur Kritik der systemtheoretischen Soziologie Niklas Luhmanns, Konstanz, 15-36

Berger, J. (1987): "*Autopoiesis — Endstation?*", in: Soziologische Revue, Jg. 12, 346-354

_____ (1989): "*Autopoiesis: Wie 'systemisch' ist die Theorie sozialer Systeme?*", in: Haferkamp, H./M. Schmid (Hg.), Sinn, Kommunikation und soziale Differenzierung. Beiträge zu Luhmanns Theorie sozialer Systeme, Frankfurt a.M., 129-152

_____ (2003): "*Neuerliche Anfragen an die Theorie der funktionalen Differenzierung*", in: Giegel, H.J./U. Schimank (Hg.), Beobachter der Moderne. Beiträge zu Niklas Luhmanns „Die Gesellschaft der Gesellschaft", Frankfurt a.M., 207-230

Berger, P.A. (1995): "*Anwesenheit und Abwesenheit. Raumbezüge sozialen Handelns*", in: Berliner Journal für Soziologie, Jg. 5, H. 1, 99-111

Berghahn, S. (1994): "*Verwaltung, Gleichheit, Gerechtigkeit. Der feministische und der systemtheoretische Blick — unvereinbar?*", in: Dammann, K. / D. Grunow/K.P. Japp (Hg.), Die Verwaltung des politischen Systems. Neuere systemtheoretische Zugriffe auf ein altes Thema, Opladen, 79-98

Berghaus, M. (2003): *Luhmann leicht gemacht. Eine Einführung in die Systemtheorie*, Koln-Weimar-Wien

Bergmann, J. (1987): *"Was bewegt die soziale Bewegung? Überlegungen zur Selbstkonstitution der „ neuen" sozialen Bewegungen"*, in: Baecker, D./J. Markowitz/R. Stichweh u.a. (Hg.), Theorie als Passion. Niklas Luhmann zum 60. Geburtstag, Frankfurt a.M., 362-393

Bergmann, W. (1994): *"Der externalisierte Mensch"*, in: Fuchs, P./A. Gobel (Hg.), Der Mensch — das Medium der Gesellschaft, Frankfurt a.M., 92-109

Bette, K.-H. (1987): *"Wo ist der Körper?"*, in: Baecker, D./J. Markowitz/ R. Stichweh u.a. (Hg.), Theorie als Passion. Niklas Luhmann zum 60. Geburtstag, Frankfurt a.M., 600-628

Beyer, P. (1998): *"The Modern Emergence of Religions and a Global Social System for Religion"*, in: International Sociology, Vol. 13, N. 2, 151-172

Beyerle, M. (1994): *Staatstheorie und Autopoiesis. Über die Auflösung der modernen Staatsidee im nachmodernen Denken durch die Theoretie autopoietischer Systeme und der Entwurf eines nachmodernen Staatskonzepts*, Frankfurt a.M. u.a.

Beyme, K.v. (1991): *"Ein Paradigmawechsel aus dem Geist der Naturwissenschaften: Die Theorien der Selbststeuerung von Systemen (Autopoiesis)"*, in: Journal für Sozialforschung, Jg. 31, H.1, 3-24

_____ (1995): *"Steuerung und Selbstregelung. Zur Entwicklung zweier Paradigmen"*, in: Journal für Sozialforschung, Jg. 35, H. 3/4, 197-217

_____ (1998): *"Niklas Luhmann und die 'sogenannte Postmoderne'"*, in: Rechtshistorisches Journal, Bd. 17, 405-414

Bieling, H.-J. (2001): *"Sozialstruktur und gesellschaftliche Entwicklung: zwischen funktionaler Differenzierung und kapitalistischer Organisationsstruktur"*, in: Demirovic, A. (Hg.), Komplexität und Emanzipation. Kritische Gesellschaftstheorie und die Herausforderung der Systemtheorie, Münster, 149-175

Blankenburg, E. (1994): *"Diskurs oder Autopoiesis: Lassen sich Rechtstheorien operationalisieren?"*, in: Zeitschrift für Rechtssoziologie, Jg. 15, H. 2, I 15-125

_____ (1995): *"Recht — Lebenswelt, Systemwelt oder Autopoiesis? — Drei Versuche, zu einer umfassenden Rechtssoziologie zu kommen"*, in:

Berliner Journal für Soziologie, Jg. 5, H. 2, 265-271

Bode, O.F. (1999): Systemtheoretische Überlegungen zum Verhältnis von Wirtschaft und Politik. Luhmanns Autopoiesiskonzept und seine exemplarische Anwendung auf Fragen wirtschaftspolitischer Steuerungsmöglichkeiten, Marburg

Bohn, C./A Hahn (2002): "*Patterns of Inclusion and Exclusion: Property, Nation and Religion*", in: Soziale Systeme, Jg. 8, H. 1, 8-26

Bohnen, A (1994): "*Die Systemtheorie und das Dogma von der Irreduzibilitat des Sozialen*", in: Zeitschrift für Soziologie, Jg. 23, H. 4, 292-305

Bolsinger, E. (2001): "*Autonomie des Rechts? Niklas Luhmanns soziologischer Rechtspositivismus — eine kritische Rekonstruktion*", in: Politische Vierteljahresschrift, Jg. 42, H. 1, 3-30

Bommes, M./A Scherr /Bode, O.F. (1996): Exklusionsvermeidung, Inklusionsvermittlung und/oder Exklusionsverwaltung. Zur gesellschaftstheoretischen Bestimmung Sozialer Arbeit, in: *Neue Praxis, Jg. 26, H. 2*, 107-123

Bonacker, T. (2002): "*Die Konflikttheorie der autopoietischen Systemtheorie*", in: Ders. (Hg.), Sozialwissenschaftliche Konflikttheorien. Eine Einführung, Opladen, 267-291

Bora, A (2002): "*"Wer gehört dazu?". Überlegungen zur Theorie der Inklusion*", in: Hellmann, K.U./R. Schmalz-Bruns (Hg.), Theorie der Politik. Niklas Luhmanns politische Soziologie, Frankfurt a.M., 60-84

Borger, D. (1999): "*Der Sinn des Rechnungswesens: Finanzinstrumente und die Reproduktion von Unternehmensgrenzen*", in: Soziale Systeme, Jg. 5, H. 1, 83-104

Brandt, S. (1993(2)): "*Systemzeit und Zeit sozialer Systeme. Zeitverständnis des Common Sense als evidenzsichernde Größe?*", in: Krawietz, W./M. Welker (Hg.), Kritik der Theorie sozialer Systeme. Auseinandersetzungen mit Luhmanns Hauptwerk, Frankfurt a.M., 162-177

Breuer, S. (1987): "*Adorno, Luhmann. Konvergenzen und Divergenzen von Kritischer Theorie und Systemtheorie*", in: Leviathan, Jg. 15, H. I, 91-125

_____ (1995): Adorno/Luhmann: *Die moderne Gesellschaft zwischen Selbst-referenz und Selbstdestruktion, in: Ders., Die Gesellschaft des Verschwindens. Von der Selbstzerstörung der technischen Zivilation*,

Hamburg, 75-119

Briegleb, K. (1989): *Unmittelbar zur Epoche des NS-Faschismus*, Frankfurt a.M.

Brill, A (1996): "'*Lost at Sea'; Die Realität der Massenmedien*", in: Soziale Systeme, Jg. 2, H. 2, 419-429

Brodbeck, K.-H. (1991): "*Wirtschaft als autopoietisches System? Anmerkungen zu N. Luhmanns Buch 'Die Wirtschaft der Gesellschaft'*", in: Zeitschrift für Politik, Jg. 38, H. 3, 317-326

Brodocz, A (1996): "*Strukturelle Kopplung durch Verbände*", in: Soziale Systeme, Jg. 2, H. 2, 361-387

_____ (2001): "*Die politische Theorie autopietischer Systeme: Niklas Luhmann*", in: Ders./G.S. Schaal (Hg.), Politische Theorien der Gegenwart 2. Eine Einführung, Opladen, 465-496

Brosziewski, A (2002): "*Beobachtungen der Moderne in der Systemtheorie von Niklas Luhmann*", in: Stark, C./C. Lahusen (Hg.), Theorien der Gesellschaft. Einführung in zentrale Paradigmen der soziologischen Gegenwartsanalyse, München, 99-126

Brunkhorst, H. (1988): "*Die ästhetische Konstruktion der Moderne. Adorno, Gadamer, Luhmann*", in: Leviathan, Jg. 16, H. 1, 77-96

Buchholz, M.-8. (1993): "*'Person' und 'Identität' in Luhmanns Systemtheorie. Eine kritische Auseinandersetzung*", in: System Familie, Jg. 6, H. 2, 110-122

Bühl, W. (1987): "*Grenzen der Autopoiesis*", in: Kölner Zeitschrift für Soziologie und Sozialpsychologie, Jg. 39, 225-254

_____ (1993(2)): "*Politische Grenzen der Autopoiese sozialer Systeme*", in: Fischer, H.R. (Hg.), Autopoiesis. Eine Theorie im Brennpunkt der Kritik, zweite korr. Aufl., Heidelberg, 201-225

_____ (2000): Luhmanns Flucht in die Paradoxie, in: Merz-Benz, P.-U./G. Wagner (Hg.), Die Logik der Systeme. Zur Kritik der systemtheoretischen Soziologie Niklas Luhmanns, Konstanz, 225-256

Burger, R. (1977): "*Systemtheorie als Gegenaufklärung. Zur Reduktion des Ideologiebegriffs bei Niklas Luhmann*", in: Österreichische Zeitschrift für Politikwissenschaft, Jg. 6, H. 1, 55-70

Buß, E./M. Schops (1979): "*Die gesellschaftliche Entdifferenzierung*", in: Zeitschrift für Soziologie, Jg. 8, H. 4, 315-329

Bußhoff, H. (1974): *"Zur neueren Diskussion des Sinnproblems. Einige politiktheoretische Bemerkungen"*, in: Kölner Zeitschrift für Soziologie und Sozialpsychologie, Jg. 26, H. 4, 715-741

_____ (1976): *"Der politische Code. Ein neuer Mythos in systemtheoretischer Sicht"*, in: Kölner Zeitschrift für Soziologie und Sozialpsychologie, Jg. 28, H. 2, 335-351

_____ (1993) : *"Der Staat als politisches System — Überlegungen zu einem (moglichen) Testfall für die Systemtheorie"*, in: Voigt, R. (Hg.), Abschied vom Staat — Rückkkehr zum Staat?, BadenBaden, 121-142

Calhoun, C. (1988-89): *"Social Theory and the Law: Systems Theory, Normative Justification, and Postmodernism"*, in: Northwestern University Law Review, Vol. 83, N. 1-2, 398-460

Christis, J. (2001): *"Luhmann's Theory of Knowledge. Beyond Realism and Constructivism"*, in: Soziale Systeme, Jg. 7, H. 2, 328-349

Christodoulidis, E.A. (1991): *"A Case for Reflexive Politics: Challenging Luhmann's Account of the Political System"*, in: Economy and Society, Vol. 20, N. 4, 380-401

Clam, J. (2000a): *"System's Sole Constituent, the Operation: Clarifying a Central Concept of Luhmannian Theory"*, in: Acta Sociologica, Vol. 43, N. 1, 63-79

_____ (2000b): *"Unbegegnete Theorie. Zur Luhmann-Rezeption in der Philosophie"*, in: de Berg, H./J. Schmidt (Hg.), Rezeption und Reflexion. Zur Resonanz der Systemtheorie Niklas Luhmanns außerhalb der Soziologie, Frankfurt a.M., 296-321

_____ (2001): *"Probleme der Kopplung von Nur-Operationen. Kopplung, Ver-werfung, Verdünnung"*, in: Soziale Systeme, Jg. 7, H. 2, 222-240

Corsi, G. (2000): *"Zwischen Irritation und Indifferenz. Systemtheoretische Anregungen für die Pädagogik"*, in: de Berg, H./J. Schmidt (Hg.), Rezeption und Reflexion. Zur Resonanz der Systemtheorie Niklas Luhmanns außerhalb der Soziologie, Frankfurt a.M., 267-295

_____ (2001): *"'Geräuschlos und unbemerkt': Zur Paradoxie struktureller Kop-plung"*, in: Soziale Systeme, Jg. 7, H. 2, 253-266

Dallmann, H.-U. (1994): *Die Systemtheorie Niklas Luhmanns und ihre theologische Rezeption*, Stuttgart

_____ (2000a): *"Immanenz, Transzendenz, Kontingenz. Luhmann und die*

Theologie", in: GrippHagelstange, H. (Hg.), Niklas Luhmanns Denken. Interdisziplinäre Einflüsse und Wirkungen, Konstanz, 105-137

_____ (2000b): "*Von Wortübernahmen, produktiven Missverständnissen und Reflexionsgewinnen*", in: de Berg, H./J. Schmidt (Hg.), Rezeption und Reflexion. Zur Resonanz der Systemtheorie Niklas Luhmanns außerhalb der Soziologie, Frankfurt a.M., 222-266

Damerow, P. (1998): "*Sprache und Schrift: Anmerkungen zu Niklas Luhmanns Theorie der Kommunikationsmedien*", in: Rechtshistorisches Journal, Bd. 17, 427-436

Dammann, K. (1994): Verwaltungshandeln: "*Wer, wie und wieviel davon?*", in: Dammann, K./D. Grunow/K.P. Japp (Hg.), Die Verwaltung des politischen Systems. Neuere systemtheoretische Zugriffe auf ein altes Thema, Opladen, 143-167

_____ (2000): "*Luhmannianische und Luhmannesque Gedanken in der Verwaltungsreflexion*", in: de Berg, H./J. Schmidt (Hg.), Rezeption und Reflexion. Zur Resonanz der Systemtheorie Niklas Luhmanns außerhalb der Soziologie, Frankfurt a.M., 469-510

_____ /D. Grunow/K. P. Japp (1994a) : "*Theorie der Verwaltungswissenschaft — nach mehr als einem Vierteljahrhundert*", in: Dies. (Hg.), Die Verwaltung des politischen Systems. Neuere systemtheoretische Zugriffe auf ein altes Thema, Opladen, 229-246

_____ (1994a): *Die Verwaltung des politische Systems. Neuere systemtheoretische Zugriffe auf ein altes Thema*, Opladen

de Berg, H. (1995): "*A Systems Theoretical Perspective on Communication*", in: Poetics Today, Vol. 16, N. 4, 709-736

_____ (2000): "*Kunst kommt von Kunst. Die Luhmann-Rezeption in der Literatur- und Kunstwissenschaft*", in: Ders./J. Schmidt (Hg.), Rezeption und Reflexion. Zur Resonanz der Systemtheorie Niklas Luhmanns außerhalb der Soziologie, Frankfurt a.M., 175-221

_____ (2001): "*Luhmann's Systems Theory and Its Applications in Literary Studies: A Bibliography*", in: European Journal of English Studies, Vol. 5, N. 3, 358-436

_____ /M. Prangel (Hg.) (1993): *Kommunikation und Differenz. Systemtheoretische Analysen in der Literatur- und Kunstwissenschaft*, Opladen

_____ /J. Schmidt (Hg.) (2000): *Rezeption und Reflexion. Zur Resonanz der*

Systemtheorie Niklas Luhmanns außerhalb der Soziologie, Frankfurt a.M.

Detlem, M. (1998): "*The Boundaries of Abortion Law. Systems Theory from Parsons to Luhmann and Habermas*", in: Social Forces, Vol. 76, N. 3, 775-818

Demirovic, A. (2001): "*Komplexität und Emanzipation*", in: Ders. (Hg.), Komplexität und Emanzipation. Kritische Gesellschaftstheorie und die Herausforderung der Systemtheorie, Münster, 13-52

di Fabio, U. (1991): *Offener Diskurs und geschlossene Systeme. Das Verhältnis von Individuum und Gesellschaft in argumentations- und systemtheoretischer Perspektive*, Berlin

Disselbeck, K. (1993): "*Die Ausdifferenzierung der Kunst als Problem der Ästhetik*", in: de Berg, H./M. Prangel (Hg.), Kommunikation und Differenz. Systemtheoretische Ansätze in der Literatur- und Kunstwissenschaft, Opladen, 137-158

Dobbelaere, K. (1984): "*Secularization Theories and Sociological Paradigma: Convergences and Divergences*", in: Social Compass, Vol. 31, 2-3, 199-219

Dotzler, B.J. (1998): "'*... dieses Lesen, meine ich, hat doch das Unangenehme, daß man gewissermaßen genötigt wird, an das zu denken, was man liest': Zur Literaturtheorie der Systemtheorie*", in: Rechtshistorisches Journal, Bd. 17, 438-448

Dreier, R. (1974): "*Zu Luhmanns systemtheoretischer Neuformulierung des Gerechtigkeitsproblems*", in: Rechtstheorie, Bd. 5, 189-200

_____ (1983): "*Kelsen, H, Luhmann, N. Positivität des Rechts aus rechtswissenschaftlicher und systemtheoretischer Perspektive*", in: Rechtstheorie, Bd. 14, H. 4, 419-458

Drepper, T. (1998): "'*Unterschiede, die keine Unterschiede machen.' Inklusionsprobleme im Erziehungssystem und Reflexionsleistungen der Integrationspädagogik*", in: Soziale Systeme, 4. Jg., H. 1, 59-85

Droste, O. (1990): "*Niklas Luhmanns Systemtheorie und das Fernsehen*", in: Communicatio Socialis, Jg. 23, H. 3, 185-195

Druwe, U. (1989): "*Rekonstruktion der 'Theorie der Autopoiese' als Gesellschafts- und Steuerungsmodell*", in: Görlitz, A. (Hg.), Politische Steuerung sozialer Systeme. Mediates Recht als politisches Steuerungskonzept, Pfaffenweiler, 35-58

_____ (1990): "*Recht als autopoietisches System. Zur Kritik des reflexiven Rechtskonstrukts*", in: Jahresschrift für Rechtspolitologie, Jg. 4, I 03-120

Dür, W. (1997): "*Systemtheorie sensu Luhmann. Eine Einführung*", in: Richter, R./K.-M. Brunner, Soziologische Paradigmen. Eine Einführung in klassische und moderne Konzepte der Gesellschaft, Wien, 109-134

Dunsire, A. (1996): "*Tipping the Balance. Autopoiesis and Governance*", in: Administration & Society, Vol. 28, N. 3, 299-334

Dziewas, R. (1993(2)): "*Der Mensch — ein Konglomerat autopoietischer Systeme?*", in: Krawietz, W./M. Welker (Hg.), Kritik der Theorie sozialer Systeme. Auseinandersetzungen mit Luhmanns Hauptwerk, Frankfurt a.M., 113-132

Eley, L. (1974): "Komplexität als Erscheinung", in: Maciejewski, F. (Hg.), Theorie der Gesellschaft oder Sozialtechnologie. Theoriediskussion Supplement 2, Frankfurt a.M., 130-153

_____ (1986): "Soziale Systeme und deren Logik. Kritische Anmerkungen zu Luhmanns Begriff von Sinn und Selbstreferenz in seiner Arbeit 'Soziale Systeme'", in: Archivio di Filosofia, Vol. 54, 77-105

Ellrich, L. (1992): "Die Konstitution des Sozialen. Phänomenologische Motive in N. Luhmanns Systemtheorie", in: Zeitschrift für philosophische Forschung, Jg. 46, H. I, 24-43

_____ (1998): "Der unbezeichnete Faschismus", in: Rechtshistorisches Journal, Bd. 17, 449-465

_____ (1999): ",Tragic Choices' — Überlegungen zur selektiven Wahrnehmung der Systemtheorie am Beispiel des Nationalsozialismus", in: Koschorke, A./C. Vismann (Hg.), Widerstände der Systemtheorie. Kulturtheoretische Analysen zum Werk von Niklas Luhmann, Berlin, 159-172

_____ (2000): "Desinformierende Mitteilungen über Luhmanns allzu verständliche Kommunikation mit Hegel", in: Merz-Benz, P.-U./G. Wagner (Hg.), Die Logik der Systeme. Zur Kritik der systemtheoretischen Soziologie Niklas Luhmanns, Konstanz, 73-126

Englisch, F. (1991): "Strukturprobleme der Systemtheorie — Philosophische Reflexionen zu Niklas Luhmann", in: Mtiller-Doohm, S. (Hg.), Jenseits der Utopie. Theoriekritik der Gegenwart, Frankfurt a.M., 196-235

Esposito, E. (1995): "Interaktion, Interaktivität und Personalisierung der Massenmedien", in: Zeitschrift für Soziologie, Jg. 1, H. I , 225-260

_____ (1996a): "From Self-Reference to Autology: How to Operationalize a Circular Approach", in: Social Science Information, Vol. 35, N. 2, 269-281

_____ (1996b): "Die Orientierung an Differenzen: Systemrationalität und kybernetische Rationalität", in: Ziemke, A./R. Kaehr (Hg.), Realitäten und Rationalitäten. Selbstorganisation Bd. 6, Berlin, 161-176

_____ (2000(2)): "Macht als Persuasion oder Kritik der Macht, 2. Aufl" , in: Maresch, R./N. Werber (Hg.), Kommunikation Medien, Macht, Frankfurt a.M., 83-107

Esser, H. (1991): "Aufklärung als Passion ——. (Zwischen-) Betrachtungen als Theorie", in: Soziologische Revue, Jg. 14, H. 1, 5-13

_____ (1994): "'Kommunikation' und 'Handlung'", in: Rusch, G./S.J. Schmidt (Hg.), Konstruktivismus und Sozialtheorie, Frankfurt a.M., 172-204

Fach, W./B. Reiser (1990): "Sonntag im System. Autopoietische Aspekte des Kampfes um das freie Wochenende", in: Zeitschrift für Soziologie, Jg. 19, H. 2, I 10-126

Filippov, A (2000): "Wo befinden sich Systeme? Ein blinder Fleck der Systemtheorie", in: MerzBenz, P.-U./G. Wagner (Hg.), Die Logik der Systeme. Zur Kritik der systemtheoretischen Soziologie Niklas Luhmanns, Konstanz, 381-410

Firsching, H. (1998): "Ist der Begriff der 'Gesellschaft' theoretisch haltbar? Zur Problematik des Gesellschaftsbegriffe in Niklas Luhmanns, 'Die Gesellschaft der Gesellschaft'", in: Soziale Systeme, 4. Jg., H. I, 161-171

Flasch, K. (1998): "Zwischen Gesellschaftsspekulation und Feldforschung. Am Beispiel Nikolaus von Kues", in: Rechtshistorisches Journal, Bd. 17, 466-476

Foerster, H. v. (1993): "für Niklas Luhmann: Wie rekursiv ist Kommunikation?", in: Teoria Sociologica, Vol. 2, N. 1, 61-85

Fohrmann, J./H. Müller (Hg.) (1996): Systemtheorie der Literatur, München

Friedrichs, J./E. Sens (1976): "Systemtheorie und Theorie der Gesellschaft. Zur gegenwärtigen Kybernetik-Rezeption in den Sozialwissenschaften", in: Kölner Zeitschrift für Soziologie und Sozialpsychologie, Jg. 28, H. 1, 27-47

Fritscher, W. (1996): "Romantische Beobachtungen. Niklas Luhmanns soziologische Aufklärung als moderne soziologische Romantik", in: Soziale Systeme, Jg. 2, H. I, 35-51

Fuchs, P. (1987): "Vom Zeitzauber der Musik Eine Diskussionsanregung", in: Baecker, D./J. Markowitz/R. Stichweh u.a. (Hg.), Theorie als Passion. Niklas Luhmann zum 60. Geburtstag, Frankfurt a.M., 214-237

_____ (1991): "Kommunikation mit Computern? Zur Korrektur einer Fragestellung", in: Sociologia Internationalis, Jg. 29, H.1, 1-30

_____ (1993(2)): Niklas Luhmann — beobachtet. Eine Einführung in die Systemtheorie, Opladen

_____ (1996a): "The New Wars of Truth: Conflicts over Science Studies as Differential Modes of Observation", in: Social Science Information, Vol. 35, N. 2, 307-326

_____ (1996b): "Von der Überwindung der Furcht — Niklas Luhmanns soziologische Aufklärung und andere Wege der Erleuchtung", in: Berliner Debatte INITIAL, o. Jg., H. 4; 84-95

_____ (1997): Das seltsame Problem der Weltgesellschaft. Eine Neubrandenburger Vorlesung, Opladen

_____ (1998): "Das Unbewußte in Psychoanalyse und Systemtheorie. Die Herrschaft der Verlautbarung und die Erreichbarkeit des Bewußtseins", Frankfurt a.M.

_____ (1999a): Intervention und Erfahrung, Frankfurt a.M.

_____ (1999b): Liebe, Sex und solche Sachen. Zur Konstruktion moderner Intimsysteme, Konstanz

_____ (2001): Das Weltbildhaus und die Siebensachen der Moderne. Sozialphilosophische Vorlesungen, Konstanz

_____ /D. Buhrow/M. Krüger (1994): "Die Widerständigkeit der Behinderten. Zum Problem der lnklusion/Exklusion von Behinderten in der ehe-maligen DDR", in: Fuchs, P./A. Göbel (Hg.), Der Mensch — das Medium der Gesellschaft?, Frankfurt a.M., 239-263

Fuchs, S./D.A. Marshall (1998): "Across the Great (and Small) Divides", in: Soziale Systeme, Jg. 4, H. I, 5-30

Ftillsack, M. (1998): "Geltungsansprüche und Beobachtungen zweiter Ordnung. Wie nahe kommen sich Diskurs- und Systemtheorie?", in: Soziale Systeme, 4. Jg., H. 1, 187-198

Gabriel, K. (1979): Analysen der Organisationsgesellschaft. Ein kritischer

Vergleich der Gesellschaftstheorie Max Webers, Niklas Luhmanns und der phänomenologischen Soziologie, Frankfurt-New York

Ganssmann, H. (1986a): "Geld - ein symbolisch generalisiertes Medium der Kommunikation? Zur Geldlehre in der neueren Soziologie", in: Probleme des Klassenkampfes, Jg. 16, H. 2, 6-22

_____ (1986b): "Kommunikation und Reproduktion. Über Niklas Luhmanns Buch: Soziale Systeme. Grundriß einer allgemeinen Theorie", Frankfurt 1984, in: Leviathan, Jg. 14, H. 1, 143-156

_____ (1996): Geld und Arbeit. Wirtschaftssoziologische Grundlagen einer Theorie der modernen Gesellschaft, Frankfurt-New York

Gause, U./H. Schmidt (1993(2)): "Das Erziehungssystem als soziales System. Codierung und Programmierung — Binnendifferenzierung und Integration", in: Krawietz, W./M. Welker (Hg.), Kritik der Theorie sozialer Systeme. Auseinandersetzungen mit Luhmanns Hauptwerk, Frankfurt a.M., 178-199

Gehring, P. (1999): "Benjamins Kritik und Luhmanns Beobachtung. Perspektiven einer Zeittheorie der Gewalt", in: Soziale Systeme, Jg. 5, H. 2, 339-363

Gerhards, J. (1984): Wahrheit und Ideologie. Eine kritische Einführung in die Systemtheorie von Niklas Luhmann, Köln

_____ (1993) : "Funktionale Differenzierung der Gesellschaft und Prozesse der Entdifferenzierung", in: Fischer, H.R. (Hg.), Autopoiesis. Eine Theorie im Brennpunkt der Kritik, zweite korr. Autl., Heidelberg, 263-280

_____ (2001): "Der Aufstand des Publikums. Eine systemtheoretische Interpretation des Kulturwandels in Deutschland zwischen 1960 und 1980", in: Zeitschrift für Soziologie, Jg. 30, H. 3, 163- 184

Giegel, H.-J. (1975): System und Krise. Kritik der Luhmannschen Gesellschaftstheorie, Frankfurt

_____ (1987): "Interpenetration und reflexive Bestimmung des Verhältnisses von psychischem und sozialem System", in: Haferkamp, H./M. Schmid (Hg.), Sinn, Kommunikation und soziale Differenzierung. Beiträge zu Luhmanns Theorie sozialer Systeme, Frankfurt a.M., 212-244

_____ (1991): "Über Systeme und Lebenswelten", in: Soziologische Revue, Jg. 14, H. 1, 14-20

_____ (1997): "Moral und funktionale Differenzierung", in: Soziale Systeme,

Jg. 3, H. 2, 327-350

Giesecke, M. (1987): "Die 'Grundfragen der Allgemeinen Sprachwissenschaft' und die alternativen Antworten einer systemischen Kommunikationstheorie", in: Baecker, D./J. Markowitiz/R. Stichweh u.a. (Hg.), Theorie als Passion. Niklas Luhmann zum 60. Geburtstag, Frankfurt a.M., 269-297

Gilgemann, K. (1986a): "Autopoiesis und Selbstsozialisation. Zur systemtheoretischen Rekonstruktion von Sozialisationstheorie", in: Zeitschrift für Sozialisationsforschung und Erziehungssoziologie, Jg. 6, H. 1, 71-90

_____ (1986b) : "Sozialisation als Evolution psychischer Systeme. Ein Beitrag zur systemtheoretischen Konstruktion von Sozialisationstheorie", in: Unverferth, H.-J. (Hg.), System und Selbstproduktion. Zur Erschließung eines neuen Paradigmas in den Sozialwissenschaften, Frankfurt a.M., 192-229

_____ (1997): "Kommunikation - ein Reißverschlußmodell", in: Soziale Systeme, Jg. 3, H. 1, 33-56

Gizewski, C. (1998): "Systemtheorie und Historik. Niklas Luhmanns Arbeit aus der Sicht eines Althistorikers", in: Rechtshistorisches Journal, Bd. 17, 477-492

Göbel, A. (2000a): "Politikwissenschaft und Gesellschaftstheorie. Zu Rezeption und versäumter Rezeption der Luhmann'schen Systemtheorie", in: de Berg, H./J. Schmidt (Hg.), Rezeption und Reflexion. Zur Resonanz der Systemtheorie Niklas Luhmanns außerhalb der Soziologie, Frankfurt a.M., 134-174

_____ (2000b): Theoriegenese als Problemgenese. Eine problemgeschichtliche Rekonstruktion der soziologischen Systemtheorie Niklas Luhmanns, Konstanz

Göbel, M./J.F.K. Schmidt (1998): "Inklusion/Exklusion — Are we too blind to see?: Karriere, Probleme und Differenzierungen eines systemtheoretischen Begriffspaars", in: Soziale Systeme, Jg. 4, H. 1, 87-117

Götke, P. (1995): "Sozialstruktur und Semantik. Der wissenssoziologische Ansatz Niklas Luhmanns", in: Danish Yearbook of Philosophy, Vol. 30, 68-95

Grathoff, R. (1987): "Über die Einfalt der Systeme in der Vielfalt der Lebenswelt. Eine Antwort auf Niklas Luhmann", in: Archiv für Rechts- und Sozialphilosophie, Jg. 73, H. 2, 252-263

Greshoff, R. (1997): "Wie vergleichbar ist Luhmanns Theorie des Sozialen? Exemplarische Überlegungen zu Luhmanns grundlegendem 'Sinn-(system)'", in: Sociologia Internationalis, Jg. 35, H. 2, 217-245

───── (1998): "'Handlung' als Grundlagenkonzept der Sozialwissenschaften?", in: Balog, A./M. Gabriel (Hg.), Soziologische Handlungstheorie. Einheit oder Vielfalt, Österreichische Zeitschrift für Soziologie, Sb. 4, Opladen — Wiesbaden, 123-154

───── (1999): Die theoretischen Konzeptionen des Sozialen von Max Weber und Niklas Luhmann im Vergleich, Opladen

───── (2003): "Kommunikation als subjekthaftes Handlungsgeschehen — behindern 'traditionelle' Konzepte eine 'genaue begriffliche Bestimmung des Gegenstandes Gesellschaft'", in: Giegel, H.-J./U. Schimank (Hg.), Beobachter der Moderne. Beiträge zu Niklas Luhmanns "Die Gesellschaft der Gesellschaft", Frankfurt a.M., 71-113

Greven, M.T. (1998): "Endgültige Abschiede? Fragmentarische Überlegungen zu Niklas Luhmann", in: Ders. u.a. (Hg.), Bürgersinn und Kritik. Festschrift für Udo Bermbach zum 60. Geburtstag, Baden-Baden, 29-48

Grimm, K. (1974): Niklas Luhmanns "Soziologische Aufklärung" oder Das Elend der aprioristischen Soziologie, Hamburg

Gripp-Hagelstange, H. (1991): "Vom Sein zur Selbstreferentialität. Überlegungen zur Theorie autopoietischer Systeme Niklas Luhmanns", in: Deutsche Zeitschrift für Philosophie, Jg. 39, H. 1, 80-94

───── (1995): Niklas Luhmann. Eine Einführung, Mnlchen

───── (Hg.) (2000): Niklas Luhmanns Denken. Interdisziplinäre Einflüsse und Wirkungen, Konstanz

Gromitsaris, A. (1993(2)): "Symbolische und soziale Generalisierung von Erwartungen als Strukturelemente gesellschaftlichen Sinns", in: Krawietz, W./M. Weiker (Hg.), Kritik der Theorie sozialer Systeme. Auseinandersetzungen mit Luhmanns Hauptwerk, Frankfurt a.M., 133-146

Groothoff, H.-H. (1985): "Zum Beitrag von Luhmann und Schorr zu einer systemtheoretischen Revision der Theorie des Bildungswesens", in: Fichtner, B./H.-J. Fischer/W. Lippwitz (Hg.), Pädagogik zwischen Geistes- und Sozialwissenschaft. Standpunkte und Entwicklungen, Königstein/Ts., 55-73

_____ (1987): "Zu Luhmanns und Schorrs systemtheoretisch begründeten, Fragen an die Pädagogik" (1979-1986) — Ein kritischer Literaturbericht", in: Pädagogische Rundschau, Jg. 41, H. 5, 529-545

Groys, B. (1996): "'Die Kunst der Gesellschaft'. Die dunkle Seite der Kunst", in: Soziale Systeme, g. 2; H. 1, 160-165

Grünberger, H. (1975): "Organisation statt Gesellschaft? Über den Stellenwert formal organisierter Sozialordnung in der Gesellschaftstheorie Niklas Luhmanns", in: Backhaus, H.-G. u.a. (Hg.), Gesellschaft. Beiträge zur Marxschen Theorie, Band 3, Frankfurt a.M., 198-235

_____ (1985): "Das Auge des Systems: Handeln und Beobachten in den sozialen Systemen N. Luhmanns", in: PVS Literatur, Jg. 26, H. 1, 5-12

_____ (1987) : "Dehumanisierung der Gesellschaft und Verabschiedung staatlicher Souveränität: das politische System in der Gesellschaftstheorie Niklas Luhmanns", in: Fetscher, 1./H. Münkler (Hg.), Pipers Handbuch der politischen Ideen, Band 5, München-Zürich, 620-633, 640-641

Grundmann, R. (1998): "Technik als Problem für die Systemtheorie", in: Schweizerische Zeitschrift für Soziologie, Jg. 24, H. 2, 327-346

Gumbrecht, H.U. (1987): "Pathologien im Literatursystem", in: Baecker, D./J. Markowitiz/R. Stichweh u.a. (Hg.), Theorie als Passion. Niklas Luhmann zum 60. Geburtstag, Frankfurt a.M., 137-180

_____ (1996): "Form without Matter vs. Form as Event", in: Modern Language Notes, Vol. 111, N. 3, 578-592

Habermas, J. (1971): "Theorie der Gesellschaft oder Sozialtechnologie? Eine Auseinandersetzung mit Niklas Luhmann", in: Habermas, J./N. Luhmann, Theorie der Gesellschaft oder Sozialtechnologie — Was leistet die Systemforschung?, Frankfurt a.M., 142-290

_____ (1985): "Exkurs zu Luhmanns systemtheoretischer Aneignung der subjektphilosophischen Erbmasse", in: Ders., Der philosophische Diskurs der Moderne. Zwölf Vorlesungen, Frankfurt a.M., 426-445

Haferkamp, H. (1987): "Autopoietisches soziales System oder konstruktives soziales Handeln? Zur Ankunft der Handlungstheorie und zur Abweisung empirischer Forschung in Niklas Luhmanns Systemtheorie", in: Haferkamp, H./M. Schmid (Hg.), Sinn, Kommunikation und soziale Differenzierung. Beiträge zu Luhmanns Theorie sozialer Systeme, Frankfurt a.M., 51-88

Hahn, A. (1981): "Funktionale und stratifikatorische Differenzierung und ihre Rolle für die gepflegte Semantik. Zu Niklas Luhmanns 'Gesellschaftsstruktur und Semantik'", in : Kölner Zeitschrift filr Soziologie und Sozialpsychologie, Jg. 33, H. 2, 345-360

_____ (1986): "Differenzierung, Zivilisationsprozesse, Religion. Aspekte einer Theorie der Moderne", in : Kölner Zeitschrift für Soziologie und Sozialpsychologie, Sonderheft 27, 214-231

_____ (1987a): "Religion und Welt in der französischen Gegenreformation", in: Baecker, D./J. Markowitz/R. Stichweh u.a., Theorie als Passion. Niklas Luhmann zum 60. Geburtstag, Frankfurt a.M., 84-106

_____ (1987b): "Sinn und Sinnlosigkeit", in: Haferkamp, H./M. Schmid (Hg.), Sinn, Kommunikation und soziale Differenzierung. Beiträge zu Luhmanns Theorie sozialer Systeme, Frankfurt a.M., 155-164

_____ (1998): "Kontingenz und Kommunikation", in: Graevenitz, G.v./O. Marquard (Hg.), Kontingenz. Poetik und Hermeneutik XVII, München, 493-521

_____ /H. Eirmbter/R. Jacob (1992): "AIDS: Risiko oder Gefahr?", in: Soziale Welt, Jg. 43, 400-421

Hahn, M. (1996): "Vom Kopfstand des Phonozentrismus auf den Brettern der Systemtheorie oder: Luhmann und/oder Derrida — einfach eine Entscheidung?", in: Soziale Systeme, Jg. 2, H. 2, 283-306

Halfmann, J. (1986): "Autopoiesis und Naturbeherrschung. Die Auswirkungen des technischen Umgangs mit lebenden Systemen auf den gesellschaftlichen Naturbezug", in: Unverferth, H.-J. (Hg.), System und Selbstproduktion. Zur Erschließung eines neuen Paradigmas in den Sozialwissenschaften, Frankfurt aM., 192-229

_____ (2002): "Der moderne Nationalstaat als Lösung und Problem der lnklusion in das politische System", in: Hellmann, K.-U.lR. Schmalz-Bruns (Hg.), Theorie der Politik. Niklas Luhmanns politische Soziologie, Frankfurt a.M., 261-286

Harrison, P. (1990): "Niklas Luhmann. Love as Passion", in: Thesis Eleven, Vol. 28, N. 27, 234-239

Hauck, G. (2000): "Anti-evolutionistischer Evolutionismus — Niklas Luhmann als Entwicklungstheoretiker", in: Peripherie, Jg. 20, N. 80, 85-97

Hegselmann, R. (l976) : "Die Systemtheorie Luhmanns als technokratischer

Institutionalismus und administrative Hilfswissenschaft", in: Blätter für deutsche und internationale Politik, o. Jg., H. I, 38-57

Heidenescher, M. (1991): "Zurechnung als soziologische Kategorie. Zu Luhmanns Verständnis des Handelns als Systemleistung", in: Zeitschrift für Soziologie, Jg. 21, H. 6, 440-455

_____ (1999): Die Beobachtung des Risikos. Zur Konstruktion technisch-ökologischer Risiken in Gesellschaft und Politik, Berlin

Hejl, P. (1974): "Zur Diskrepanz zwischen struktureller Komplexität und traditionellen Darstellungsmitteln der funktional-strukturellen Systemtheorie", in: Maciejewski, F. (Hg.), Theorie der Gesellschaft oder Sozialtechnologie. Theoriediskussion Supplement 2, Frankfurt a.M., 186-235

Hellmann, K.-U. (1993): "Soziale Bewegungen unter dem 'Systemskop'. Erträge und Probleme systemtheoretischer Bewegungsforschung", in: Forschungsjournal neue soziale Bewegungen, Jg. 6, H. 3/4, 139-158

_____ (1995): Systemtheorie und neue soziale Bewegungen. Identitätsprobleme in der Risikogesellschaft, Opladen

_____ (1998): "Systemtheorie und Bewegungsforschung. Rezeptionsdefizite aufgrund von Stildifferenzen oder das Außerachtlassen von Naheliegendem", in: Rechtshistorisches Journal, Bd. 17, 493-510

_____ (2000): ""...und ein größeres Stück Landschaft mit den erlöschenen Vulkanen des Marxismus". Oder: Warum rezipiert die Bewegungsforschung Luhmann nicht?", in: de Berg, H./J. Schmidt (Hg.), Rezeption und Reflexion. Zur Resonanz der Systemtheorie Niklas Luhmanns außerhalb der Soziologie, Frankfurt a.M., 411-439

_____ /R. Schmalz-Bruns (Hg.) (2002): Theorie der Politik. Niklas Luhmanns politische Soziologie, Frankfurt a.M.

Helmstetter, R. (1999): "Der gordische Knoten von Kultur & Gesellschaft und Luhmanns Rasiermesser. Fragen eines fluchenden Ruderers", in: Koschorke, A./C. Vismann (Hg.), Wiederstände der Systemtheorie. Kulturtheoretische Analysen zum Werk von Niklas Luhmann, Berlin, 77-95

Henning, B. (2000): "Luhmann und die Formate Mathematik", in: Merz-Benz, P.-U./G. Wagner (Hg.), Die Logik der Systeme. Zur Kritik der systemtheoretischen Soziologie Niklas Luhmanns, Konstanz, 157-198

Hiller, P. (1994): "Risiko und Verwaltung", in: Dammann, K. / D. Grunow/ K.P. Japp (Hg.), Die Verwaltung des politischen Systems. Neuere systerntheoretische Zugriffe auf ein altes Thema, Opladen, l09-125

Hochgemer, J. (1990): "Die soziologische Codierung technischer Systeme", in: Tschiedel, R. (Hg.), Die technische Konstruktion der gesellschaftlichen Wirklichkeit. Gestaltungsperspektiven der Techniksoziologie, München, 35-48

Hochschild, M. (1998): "Theologische Aufklärung als Abklärung", in: Rechtshistorisches Journal, Bd. 17,511-524

Höhn, H.-J. (1985): Kirche und kommunikatives Handeln. Studien zur Theologie und Praxis der Kirche in der Auseinandersetzung mit den Sozialtheorien Niklas Luhmanns und Jürgen Habermas, Frankfurt a.M.

Hörisch, J. (1998): "Die Kunst der Theorie. Anmerkungen zum Design von Niklas Luhmanns ästhetischer Theorie", in: Rechtshistorisches Journal, Bd. 17, 525-533

Hohm, H.-J. (2000): Soziale Systeme, Kommunikation, Mensch. Eine Einführung in soziologische Systemtheorie, Weinheim-Milnchen

_____ (2002): Das Pflegesystem, seine Organisationen und Karrieren. Systemtheoretische Beobachtungen zur Entstehung eines sekundären Funktionssystems, Freiburg i.Br.

_____ (2003): Urbane soziale Brennpunkte, Exklusion und soziale Hilfe, Opladen

Holl, H.G. (1985): "Selbstreferenz, Explosion, Totenstille. Zum Verhältnis von Mathematik und Soziologie oder: 'Soziale' — 'Gödel, Escher, Bach' — 'Systeme'", in: Psychologie heute, Jg. 12, H. 7, 66 – 68

Holzer, J./H. Siegenthaler (1998): "Systemdifferenzierung und Evolution. Marginalien zu einigen grundbegrifflichen Entscheidungen am Beispiel der Ökonomie", in: Rechtshistorisches Journal, Bd. 17, 535-546

Hondrich, K.O. (1972): "Systemtheorie als Instrument der Gesellschafisanalyse. Forschungsbezogene Kritik eines Theorieansatzes", in: Soziale Welt, Jg. 23, H. I, 1-16

_____ (1987): "Die andere Seite sozialer Differenzierung", in: Haferkamp, H./ M. Schmid (Hg.), Sinn, Kommunikation und soziale Differenzierung. Beiträge zu Luhmanns Theorie sozialer Systeme, Frankfurt a.M., 275-303

Hornung, B. R. (1988): Grundlagen einer problemfunktionalistischen Systemtheorie gesellschaftlicher Entwicklung. Sozialwissenschafiliche Theoriekonstruktion mit qualitativen, computergestützten Verfahren, Frankfurt a.M. u.a.

Horster, D. (1997): Niklas Luhmann, München

HUttermann, J. (1999): "Kultur als Irritation? Über den Umgang der Luhmannschen Systemtheorie mit dem Problemfeld der Kulturbegegnung", in: Berliner Journal für Soziologie, Jg. 9, H. 2, 232-252

Hutter, M. (1990): "Welchen Unterschied macht die Systemtheorie? Ein Übersetzungsversuch von Luhmanns 'Die Wirtschaft der Gesellschaft'", in: Kyklos, Vol. 43, 485 - 494

_____ (1996): "Wie der Unterschied zwischen Ornament und Figur in die Welt kam", in: Soziale Systeme, Jg. 2, H. I, 153-159

_____ (1998): "Über den Unterschied, den Gesellschafistheorie für eine Wirtschaftstheorie machen kann", in: Rechtshistorisches Journal, Bd. 17, 547-557

_____ (1999): "Wie der Überfluß flüssig wurde. Zur Geschichte und zur Zukunft der knappen Ressourcen", in: Soziale Systeme, Jg. 5, H. I, 41-54

_____ /G. Teubner (1995): "Der Gesellschaft fette Beute. Homo juridicus und homo oeconomicus als kommunikationserhaltende Fiktionen", in: Fuchs, P./A. Gobel (Hg.), Der Mensch — das Medium der Gesellschaft?, Frankfurt a.M., 110-145

Jäger, G. (1994): "Systemtheorie und Literatur. Teil I. Der Systembegriff der Empirischen Literaturwissenschaft", in: Internationales Archiv für Sozialgeschichte der deutschen Literatur, Jg. 19, H. 1, 143-159

Jahraus, o. (2001) : "Bewußtsein und Kommunikation. Zur Konzeption der strukturellen Kopplung", in: Ders./N. Ort, Bewußtsein — Kommunikation — Zeichen. Wechselwirkungen zwischen Luhmannscher Systemtheorie und Peircescher Zeichentheorie, Tübingen, 23-47

_____ /B. Marius (1997): Systemtheorie und Dekonstruktion. Die Supertheorien Niklas Luhmanns und Jaques Derridas im Vergleich, Siegen

_____ /B.M. Schmidt (1998): "Systemtheorie und Literatur. Teil III. Modelle systemtheoretischer Literaturwissenschaft in den 1990ern", in: Internationales Archiv für Sozialgeschichte der deutschen Literatur, Jg. 23, H.

I , 66-111

Japp, K.P. (1990): "Das Risiko der Rationalität für technisch-ökologische Systeme", in: Halfmann, J./K.P. Japp (Hg.), Riskante Entscheidungen und Katastrophenpotentiale. Elemente einer soziologischen Risikoforschung, Opladen, 34-60

_____ (1994) : "Verwaltung und Rationalität", in: Dammann, K. / D. Grunow/K.P. Japp (Hg.) , Die Verwaltung des politischen Systems. Neuere systemtheoretische Zugriffe auf ein altes Thema, Opladen, 126-141

_____ (1996): Soziologische Risikotheorie. Funktionale Differenzierung, Politisierung und Reflexion, Weinheim

_____ (1997): "Die Beobachtung von Nichtwissen", in: Soziale Systeme, Jg. 3, H. 2, 289–312

Joerges, B. (1988): "Technik als System — wie der Meister über Technik gesprochen haben könnte", in: Soziologie, o. Jg., H. 1, 24-28

Kargl, W. (1990'a): "Kommunikation kommuniziert? Kritik des rechtssoziologischen Autopoiesebegriffs", in: Rechtstheorie, Jg. 21, 352-373

_____ (1990b): "Kritik der rechtssoziologischen Autopoiesis-Kritik", in: Zeitschrift für Rechtssoziologie, Jg. 12, 120-141

Karle, I. (2001): "Funktionale Differenzierung und Exklusion als Herausforderung und Chance für Religion und Kirche", in: Soziale Systeme, Jg. 7, H. I, 100-118

Kastl, J. (1998): "Die insgeheime Transzendenz der Autopoiesis. Zum Problem der Zeitlichkeit in Luhmanns Systemtheorie", in: Zeitschrift für Soziologie, Jg. 27, H. 6, 404-417

Kasuga, J. (1987): "Die Beobachtung des Marktes: asymmetrische Strukturen und generalisierte Erwartungen", in: Baecker, O./J. Markowitz/R. Stichweh u.a. (Hg.), Theorie als Passion. Niklas Luhmann zum 60. Geburtstag, Frankfurt a.M., 547-569

Kemper, D. (1996): "Erzahlungen aus Vormoderne und Moderne. Wackenroder, Luhmann und das Epochenbewußtsein um 1800", in: Athenaum, Jg. 6, 207-227

Khurana, T. (2000): "Supertheorien, theoretical jetties und die Komplizenschaft von Theorien. Zu Verständnis- und Konstruktionsweisen im Feld selbstbezüglicher Theorien", in: Merz-Benz, P.U./G. Wagner (Hg.), Die Logik der Systeme. Zur Kritik der systemtheoretischen Soziologie Niklas

Luhmanns, Konstanz, 327-370

Kieserling, A. (1994): "Interaktion in Organisationen", in: Dammann, K. / D. Grunow/K.P. Japp (Hg.), Die Verwaltung des politischen Systems. Neuere systemtheoretische Zugriffe auf . ein altes Thema, Opladen, 168-182

_____ (1998): Klatsch: "Die Moral der Gesellschaft in der Interaktion unter Anwesenden", in: Soziale Systeme, Jg. 4, H. 2, 387-411

_____ (1999): Kommunikation unter Anwesenden. Studien über Interaktionssysteme, Frankfurt a.M.

_____ (2000): "Die Soziologie der Selbstbeschreibung. Über die Reflexionstheorien der Funktionssysteme und ihre Rezeption der soziologischen Theorie", in: de Berg, H./J. Schmidt (Hg.), Rezeption und Reflexion. Zur Resonanz der Systemtheorie Niklas Luhmanns außerhalb der Soziologie, Frankfurt a.M., 38-92

King, M. (1993): "The 'Truth' about Autopoiesis", in: Journal of Law and Society, Vol. 20, N. 2, 218-236

_____ (1996): "Managerialism versus Virtue. The Phoney War for the Soul of Social Work", in: Soziale Systeme, Jg. 2, H. I , 53-72

_____ (2003a): Niklas Luhmann's Theory of Politics and Law, Basingstoke u.a.

_____ (2003b): "'Will the Real Niklas Luhmann Stand Up, Please'. A Reply to John Mingers", in: The Sociological Review, Vol. 51, N. 2, 276-286

Kirsch, W./D. zu Knyphausen (1991): "Unternehmungen als 'autopoietische' Systeme?, in: Staehle, W.H./J. Sydow (Hg.), Managementforschung I, Berlin, 75-101

Kiss, G. (1990): Grundzüge und Entwicklung der Luhmannschen Systemtheorie, 2. neubearb. Aufl., Stuttgart

Kleve, H. (1999): Postmoderne Sozialarbeit. Ein systemtheoretisch-konstruktivistischer Beitrag, Aachen

Kneer, G. (1993(2)): "Bestandserhaltung und Reflexion. Zur kritischen Reformulierung gesellschaftlicher Rationalität", in: Krawietz, W./M. Welker (Hg.), Kritik der Theorie sozialer Systeme. Auseinandersetzungen mit Luhmanns Hauptwerk, Frankfurt a.M., 86-112

_____ (1998a): "Handlung als soziale Konstruktion", in: Ethik und Sozialwissenschaften, Jg. 9, H. 1, 48-49

_____ (1998b): "Von Kommandohöhen zu Maulwurfshügeln. Ein Beitrag zur Diskussion politischer Steuerung aus systemtheoretischer Sicht", in: Sociologia Internationalis, Jg. 36, 61-85

_____ (2001): "Organisation und Gesellschaft. Zum ungeklärten Verhältnis von Organisations- und Funktionssystemen in Luhmanns Theorie sozialer Systeme", in: Zeitschrift für Soziologie, Jg. 30, H. 6, 407-426

Kneer, G./A. Nassehi (1991): "Verstehen des Verstehens. Eine systemtheoretische Revision der Hermeneutik", in: Zeitschrift für Soziologie, Jg. 20, H. 5, 341-356

_____ (1994(2)): Niklas Luhmanns Theorie sozialer Systeme. Eine Einführung, München (zitiert nach der ersten Autl. 1993)

Knodt, E.-M. (1994): "Toward a Non-Foundationalist Epistemology: The Habermas/Luhmann Controversy Revisited", in: New German Critique, N. 61, 77-100

Knorr-Cetina, K. (1992): "Zur Unterkomplexität der Diflerenzierungstheorie. Empirische Anfragen an die Systemtheorie", in: Zeitschrift für Soziologie, Jg. 21, H. 6, 406-419

Kößler, R. (1998): "Weltgesellschaft? Oder: Grenzen der Luhmannschen Gesellschaftstheorie", in: Soziologische Revue, Jg. 21, H. 2, 175-183

Kött, A (2003): Systemtheorie und Religion. Mit einer Religionstypologie im Anschluss an Niklas Luhmann, Wüzburg

Kohring, M. (1997): Die Funktion des Wissenschaftsjournalismus, Opladen

Konopka, M. (1996): Das psychische System in der Systemtheorie Niklas Luhmanns, Frankfurt/M. u.a.

_____ (1999): Akteure und Systeme. Ein Vergleich der Beiträge handlungs- und systemtheoretischer Ansätze zur Analyse zentraler sozialtheoretischer Fragestellungen unter besonderer Berücksichtigung der Luhmannschen und der post-Luhmannschen Systemtheorie, Frankfurt/M. u.a.

Koschorke, A.IC. Vismann (Hg.) (1999): Widerstände der Systemtheorie. Kulturtheoretische Analysen zum Werk van Niklas Luhmann, Berlin

Krämer, S. (1998): "Form als Vollzug oder: Was gewinnen wir mit Niklas Luhmanns Unterscheidung von Medium und Form?", in: Rechtshistorisches Journal, Bd. 17, 558-573

Kraft, V. (1989): Systemtheorie des Verstehens, Frankfurt a.M.

Krause, D. (1998): "In memoriam. Niklas Luhmann — das Werk", in: Soziologie, o. Jg., H. 4, 93-103

Krawietz, W. (1993a(2)): "Staatliches oder gesellschaftliches Recht? Systemabhängigkeiten normativer Strukturbildung im Funktionssystem Recht", in: Ders./M. Welker (Hg.), Kritik der Theorie sozialer Systeme. Auseinandersetzungen mit Luhmanns Hauptwerk, Frankfurt a.M., 247-301

_____ (1993b(2)): "Zur Einführung: Neue Sequenzierung der Theoriebildung und Kritik der allgemeinen Theorie sozialer Systeme", in: Krawietz, W./M. Welker (Hg.), Kritik der Theorie sozialer Systeme. Auseinandersetzungen mit Luhmanns Hauptwerk, Frankfurt a.M., 14-42

Kretzschmar, D. (1997): "Niklas Luhmanns Systemtheorie und ihre literaturwissenschaftlichen Anwendungsfelder. Ein Überblick aus der Perspektive formalistischer und strukturalistischer Theoriebildung", in: Ders./C. Veldhues (Hg.), Textbeschreibungen. Systembeobachtungen. Neue Studien zur russischen Literatur im 20. Jahrhundert, Dortmund, 1-41

Krieger, D.J. (199 6): Einführung in die allgemeine Systemtheorie, München

Kronauer, M. (1998): "'Exklusion' in der Systemtheorie und in der Armutsforschung". Anmerkungen zu einer problematischen Beziehung", in: Zeitschrift für Sozialreform, Jg. 44, H. 11/12, 755-768

Krüger, H.-P. (1992): "Selbstreferenz bei Maturana und Luhmann. Ein kommunikationstheoretischer Vergleich", in: Deutsche Zeitschrift für Philosophie, Jg. 40, H. 5, 475-489

Künzler, J. (1989a): "Grundlagenprobleme der Theorie symbolisch generalisierter Kommunikationsmedien bei Niklas Luhmann", in: Zeitschrift für Soziologie, Jg. 16, H. 5, 317-333

_____ (1989b): Medien und Gesellschaft. Die Medienkonzepte von Talcott Parsons, Jürgen Habermas und Niklas Luhmann, Stuttgart

Kuhm, K. (2000a): "Exklusion und räumliche Differenzierung", in: Zeitschrift für Soziologie, 29. Jg., 60-77

_____ (2000b): "Raum als Medium gesellschaftlicher Kommunikation", in: Soziale Systeme, 6. Jg., H. 2, 1-30

Kurtz, T. (2002): "Die Form Beruf und das Problem sozialer Ungleichheit", in: Österreichische Zeitschrift für Soziologie, Jg. 27, H. 1, 56-77

Ladeur, K.-H. (1994): "Auflösung des Subjekts in der differentiellen Bewegung der Funktionssysteme? - Zum Konzept einer 'relationalen' Persönlichkeit in einer heterarchischen Gesellschaft", in: Archiv für Rechts- und Sozialphilosophie, Jg. 80, H. 3, 407-425

_____ (1995): Postmoderne Rechtstheorie. Selbstreferenz — Selbstorganisation — Prozeduralisierung, Berlin

Laermans, R. (1997): "Communication on Art, or the Work of Art as Communication? Bourdieu's Field Analysis Compared with Luhmann's Systems Theory", in: Canadian Review of Comparative Literature, Vol. 24, N. 1, 103-116

_____ /G. Verschraegen (2001): "The 'late' Niklas Luhmann on Religion: An Overview", in: Social Compass, Vol. 48, N. 1, 7-21

Lange, H. (1999): "Von Wilhelm Flitner zu Niklas Luhmann. Überlegungen zu den sozialtheoretischen Implikationen geisteswissenschaftlicher Pädagogik", in: Zeitschrift für Pädagogik, Jg. 45, H. 2, 245-261

Lange, S. (2002): "Die politische Utopie der Gesellschaftssteuerung", in: Hellmann, K.-U./R. Schmalz-Bruns (Hg.), Theorie der Politik. Niklas Luhmanns politische Soziologie, Frankfurt a.M., 171-193

Lauermann, M. (1991): "Die fröhliche Wissenschaft des Professors Luhmann", in: o. Hg., Das Denken des Widerspruchs als Wurzel der Philosophie, Zentralinstitut für Philosophie, Berlin, 32-46

Leflaive, X. (1996): "Organizations as Structures of Domination", in: Organization Studies, Vol. 17, N. I, 23-47

Lenzen, D. (1996): "Zwischen Stabilisierung und Differenzierung: Paradoxien im Erziehungssystem", in: Luhmann, N./K.E. Schorr (Hg.), Zwischen System und Umwelt. Fragen an die Pädagogik, Frankfurt a.M., 256-278

_____ (1997): "Lösen die Begriffe Selbstorganisation, Autopoiesis und Emergenz den Bildungsbegriff ab? Niklas Luhmann zum 60. Geburtstag", in: Zeitschrift für Padagogik, Jg. 43, H. 6, 949-968

_____ (Hg.) (2003): Irritationen des Erziehungssystems. Pädagogische Resonanzen auf Niklas Luhmann, Frankfurt a.M.

Leupold, A. (1983): "Liebe und Partnerschaft. Formen der Codierung von Ehen", in: Zeitschrift für Soziologie, Jg. 12, H.4, 297-327

Lewis, J.D./A. Weigert (1985): "Trust as a Social Reality", in: Social Forces, Vol. 63, N. 4, 967-985

Leydesdorff, L. (1996): "Luhmann's Sociological Theory: Its Operationalization and Future Perspectives", in: Social Science Information, Vol. 35, N. 2,

283-306

Lieckweg, T. (2001): "Strukturelle Kopplung von Funktionssystemen 'über' Organisation", in: Soziale Systeme, Jg. 7, H. 2, 267-289

Linduschka, A. (1979): Untersuchungen zum Subjektbegriff in Systemtheorien, Diss., Osnabrück

Lipp, W. (1971): "Reduktive Mechanismen. Untersuchungen zum Zivilisationsprozeß", in: Archiv für Rechts- und Sozialphilosophie, Jg. 57, 357-382

_____ (1987) : "Autopoiesis biologisch, Autopoiesis soziologisch. Wohin führt Luhmanns Paradigmawechsel?", in: Kölner Zeitschrift für Soziologie und Sozialpsychologie, Jg. 39, 452-470

Lohmann, G. (1987): "Autopoiesis und die Unmöglichkeit von Sinnverlust. Ein marginaler Zugang zu Niklas Luhrnanns Theorie 'Soziale Systeme'", in: Haferkamp, H./M. Schmid (Hg.), Sinn, Kommunikation und soziale Differenzieirung. Beiträge zu Luhmanns Theorie sozialer Systeme, Frankfurt a.M., 165-184

Ludewig, K. (1992): Systemische Therapie. Grundlagen klinischer Theorie und Praxis, Stuttgart

_____ (2000): "Systemische Therapie mit Familien. Probleme, Lösungen, Reflexionen, Praxis", in: Familiendynamik, Jg. 25, H. 4, 450-484

Maciejewski, F. (1972): "Sinn, Reflexion und System. Über die vergessene Dialektik bei Niklas Luhmann", in: Zeitschrift für Soziologie, Jg. 1, H. 2, 135-155

_____ (Hg.) (1973): Theorie der Gesellschaft oder Sozialtechnologie. Beiträge zur HabermasLuhmann-Diskussion, Frankfurt a.M.

_____ (Hg.) (1974): Theorie der Gesellschaft oder Sozialtechnologie. Neue Beiträge zur HabermasLuhmann-Diskussion, Frankfurt a.M.

Mackert, J. (1998): "Jenseits von Inklusion/Exklusion. Staatsbürgerschaft als Modus sozialer Schließung", in: Berliner Journal für Soziologie, Jg. 8, H. 4, 561-576

Mahlmann, R. (1993): "Zur medientheoretischen Formulierung der Wandlungen im Verständnis von Liebe", in: System Familie, Jg. 6, H. 2, 110-122

Mai, M. (1994) : "Zur Steuerbarkeit technischer Systeme und zur Steuerungsfähigkeit des Staates", in: Zeitschrift für Soziologie, Jg. 23, H. 6, 447-459

Malowitz, K. (2002): "Die neuere Systerntheorie und das Konzept der sozialen Exklusion", in: Berliner Debatte initial, Jg. 13, H. I, 55-66

Marcinkowski, F. (1993): Publizistik als autopoietisches System. Politik und Massenmedien. Eine systemtheoretische Analyse, Opladen

―――― (1996): "Die Massenmedien der Gesellschaft als soziales System?", in: Soziale Systeme, Jg. 2, H. 2, 429-440

Maresch, R. (2000): "Die Kommunikation der Kommunikation", in: Ders./N Werber (Hg.), Korrmunikation Medien Macht, 2. Aufl., Frankfurt a.M., 265-298

Markowitz, J. (1987): "Konstellationsformen psychischer Selbstreferenz. Vorstudien zu einem Begriff der Partizipation", in: Baecker, D./J. Markowitz/R. Stichweh u.a. (Hg.), Theorie als Passion. Niklas Luhmann zum 60. Geburtstag, Frankfurt a.M., 482-518

―――― (1991): "Referenz und Emergenz. Zum Verhältnis von psychischen und sozialen Systemen", in: Systeme, Jg. 5, H. 5, 22-46

Martens, W. (1991): "Die Autopoiesis sozialer Systeme, in: Kölner Zeitschrift für Soziologie und Sozialpsychologie", Jg. 43, H. 4, 625-646

―――― (2000): "Gegenstände und Eigenschaften. Vom Nutzen einer einfachen philosophischen Unterscheidung", in: Merz-Benz, P.-U./G. Wagner (Hg.), Die Logik der Systeme. Zur Kritik der systemtheoretischen Soziologie Niklas Luhmanns, Konstanz, 257-30.2

May, M. (2000): "Wider den Zynismus einer Luhmannisierung der Theorie Sozialer Arbeit. Eine Antwort auf Albert Scherr", in: Widersprüche, Jg. 20, N. 78, 95-113

Meinberg, E. (1984): "Anthropologische Marginalien zur systemtheoretischen Erziehungswissenschaft", in: Zeitschrift für Padagogik, Jg. 30, H. 2, 253-271

Menne-Haritz, A. (1999): "Schließung und Öffnung der Verwaltungs-entscheidung: Funktionen schriftlicher Aufzeichnungen im Vorgang", in: Soziale Systeme, Jg. 5, H. 1, 137-158

Menzel, E. (1985): Werte und Gesellschaft. Ein Beitrag zur Klärung der Bedeutung von Werten in der soziologischen Theorie. Dargestellt am Beispiel der Soziologle von Theodor Geiger und Niklas Luhmann, Diss., Siegen

Merten, K. (1997): "Die Rolle der Medien bei der Vermittlung zwischen Recht und Gesellschaft", in: Informationsbrief für Rechtssoziologie, Jg. 18, H. 1, 16-31

Merten, R. (Hg.) (2000): Systemtheorie Sozialer Arbeit. Neue Ansätze und veränderte Perspektiven, Opladen

_____ (2001): "Soziale Arbeit als lnklusions- oder als Integrationsarbeit. Kleine Anmerkungen zu einem großen Entwurf", in: Sozialmagazin, Jg. 26, H. 3, 42-48

Merz-Benz, P.-U. (2000): "Die Bedingung der Möglichkeit von Differenz. Das transzendentallogische Mißverständnis in der Systemtheorie Luhmanns", in: Ders./G. Wagner (Hg.), Die Logik der Systeme. Zur Kritik der systemtheoretischen Soziologie Niklas Luhmanns, Konstanz, 37-72

_____ /G. Wagner (Hg.) (2000): Die Logik der Systeme. Zur Kritik der systemtheoretischen Soziologie Niklas Luhmanns, Konstanz

Metzner, A. (1989): "Die ökologische Krise und die Differenz von System und Umwelt", in: Das Argument, Jg. 31, H. 6, 871-886

_____ (1993): Probleme sozio-ökologischer Systemtheorie. Natur und Gesellschaft in der Soziologie Luhmanns, Opladen

Meyer, M./A. Al-Roubaie (1996): "Organisation der Kunst. Wie Kulturorganisationen Redundanz sichern und Umwelt beobachten", in: Soziale Systeme, Jg. 2, H. 2, 389-417

Miller, M. (1987): "Selbstreferenz und Differenzerfahrung. Einige Überlegungen zu Luhmanns Theorie sozialer Systeme", in: Haferkamp, H./ M. Schmid (Hg.), Sinn, Kommunikation und soziale Ditferenzierung. Beiträge zu Luhmanns Theorie sozialer Systeme, Frankfurt a.M., 187-211

_____ (2003): "Evolution und Planung — einige kritische Anmerkungen zu Luhmanns Theorie soziokultureller Evolution", in: Giegel, H.-J./U. Schimank (Hg.), Beobachter der Moderne. Beiträge zu Niklas Luhmanns "Die Gesellschaft der Gesellschaft", Frankfurt a.M., I 54-166

Miller, T. (2001(2)): Systemtheorie und Soziale Arbeit. Entwurf einer Handlungstheorie, 2. Überarb. u. erw. Aufl., Stuttgart

Misheva, V. (1993): "Totalitarian Interaction. A Systems Approach", in: Sociologia Intemationalis, Jg. 31, H. 2, 179-196

Münch, R. (1990): "Die Wirtschaft der Gesellschaft — ein autopoietisches System?", in: Soziologische Revue, Jg. 13, H. I, 381-388

_____ (1992): "Autopoiesis per Definition", in: Protosoziologie, o. Jg., H. 3, 42 - 60

_____ (1994): "Zahlung und Achtung. Die Interpenetration von Ökonomie und Moral", in: Zeitschrift für Soziologie, Jg. 23, H. 5, 388-411

Murphy, J.-W. (1987): "Niklas Luhmann: His Contribution to the Sociology of Religion", in: International Sociology, Vol. 2, N. 2, 205-213

Nahamowitz, P. (1988): "Autopoiesis oder ökonomischer Staatsinterventionismus?", in: Zeitschrift für Rechtssoziologie, Jg. 9, H. 1, 36-73

_____ (1992): "Steuerung durch Recht und Steuerung des Rechts (zu den Beiträgen von N. Luhmann und W Kargl)", in: Zeitschrift für Rechtssoziologie, Jg. 13, H. 2, 271-293

Narr, W.-D. (1994a): "Recht — Demokratie — Weltgesellschaft. Habermas, Luhmann und das systematische Versäumnis ihrer großen Theorien (Teil 2)", in: Probleme des Klassenkampfes, Jg. 24, H. 2, 324-344

_____ (1994b): "Recht — Demokratie — Weltgesellschaft. Überlegungen angesichts der rechtstheoretischen Werke von Jürgen Habermas und Niklas Luhmann (Teil 1)", in: Probleme des Klassenkampfes, Jg. 24, H. 1, 87-112

_____ (1996): "Jenseits der Barbarei?", in: Miller, M./H.-G. Soeffner (Hg.), Modernität und Barbarei. Soziologische Zeitdiagnose am Ende des 20. Jahrhunderts, Frankfurt a.M., 246-257

_____ (2001): "(Nicht: Die) Theorie der Theorie — Beobachtungen zur Summa Luhmanniana: 'Die Gesellschaft der Gesellschaft' in Theoretisieren stimulierender Absicht", in: Demirovic, A. (Hg.), Komplexität und Emanzipation. Kritische Gesellschaftstheorie und die Herausforderung der Systemtheorie, Münster, 53-72

_____ /D.H. Runze (1974): "Zur Kritik der politischen Soziologie", in: Maciejewski, F. (Hg.), Theorie der Gesellschaft oder Sozialtechnologie. Theoriediskussion Supplement 2, Frankfurt a.M., 7-91

Nassehi, A. (1993a(2)): "Wie wirklich sind Systeme? Zum ontologischen und epistemologischen Status von Luhmanns Theorie selbstreferentieller Systeme", in: Krawietz, W./M Welker (Hg.), Kritik der Theorie sozialer Systeme. Auseinandersetzungen mit Luhmanns Hauptwerk, Frankfurt a.M., 43-70

_____ (1993 b): "Das Identische 'ist' das Nicht-Identische. Bemerkungen zu einer theoretischen Diskussion um Identität und Differenz," in: Zeitschrift für Soziologie, Jg. 22, H. 6, 477-481

_____ (1995): "Der Fremde als Vertrauter. Soziologische Beobachtungen zur Konstruktion von Identitäten und Differenzen", in: Kölner Zeitschrift für Soziologie und Sozialpsychologie, Jg. 47, 443-463

_____ (1997): "Inklusion, Exklusion — Integration, Desintegration. Die Theorie funktionaler Differenzierung und die Desintegrationsthese," in: Heit-meyer, W. (Hg.), Was hält die Gesellschaft zusammen?, Frankfurt a.M., 113-148

_____ (1998): "Gesellschaftstheorie und empirische Forschung. Ober die 'metho-dologischen Vorbemerkungen' in Luhmanns Gesellschaftstheorie," in: Soziale Systeme, 4. Jg., H. I, 199-206

_____ (2000a): "Tempus fugit? 'Zeit' als differenzloser Begriff in Luhmanns Theorie sozialer Systeme", in: Gripp-Hagelstange, H. (Hg.), Niklas Luhmanns Denken. Interdisziplinäre Einflüsse und Wirkungen, Konstanz, 23-52

_____ (2000b): "'Exklusion' als soziologischer oder sozialpolitischer Begriff?, in: Mittelweg 36, Jg.9, H. 5, 18-25

_____ (2001): "Funktionale Differenzierung revisited). Vom Setzkasten zur Echtzeitmaschine", in: Barlosius, E./H.-P. Miiller/S. Sigmund (Hg.), Gesellschaftsbilder im Umbruch, Opladen, 155-176

_____ (2003a): "Die Differenz der Kommunikation und die Kommunikation der Differenz", in: Schimank, U./H.-J. Giegel (Hg.), Beobachter der Moderne. Beiträge zu Niklas Luhmanns "Die Gesellschaft der Gesellschaft", Frankfurt a.M., 21-41

_____ (2003b): Geschlossenheit und Offenheit. Studien zur Theorie der modernen Gesellschaft, Frankfurt a.M.

_____ /G. Nollmann (1997): "Inklusionen. Organisationssoziologische Ergänzungen der Jnklusions-Exklusionstheorie", in: Soziale Systeme 3. Jg., H. 2, 393-411

Neckel, S./J. Wolf (1994): "The Fascination of Amorality: Luhmann's Theory of Morality and its Resonances Among German Intellectuals", in: Theory, Culture & Society, Vol. 11, N. 2, 66-99

Nishizaka, A. (1992): "The Use of 'Power': The Discursive Organization of Powerfulness," in: Human Studies, Vol. 15, N. 1, 129-144

Oberdorfer, B. (1993(2)): "Einschränkung von Beliebigkeit. Systemische Selbstreproduktion und gesellschaftlicher Strukturaufbau" in: Krawietz, W./M. Welker (Hg.), Kritik der Theorie sozialer Systeme. Auseinandersetzungen mit Luhmanns Hauptwerk, Frankfurt a.M., 302-326

_____ (2001): "'Der liebe Gott sieht alles' — und wir schauen ihm dabei zu. Theologische Randbemerkung zu Luhmanns Bestimmung von Gott als Kontingenzformel", in: Soziale Systeme, Jg. 7, H. 1, 71-87

Oelkers, J./H.-E. Tenorth (1987): "Pädagogik, Erziehungswissenschaft und Systemtheorie. Eine nützliche Provokation", in: Dies. (Hg.), Pädagogik, Erziehungswissenschaft und Systemtheorie, Weinheim-Basel, 13-54

Oexle, O. G. (1991): "Luhmanns Mittelalter", in: Rechtshistorisches Journal, Bd. 10, 53-66

Offe, C. (1990): "Die Wirtschaft der Gesellschaft", in: Soziologische Revue, Jg. 13, H. 1, 389-393 Ort, C.-M. (1995): Systemtheorie und Literatur. Teil II Der literarische Text in der Systemtheorie, in: Internationales Archiv für Sozialgeschichte der deutschen Literatur, Jg. 20, H. 1, 161-178

Otto, M. (2000): "Anzeichen eines Fundamentalismus der Funktion in Luhmanns systemtheoretischer Gesellschaftstheorie", in: Merz-Benz, P.-U./G. Wagner (Hg.), Die Logik der Systeme. Zur Kritik der systemtheoretischen Soziologie Niklas Luhmanns, Konstanz, 371-380

Papcke, S. (1990): "Gesellschaft ohne Subjekt? Über die Systemästhetik von Niklas Luhmann", in: Vorgänge, Nr. 108, H. 6, 88-l03

_____ (2000): Humanistische Ansätze der Soziologie und ihre Widersacher. Anmerkungen zur Debatte in Deutschland, Münster-Hamburg-London

Pasero, U. (1994): "Geschlechterforschung revisited: konstruktivistische und systemtheoretische Perspektiven", in: Webbe, T./G. Lindemann (Hg.), Denkachsen — Zur theoretischen und institutionellen Rede von Geschlecht, Frankfurt a.M., 264-298

Pfeffer, T. (2001): Das "zirkuläre Fragen" als Forschungsmethode zur Luhmannschen Systemtheorie, Heidelberg

Pfeiffer, R. (1998): Philosophie und Systemtheorie. Die Architektonik der Luhmannschen Theorie, Wiesbaden

Pflitze, H. (1988): "Theorie ohne Bewußtsein. Zu Niklas Luhmanns Gedankenkonstruktion", in: Merkur, Jg. 42, H. 1, 300-314

_____ (1991): "Antike Logik — moderne Hektik. Zur Tradition subjektloser Denkfiguren in der Soziologie", in: Clausen, L./C. Schlilter (Hg.), Hundert Jahre "Gemeinschaft und Gesellschaft". Ferdinand Tonnies in der internationalen Diskussion, Opladen, 171-187

Plumpe, G. (1995): *Epochen moderner Literatur: ein systemtheoretischer Entwurf,* Opladen

_____ /N. Werber (Hg.) (1995): *Beobachtungen der Literatur. Aspekte einer polykontexturalen Literaturwissenschaft,* Opladen

Podak, K. (1984): "*Ohne Subjekt, ohne Vernunft. Bei der Lektüre von Niklas Luhmanns Hauptwerk 'Soziale Systeme'*", in: Merkur, Jg. 38, H. 7, 733-753

Pollack, D. (1988): *Religiöse Chiffrierung und soziologische Aufklärung. Die Religionssoziologie Niklas Luhmanns im Rahmen ihrer systemtheoretischen Voraussetzungen,* Frankfurt a.M.

_____ (1991a): "*Das Ende einer Organisationsgesellschaft. Systemtheoretische Überlegungen zum gesellschaftlichen Umbruch in der DDR*", in: Zeitschrift für Soziologie, Jg. 19, 292-307

_____ (1991b): "*Möglichkeiten und Grenzen einer funktionalen Religionsanalyse. Zum religionssoziologie Niklas Luhmanns*", in: Soziale Systemem Jg. 7. H. 5-23.

_____ (2001): "*Probleme der funktionalen Religionssoziologie Niklas Luhmanns*", in: Soziale Systeme, Jg. 7, H 1, 5-23

Portele, G. (1988): *Autonomie, Macht, Liebe. Konsequenzen der Selbstreferentialität,* Frankfurt a. M.

Pottage, A. (1998): "*Power as an Art of Contingency: Luhmann, Deleuze, Foucault*", in: Economy and Society, Vol. 27, N. 1, 1-27

Prangel, M. (1993): "*Zwischen Dekonstruktivismus und Konstruktivismus. Zu einem systemtheoretisch fundierten Ansatz von Textverstehen*", in: de Berg, H./M. Prange) (Hg.), Kommunikation und Differenz. Systemtheoretische Ansätze in der Literatur- und Kunstwissenschaft, Opladen, 9-31

Preyer, G. (1992): "*System-, Medien- und Evolutionstheorie. Zu Niklas Luhmanns Ansatz. Exkurs: Macht*", in: Protosoziologie, o. Jg., H. 3, 61-89

_____ /H. Grünberger (1980): "*Die Problemstufenordnung in der system-*

theoretischen Argumentation Niklas Luhmanns", in: Soziale Welt, Jg. 31, H. 1, 48-67

Priban, J. (1997): *"Beyond Procedural Legitimation: Legality and its 'infictions'"*, in: Journal of Law and Society, Vol. 24, N. 3, 331-349

Priddat, B.P. (1987): *"Am Zahlungsstrom. Betrachtungen vom Ufer. Über Luhmanns 'Wirtschaft der Gesellschaft als autopoietisches System'"*, Universität Hamburg, Institut für Politische Wissenschaft, Diskussionsbeiträge und Berichte, Nr. 48, Hamburg

Priebe, D. (1998): *Kommunikation und Massenmedien in englischen und amerikanischen Utopien des 20. Jahrhunderts. Interpretationen aus systemtheoretischer Sicht*, Frankfur/M. u.a.

Projekt Ideologie-Theorie (1980): *"Verwaltung durch Sinn bei Luhmann"*, in: Das Argument, Sonderband 40, 165-177

Rasch, W. (1997): *"The Limit of Modernity: Luhmann and Lyotard on Exclusion, in"*: Soziale Systeme, Jg. 3, H. 2, 257-269

Reckwitz, A. (1997): *"Kulturtheorie, Systemtheorie und das sozialtheoretische Muster der InnenAußen-Differenz"*, in: Zeitschrift für Soziologie, Jg. 26, H. 5, 317-336

Reese-Schäfer, W. (2001 (4)): *Luhmann zur Einführung*, Hamburg (hier zitiert nach der 1. Aufl. 1992)

Rempel, M. (1996): *"Systems Theory and Power/Knowledge. A Foucaldian Reconstruction of Luhmann's Systems Theory"*, in: International Journal of Sociology and Social Policy, Vol. 16, N. 4, 58-90

Rill, I. (1995): *Symbolische Identität. Dynamik und Stabilität bei Ernst Cassirer und Niklas Luhmann*, Würzburg

Roberts, D. (1997): *"Paradox Preserved: From Ontology to Autology. Reflections on Niklas Luhmann's Art of Society"*, in: Thesis Eleven, Vol. 35, N. 51, 53-74

Ronge, V. (1994): *"Politische Steuerung — innerhalb und außerhalb der Systemtheorie"*, in: Dammann, K. / D. Grunow/K.P. Japp (Hg.), Die Verwaltung des politischen Systems. Neuere systemtheoretische Zugriffe auf ein altes Thema, Opladen, 53-64

Rossbach, S. (1996): *"Gnosis, Science, and Mysticism: a History of Self-Referential Theory Designs"*, in: Social Science Information, Vol. 35, N. 2, 233-255

Roth, R./D. Rucht (1992): "'*Uber den Wolken...' Niklas Luhmanns Sicht auf soziale Bewegungen*", in: Forschungsjournal Neue Soziale Bewegungen, Jg. 2, 22-33

Rotter, F. (1979): "*Norm, Konflikt, Verfahren. Luhmanns Rechtssoziologie und der kommunikationstheoretische Ansatz von Watzlawick*", in: Rechtstheorie, Bd. 10, H. 3, 291-320

Rottleutner, H. (1988): "*Biological Metaphors in Legal Thought*", in: Teubner, G. (ed.), Autopoietic Law. A New Approach to Law and Society, Berlin, 97-127

_____ (1989): "*A Purified Theory of Law. Niklas Luhmann on the Autonomy of the Legal System*", in: Law and Society Review, Vol. 23, N. 5, 779-797

Ruhloff, J. (1996): "*Pädagogik und anders. Transzendentalkritische Bemerkungen zu Niklas Luhmann, 'Das Erziehungssystem und die Systeme seiner Umwelt'*", in: Luhmann, N./K.E. Schorr (Hg.), Zwischen System und Umwelt. Fragen an die Pädagogik, Frankfurt a.M., 53-74

Rustemeyer, D. (1999): "*Ohne Adresse. Die Gesellschaft der Gesellschaft der Systemtheorie*", in: Philosophische Rundschau, Bd. 46, H. 2, 150-163

Saldern, M.v. (1991): *Erziehungswissenschaft und Neue Systemtheorie*, Berlin

Saurwein, K.-H. (1994): "*Die Gesellschaft in der Wirtschaft. Eine theoretische Standortbestimmung. und konstruktivistische Re-Interpretation der Wirtschaftssoziologie bei Parsons und Luhmann*", in: Lange, E. (Hg.), Der Wandel der Wirtschaft. Soziologische Perspektiven, Berlin, 47-86

Scambler, G. (1998): "*Theorizing Modernity. Luhmann, Habermas, Elias and New Perspectives on Health and Healing*", in: Critical Public Health, Vol. 8, N. 3, 237-244

Scharpf, F. W. (1989): "*Politische Steuerung und politische Institutionen*", in: Hartwich, H.-H. (Hg.), Macht und Ohnmacht politischer Institutionen, Opladen, 17-29

Schemann, A. (1993(2)): "*Strukturelle Kopplung. Zur Festlegung und normativen Bindung offener Möglichkeiten sozialen Handelns*", in: Krawietz, W./M. Welker (Hg.), Kritik der Theorie sozialer Systeme. Auseinandersetzungen mit Luhmanns Hauptwerk, Frankfurt a.M., 215-229

Scherr, A. (1994): "*Niklas Luhmann — an Outline of the Theory of Autopoietic Social Systems*", in: Schafers, B.(Hg.), Sociology in Germany.

Development — Institutionalization — Theoretical Disputes, Soziologie Special Edition 3/1994, Opladen, 149-163

_____ (1999): "*Transformations in Social Work. From Help towards Social Inclusion to the Management of Exclusion*", in: European Journal of Social Work, Vol. 2, N. 1, 15-25

_____ (2000): "*Luhmanns Systemtheorie als soziologisches Angebot an Reflexionstheorien der Sozialen Arbeit*", in: de Berg, H./J. Schmidt (Hg.), Rezeption und Reflexion. Zur Resonanz der Systemtheorie Niklas Luhmanns außerhalb der Soziologie, Frankfurt a.M., 440-468

_____ (2002): "*Soziologische Systemtheorie als Grundlage einer Theorie Sozialer Arbeit*", in: Neue Praxis, Jg. 32, H. 3, 258-268

Schiewek, W. (1993(2)): "*Zum vernachlässigten Zusammenhang von 'symbolischer Generalisierung' und 'Sprache' in der Theorie sozialer Systeme*", in: Krawietz, W./M. Welker (Hg.), Kritik der Theorie sozialer Systeme. Auseinandersetzungen mit Luhmanns Hauptwerk, Frankfurt a.M., 147-161

Schimank, U. (1985a): "*Biographie als Autopoiesis. Eine systemtheoretische Rekonstruktion von Individualität*", in: Brose, H.-G./8. Hildenbrand (Hg.), Vom Ende des Individuums zur Individualität ohne Ende, Opladen, 55-72

_____ (1985b): "*Der mangelnde Akteurbezug systemtheoretischer Erklärungen gesellschaftlicher Differenzierung — Ein Diskussionsvorschlag*", in: Zeitschrift für Soziologie, Jg. 14, H. 6, 421-J?434

_____ (1987): "*Evolution, Selbstreferenz und Steuerung komplexer Organisationssysteme*", in: Giagow, M./H. Willke (Hg.), Dezentrale Gesellschaftssteuerung, Pfaffenweiler, 45-64

_____ (1998): "*In Luhmanns Gesellschaft*", in: Kölner Zeitschrift für Soziologie und Sozialpsychologie, Jg. 50, 177-181

_____ (2001): "*Teilsysteminterdependenzen und Inklusionsverhältnisse. Ein differenzierungstheoretisches Forschungsprogramm zur System- und Sozialintegration der modernen Gesellschaft*", in: Barlosius, E./H.-P. Möller/S. Sigmund (Hg.), Gesellschaftsbilder im Umbruch. Soziologische Perspektiven in Deutschland, Opladen, 109-130

_____ (2003): "*Theorie der modernen Gesellschaft nach Luhmann — eine Bilanz in Stichworten*", in: Giegel, H.-J./U. Schimank (Hg.), Beobachter der Moderne. Beiträge zu Niklas Luhmanns "Die Gesellschaft der

Gesellschaft", Frankfurt a.M., 261-298

Schlögl, R. (2001): "*Historiker, Max Weber und Niklas Luhmann. Zum schwierigen (aber möglicherweise produktiven) Verhältnis von Geschichtswissensj:haft und Systemtheorie*", in: Soziale Systeme, Jg. 7, H. 1, 46-56

Schloz, A. (1985): *Dekomposition und Heil. Die Komplexität einer theologisch verantwortlichen Gottes- und Rechtfertigungslehre als ungelöstes Problem der religionssoziologischen Theorie Luhmanns*, Frankfurt a. M.

Schmid, H.B. (1997): "'*Europa' und die 'Weltgesellschaft'. Zur systemtheoretischen Kritik der transzendentalen Phänomenologie*", in: Soziale Systeme, Jg. 3, H. 3, 271-288

_____ (2000): "*Subjektivität ohne Interität. Zur systemtheoretischen 'Überbietung' der transzendentalphänomenologischen Subjekttheorie*", in: Merz-Benz, P.-U./G. Wagner (Hg.), Die Logik der Systeme. Zur Kritik der systemtheoretischen Soziologie Niklas Luhmanns, Konstanz, 127-153

Schmid, M. (1987): "*Autopoiesis und soziales System: Eine Standortbestimmung*", in: Haferkamp, H. / M. Schmid (Hg), Sinn, Kommunikation und soziale Differenzierung. Beiträge zu Luhmanns Theorie sozialer Systeme, Frankfurt a.M., 25-50

_____ (1996): "*25 Jahre 'Soziologische Aufklärung*'", in: Soziologische Revue, Jg. 19, H. 2, 137-143

_____ (2003): "*Evolution. Bemerkungen zu einer Theorie von Niklas Luhmann*", in: Giegel, H.-J./U. Schimank (Hg.), Beobachter der Moderne. Beiträge zu Niklas Luhmanns "Die Gesellschaft der Gesellschaft", Frankfurt a.M., 117-153

Schmidt, S.J. (Hg.) (1993): *Literaturwissenschaft und Systemtheorie. Positionen, Kontroversen, Perspektiven*, Opladen

Schneider, W.L. (1996): "*Die Komplementarität van Sprechakttheorie und systemtheoretischer Kommunikationstheorie. Ein hermeneutischer Beitrag zur Methodologie von Theorievergleichen*", in: Zeitschrift für Soziologie, Jg. 25, H. 2, 263-277

_____ (1998): "*Handeln, Intentionalität und Intersubjektivität im Kontext des systemtheoretischen Kommunikationsbegriffs*", in: Balog, A./M. Ga-briel (Hg.), Soziologische Handlungstheorie. Einheit oder Vielfalt, Österreichische Zeitschrift für Soziologie, Sb. 4, Opladen-Wiesbaden,

155-198

_____ (2003): "*Handlung - Motiv - Interesse - Situation. Zur Reformulierung und explanativen Bedeutung handlungstheoretischer Grundbegriffe in Luhmanns Systemtheorie*", in: Giegel, f-1.J./U. Schimank (Hg.), Beobachter der Moderne. Beiträge zu Niklas Luhmanns "Die Gesellschaft der Gesellschaft", Frankfurt a.M., 42-70

Schöfthaler, T. (1985): "*Soziologie als 'interaktionsfreie Kommunikation'. Niklas Luhmanns leidenschaftlicher Antihumanismus*", in : Argument, Jg. 27, H. 151, 3 72-3 83

Scholz, F. (1982): *Freiheit als Indifferenz. Alteuropäische Probleme mit der Systemtheorie Niklas Luhmanns*, Frankfurt a.M.

_____ (1987): "*Heil statt Verdammnis - der religiöse Code im Licht des Evangeliums. Zugleich eine Einladung zum Gespräch mit Karl Barth*", in: Baecker, D./J. Markowitz/R. Stichweh u.a., Theorie als Passion. Niklas Luhmann zum 60. Geburtstag, Frankfurt a.M., 107-136

Schroer, M. (2000): *Das Individuum der Gesellschaft. Synchrone und diachrone Theorieperspektiven*, Frankfurt a.M..

_____ (2001): "*Die im Dunkeln sieht man doch. Inklusion, Exklusion und die Entdeckung der Überflüssigen*", in: Mittelweg 36, Jg. 10, H. 5, 33-48

Schützeichel, R. (2003): *Sinn als Grundbegriff bei Niklas Luhmann*, Frankfurt-New York

Schulte, G. (1993): *Der blinde Fleck in Luhmanns Systemtheorie*, Frankfurt-New York

Schulze, H.J./J. Künzler (1991): "*Funktionalistische und systemtheoretische Ansatze in der Sozialisationsforschung*", in Hurrellmann, K./D. Ulich, Neues Handbuch der Sozialisationsforschung, Weinheim, 121-136

Schulze-Boeing, M./H.-J. Unverferth (1986): "*Rationalität in komplexen Sozialsystemen. Zur Entwicklung des Rationalitätsbegriffi in der Systemtheorie Niklas Luhmanns*", in: Unverferth, H.-J. (Hg.), System und Selbstproduktion. Zur Erschließung eines neuen Paradigmas in den Sozialwissenschaften, Frankfurt a.M., 14-90

Schwanitz, D. (1987): "*Zeit und Geschichte im Roman - Interaktion und Gesellschaft im Drama: zur wechselseitigen Erhellung von Systemtheorie und Literatur*", in: Baecker, 0./J. Markowitz/R. Stichweh u.a., Theorie als Passion. Niklas Luhmann zum 60. Geburtstag, Frankfurt a.M., 181-

213

_____ (1988a): "*Hamlet oder die Systemtheorie*", in: Zeitschrift für Soziologie, Jg. 17, H. 2, 152-153

_____ (1988b): "*Der weibliche Körper zwischen Schicksal und Handlung: Die Diät und die Paradoxie des Feminismus*", in: Gumbrecht, H.U./K.L. Pfeiffer (Hg.), Materialität der Kommunikation, Frankfurt a.M., 568-583

_____ (1990a): "*Selbstreferentielle Systeme*", in: Zeitschrift für Literaturwissenschaft und Linguistik, Jg. 77, 100-125

_____ (1990b): *Systemtheorie und Literatur. Ein neues Paradigma*, Opladen

_____ (1996a): "*Systems Theory and the Difference between Communication and Consciousness*", in: Modern Language Notes, Vol. 111, N. 3, 488-505

_____ (1996b): *Verlorene Illusionen*, in: Soziologische Revue, Jg. 19, H. 2, 127-136

_____ (1997): "*Der Zauberer hext sich selber weg. Operation Systemtheorie abgeschlossen: Niklas Luhmann macht die unsichtbare Gesellschaft sichtbar*", in: FAZ 1997, Nr. 23 8

_____ (1998): "*Lichtbringer für die Soziologie. Zum Tod von Niklas Luhmann*", in: Neue Zürcher Zeitung, Jg. 219, Nr. 263 v. 12. 11. 1998, 33

Schwinn, T. (1995a): "*Funktion und Gesellschaft. Konstante Probleme trotz Paradigmawechsels in der Systemtheorie Niklas Luhmanns*", in: Zeitschrift für Soziologie, Jg. 24, H. 3, 196-214

_____ (1995b): "*Funktionale Differenzierung — wohin? Eine aktualisierte Bestandsaufnahme*", in: Berliner Journal für Soziologie, Jg. 5, 25-39

_____ (1995c): "*Wieviel Subjekt benötigt die soziologische Theorie?*", in: Socio-logia Internationalis, Jg: 33, 49-75

_____ (1996): "*Zum Integrationsmodus moderner Ordnungen: Eine kritische Auseinandersetzung mit Richard Münch*", in: Schweizerische Zeitschrift für Soziologie, Jg. 22, H. 2, 253-283

_____ (1998): "*Soziale. Ungleichheit und funktionale Differenzierung. Wiederaufnahme einer Diskussion*", in: Zeitschrift für Soziologie, Jg. 27, H. I , 3-17

_____ (2000): "*Inklusion und soziale Ungleichheit*", in: Berliner Journal für Soziologie, Jg. I 0, H. 4, 471-483

_____ (2003): "*Differenzierung und soziale Integration. Wider eine systemtheoretisch halbierte Soziologie*", in: Giegel, H.-J./U. Schimank (Hg.), Beobachter der Moderne. Beiträge zu Niklas Luhmanns "Die Gesellschaft der Gesellschaft", Frankfurt a.M., 231-260

Sigrist, C. (1989): "*Das gesellschaftliche Milieu der Luhmannschen Theorie*", in: Das Argument, Jg. 31, H. 6, 837-853

Sill, O. (1997): "*'Fiktionale Realität' vs. 'reale Realität'? Zu den kunst- bzw. literaturtheoretischen Reflexionen Niklas Luhmanns und Wolfgang Jsers*", in: Soziale Systeme, Jg. 3, H. I, 137-155

_____ (2001): *Literatur in der funktional differenzierten Gesellschaft. Systemtheoretische Perspektiven auf ein komplexes Phänomen*, Opladen

Simon, F.B. (1994): "*Die Form der Psyche. Psychoanalyse und neuere Systemtheorie*", in: Psyche, 48. Jg., 50-79

_____ (1999): "*Organisationen und Familien als soziale Systeme unterschiedlichen Typs*", in: Soziale Systeme, Jg. 5, H. 1, 181-200

_____ (2000): "*Name dropping. Zur erstaunlich großen, bemerkenswert geringen Rezeption Luhmanns in der Familienforschung*", in: de Berg, H./J. Schmidt (Hg.), Rezeption und Reflexion. Zur Resonanz der Systemtheorie Niklas Luhmanns außerhalb der Soziologie, Frankfurt a.M., 361-386

_____ (2001): "*Tödliche Konflikte. Zur Selbstorganisation privater und öffentlicher Kriege*", Heidelberg

Simsa, R. (2002): "*Strukturelle Kopplung: Die Anwort der Theorie auf die Geschlossenheit sozialer Systeme und ihre Bedeutung für die Politik*", in: Hellmann, K.-U./R. Schmalz-Bruns (Hg.), Theorie der Politik. Niklas Luhmanns politische Soziologie, Frankfurt a.M., 149-170

Sixel, F.-W. (1983): "*Beyond Good and Evil? A Study of Luhmann's Sociology of Morals*", in: Theory, Culture and Society, Vol. 2, N. I, 35-47

Sloterdijk, P. (2000): "*Der Anwalt des Teufels. Niklas Luhmann und der Egoismus der Systeme*", in: Soziale Systeme, Jg. 6, H. 1, 3-38

Soentgen, J. (1992): "*Der Bau. Betrachtungen zu einer Metapher der Luhmannschen Systemtheorie*", in: Zeitschrift für Soziologie, Jg. 21, H. 6, 456-466

Solte, U. (2001): *Der Internationale Gerichtshof. Funktion und Leistungen in der Weltgesellschaft*, Berlin

Spangenberg, P.M. (1988): *"TV, Hören und Sehen"*, in: Gumbrecht, H.U./K.L. Pfeiffer (Hg.), Materialität der Kommunikation, Frankfurt a. M , 776-798

_____ (1993): *"Stabilität und Entgrenzung von Wirklichkeiten. Systemtheoretische Überlegungen zu Funktion und Leistung der Massenmedien"*, in: Schmidt, S.J. (Hg.), Literaturwissenschaft und Systemtheorie. Positionen, Kontroversen, Perspektiven, Opladen, 66-100

Stäheli, U. (1996a): *"Der Code als leerer Signifikant? Diskurstheoretische Beobachtungen, in: Soziale Systeme"*. Jg, 2, H. 2, 257-281

_____ (1996b): *"From Victimology towards Parasitology: A Systems Theoretical Reading of the Function of Exclusion"*, in: Recherches Sociologiques, Vol. 27, N. 2, 59-80

_____ (1997): *"Exorcising the 'Popular' Seriously: Luhmann's Concept of Semantics"*, in: International Review ofSociology, Vol. 7, N. 1, 127-145

_____ (1998): *"Die Nachträglichkeit der Semantik. Zum Verhältnis von Sozialstruktur und Semantik"*, in: Soziale Systeme, Jg. 4, H. 4, 315-339

Stanitzek, G. (1996): *"Was ist Kommunikation?"*, in: Fohrmann, J./H. Müller (Hg.), Systemtheorie der Literatur, München, 21-5 5

Stark, C. (1994): *Autopoiesis und Integration. Eine kritische Einführung in die Luhmannsche Systemtheorie*, Hamburg

Starnitzke, D. (1993(2)): *"Theoriebautechnische Vorentscheidungen, Differenzhandhabung und ihre Implikationen"*, in: Krawietz, W./M. Welker (Hg.), Kritik der Theorie sozialer Systeme. Auseinandersetzungen mit Luhmanns Hauptwerk, Frankfurt a.M., 71-85

Stegmaier, W. (1998): *"Niklas Luhmanns Systemtheorie und die Ethik"*, in: ethica, Jg. 6, H. 1, 57-87

Stichweh, R. (1987): Die Autopoiesis der Wissenschaft, in: Baecker, D./J. Markowitz/R. Stichweh u.a. (Hg.), Theorie als Passion. Niklas Luhmann zum 60. Geburtstag, Frankfurt a.M., 447-481

_____ (1988a): *"Differenzierung des Wissenschaftssystems"*, in: Mayntz, R./B. Rosewitz/U. Schimank u.a., Differenzierung und Verselbständigung. Zur Entwicklung gesellschaftlicher Teilsysteme, Frankfurt - New York, 45-115

_____ (1988b): *"Inklusion in Funktionssysteme der modernen Gesellschaft"*, in: Mayntz, R./B. Rosewitz/U. Schimank u.a., Differenzierung und Verselbständigung. Zur Entwicklung gesellschaftlicher Teilsysteme, Frankfurt-New York, 261-293

_____ (1994): *"Berufsbeamtentum und öffentlicher Dienst als Leitprofession"*, in: Dammann, K./D. Grunow/K.P. Japp (Hg.), Die Verwaltung des politischen Systems. Neuere systemtheoretische Zugriffe auf ein altes Thema, Opladen, 207-214

_____ (1995a): *"Zur Theorie der Weltgesellschaft"*, in: Soziale Systeme, Jg. 1, 29-45

_____ (1995b): *"Systemtheorie und Rational Choice Theorie"*, in: Zeitschrift für Soziologie, Jg. 24, H. 6, 395-406

_____ (1996a): *"Science in the System of World Society"*, in: Social Science Information, Vol. 35, N. 2, 327-340

_____ (1996b): *"Variationsmechanismen im Wissenschaftssystem der Moderne"*, in: Soziale Systeme, Jg. 2, H. I, 73-89

_____ (1997): *"Inklusion/Exklusion, funktionale Differenzierung und die Theorie der Weltgesellschaft"*, in: Soziale Systeme, Jg. 3, H. I, 123-136

_____ (1998a): *"Differenz und Integration in der Weltgesellschaft"*, in: Giegel, H.-J. (Hg.), Konflikt in modernen Gesellschaften, Frankfurt a.M., 173-189

_____ (1998b): *"Raum, Region und Stadt in der Systemtheorie"*, in: Soziale Systeme, Jg. 4, H. I, 341-358

_____ (1998c): *"Zur Theorie der politischen Inklusion"*, in: Berliner Journal für Soziologie, Jg. 8, H. 4, 539-547

_____ (1999a): *"Globalisierung von Wirtschaft und Wissenschaft: Produktion und Transfer wissenschaftlichen Wissens in zwei Funktionssystemen der modernen Gesellschaft"*, in: Soziale Systeme, Jg. 5, H. 1, 27-39

_____ (Hg.) (1999b): *Niklas Luhmann. Wirkungen eines Theoretikers. Gedenkcolloquium der Universität Bielefeld am 8. Dezember 1998*, Bielefeld

_____ (2000): *"Systems Theory as an Alternative to Action Theory? The Rise of 'Communication' as a Theoretical Option"*, in: Acta Sociologica, Vol. 43, N. 1, 5-13

_____ (2001): *"Weltreligion oder Weltreligionen?"* in: Soziale Systeme, Jg. 7, H. 1, 118-125

_____ (2002): *"Politik und Weltgesellschaft"*, in: Hellmann, K.-U./R. Schmalz-Bruns (Hg.), Theorie der Politik. Niklas Luhmanns politische Soziologie, Frankfurt a.M., 287-296

Stünzner, L. (1996): *Systemtheorie und betriebswirtschaftliche Organi-*

sationsforschung. Eine Nutzenatzalyse der Theorien autopoietischer und selbstreferentieller Systeme, Berlin

Sutter, T. (1999): *Systeme und Subjektstrukturen. Zur Konstitutionstheorie des interaktionistischen Konstruktivismus*, Wiesbaden

Tacke, V. (1999): "*Wirtschaftsorganisationen als Reflexionsproblem. Zum Verhältnis von Neuem Institutionalismus und Systemtheorie*", in: Soziale Systeme, Jg. 5, H. 1, 55-81

Taschwer, K. (1996): "*Science as System vs. Science as Practice: Luhmann's Sociology of Science and Recent Approaches in Science and Technology Studies (STS) — a Fragmentary Confrontation*", in: Social Science Information, Vol. 35, N. 2, 215-232

Ternes, B. (1999): *Invasive Introspektion. Fragen an Niklas Luhmanns Systemtheorie*, München

Teubner, G. (1987a): "*Episodenverknüpfung. Zur Steigerung von Selbstreferenz im Recht*", in: Baecker, D./J. Markowitz/R. Stichweh u.a. (Hg.), Theorie als Passion. Niklas Luhmann zum 60. Geburtstag, Frankfurt a.M., 423-446

_____ (1987b): "*Hyperzyklus in Recht und Organisation. Zum Verhältnis von Selbstbeobachtung, Selbstkonstitution und Autopoiese*", in: Haferkamp, H./M. Schmid (Hg.), Sinn, Kommunikation und soziale Differenzierung. Beiträge zu Luhmanns Theorie sozialer Systeme, Frankfurt a.M., 89-128

_____ (1989): *Recht als autopoietisches System*, Frankfurt a.M.

_____ (1995): "*Wie empirisch ist die Autopoiesis des Rechts?*", in: Martinsen, R. (Hg.), Das Auge der Wissenschaft. Zur Emergenz von Realität, Baden-Baden, 137-155

_____ (1999) : "*Eigensinnige Produktionsregimes: Zur Ko-evolution von Wirtschaft und Recht in den varieties of capitalism*", in: Soziale Systeme, Jg. 5, H.l, 7-25

_____ (2001): "*Soziale Ungleichheit zwischen den Geschlechtern — kein Thema innerhalb der Systemtheorie*", in: Knapp, G.-A./A. Wetterer (Hg.), Soziale Verortung der Geschlechter. Gesellschaftstheorie und feministische Kritik, Münster, 288-316

Thomas, G. (2001): "*Die Unterscheidung der Trinität und die Einheit der Kontingenzformel Gott*", in: Soziale Systeme, Jg. 7, H. I, 87-100

Thome, H. (1973): *Der Versuch die "Welt" zu begreifen. Fragezeichen zur*

Systemtheorie von Niklas Luhmann Frankfurt a.M.

Treptow, R. (2002): "*Ordnungsbegehren. Zurn Schematismus von Exklusion und Inklusion*", in: Neue Praxis, Jg. 32, H. 2, 194-202

Tudyka, K. (1989): "'*Weltgesellschaft*' — *Unbegriff und Phantom*", in: Politische Vierteljahresschrift, Jg. 30, H. 3, 503 - 508

Twenhöfel, R. (1992): "*Zum Vergleich von Theorie sozialer Systeme und Handlungstheorie. 'Fruchtbarkeit' als Kriterium der Beurteilung von Theorien*", in: Schweizerische Zeitschrift für Soziologie, Jg. 18, H. 2, 461-489

_____ (1994): "*Psyche und soziale Systeme. Über einen neuen Versuch des Reduktionismus, den Zusammenhang von Subjekt und sozialem System zu bestimmen*", in: Schweizerische Zeitschrift für Soziologie, Jg. 20, H. 2, 505-518

Tyrell, H. (1978): "*Anfragen an die Theorie der gesellschaftlichen Differenzierung*", in: Zeitschrift für Soziologie, Jg. 7, H. 2, 175-193

_____ (1983): "*Zwischen Interaktion und Organisation I: Gruppe als Systemtyp*", in: Kölner Zeitschrift für Soziologie und Sozialpsychologie, Sonderheft 25, 75-87

_____ (1987): "*Romantische Liebe* — *Überlegungen zu ihrer 'quantitativen Bestimmtheit*'", in: Baecker, D./J. Markowitz/R. Stichweh u.a. (Hg.), Theorie als Passion. Niklas Luhmann zum 60. Geburtstag, Frankfurt a.M., 570-599

--- (1988): "*Systemtheorie und Soziologie der Familie — Ein Überblick. Teil I: Soziologische Systemtheorie und Familie*", in: System Familie, Jg. 1, H. 4, 207-219

_____ (1989): "*Systemtheorie und Soziologie der Familie — Ein Überblick. Teil II: Systemtheoretisches Gedankengut in der Familiensoziologie*", in: System Familie, Jg. 2, H. 2, 110-126

_____ (1998): "*Zur Diversität der Differenzierungstheorie. Soziologiehistorische Anmerkungen*", in: Soziale Systeme, Jg. 4, H. 1, 119-149

Vaccarini, I. (1985): "*Die phänomenologische Grundlage der Mikro-Makropolarität in Niklas Luhmanns 'Soziologischer Aufklärung*'", in: Annali di Sociologia, Vol. 1, 244-258

Wagner, G. (1992): "*Vertrauen in Technik*", in: Zeitschrift für Soziologie, Jg. 23, H. 2, 145-157

_____ (1994): "*Am Ende der systemtheoretischen Soziologie. Niklas Luhmann und die Dialektik*", in: Zeitschrift für Soziologie, Jg. 23, H. 4, 275-291

_____ (2000): "*Der Kampf der Kontexturen im Superorganismus Gesellschaft*", in: Merz-Benz, P.U./G. Wagner (Hg.), Die Logik der Systeme. Zur Kritik der systemtheoretischen Soziologie Niklas Luhmanns, Konstanz, 199-223

_____ /H. Zipprian (1992): "*Identität oder Differenz? Bemerkungen zu einer Aporie in Niklas Luhmanns Theorie selbstreferentieller Systeme*", in: Zeitschrift für Soziologie, Jg. 21, H. 6, 394

_____ (1998): "*Niklas Luhmanns Gesellschaft der Gesellschaft und ihre Bedeutung für die Wissenschafts- und Technikforschung*", in: Rechtshistorisches Journal, Bd. 17, 574-588

Walger, G. (1995): "*Chancen und Folgen der Irritation in der systemischen Unternehmensberatung*", in: Ders..(Hg.), Formen der Unternehmensberatung. Systemische Unternehmensberatung, Organisationsentwicklung, Expertenberatung und gutachterliche Beratungs-tätigkeit in Theorie und Praxis, Koln, 301-322

Walger, G./F. Schencking (1999): "*Dienstleistungen und ihre Beschreibung*", in: Soziale Systeme, Jg. 5, H. 1, 125-136

Walker, M. (1991): "*Niklas Luhmanns Religion der Gesellschaft*", in: Sociologia Internationalis, Jg. 29, 149-157

Weber, G./F. Hillebrandt (1999): *Soziale Hilfe — Ein Teilsystem der Gesellschaft? Wissenssoziologische und systemtheoretische Überlegungen*, Wiesbaden

Weber, S. (1997): "*Doppelte Differenz. Schritte zu einer 'konstruktivistischen Systemtheorie der Massenkommunikation'*", in: Medien Journal, Jg. 21, H. 1, 34-43

Weinbach, C. (2004): *Systemtheorie und Gender. Das Geschlecht im Netz der Systeme*, Wiesbaden

Weinberger, O. (1993): "*Moral als Dual-Code? Kritische Anmerkungen zu Luhmanns Theorie der Moral*", in: Rechtstheorie, Bd. 24, H. 3, 261-280

Weischenberg, S. (2000): "*Luhmanns Realität der Massenmedien. Zu Theorie und Empirie eines aktuellen Objektes der Systemtheorie*", in: Gripp-Hagelstange, H. (Hg.), Niklas Luhmanns Denken. Interdisziplinäre Einflüsse und Wirkungen, Konstanz, 157-178

Weiss, J. (1977): "*Legitimationsbegriff und Legitimationsleistung der Systemtheorie Niklas Luhmanns*", in: Politische Vierteljahresschrift, Jg. 18, H. 2/3, 74-85

Welker, M. (Hg.) (1985): *Theologie und funktionale Systemtheorie. Luhmanns Religionssoziologie in theologischer Diskussion*, Frankfurt a.M.

_____ (1993(2)): "*Einfache oder multiple doppelte Kontingenz? Minimalbedingungen der Beschreibung von Religion und emergenten Strukturen sozialer Systeme*", in: Krawietz, W./M. Welker (Hg.), Kritik der Theorie sozialer Systeme. Auseinandersetzungen mit Luhmanns Hauptwerk, Frankfurt a.M., 355,.370

Wenzel, U. (1999): "*Die Realität der Massenmedien*", in: Soziologische Revue, Jg. 22, H. 1, 46-56

Werber, N. (1990): "*Literatur als System? Anmerkungen zu Siegfried J. Schmidts Buch über 'Die Selbstorganisation des Sozialsystems literatur im 18. Jahrhundert'*", in: Weimarer Beitrage, o. Jg., H. 36, 1192-1198

_____ (1992): *Literatur als System. Zur Ausdifferenzierung literarischer Kommunikation*, Opladen

_____ (1996): "*Niklas Luhmann, '"Die Kunst der Gesellschaft'. Nur Kunst ist Kunst*", in: Soziale Systeme, Jg. 2, H. 1, 166-177

_____ (1998): "*Raum und Technik. Zur medientheoretischen Problematik in luhmanns Theorie der Gesellschaft*", in: Soziale Systeme, Jg. 4, H. I, 219-232

_____ (2000): "*Medien der Evolution. Zu Luhmanns Medientheorie und ihrer Rezeption in der Medienwissenschaft*", in: de Berg, H./J. Schmidt (Hg.), Rezeption und Reflexion. Zur Resonanz der Systemtheorie Niklas Luhmanns außerhalb der Soziologie, Frankfurt a.M., 322-360

Werner, P. (1993(2)): "*Soziale Systeme als Interaktion und Organisation. Zum begrifflichen Verältnis von Institution, Norm und Handlung*", in: Krawietz, W./M. Welker (Hg.), Kritik der Theorie sozialer Systeme,. Auseinandersetzungen mit Luhmanns Hauptwerk, Frankfurt a.M., 200-214

Wetzel, M. (1992): "*Was kann heutzutage 'Ontologie' heißen? Ansatz zu einer integrativen Betrachtung*", in: Deutsche Zeitschrift flir Philosophie, Jg. 40, H. 3, 207-224

Weyer, J. (1994): "*Wortreich drumherumgeredet: Systemtheorie ohne Wirk-

lichkeitskontakt", in: Soziologische Revue, Jg. 17, H. 2, 139-146

Wieland, J. (1988): *"Die Wirtschaft als autopoietisches System. Einige eher kritische Überlegungen"*, in: Delfin, Jg. 10, 18-29

Willke, H. (1987a): *"Differenzierung und Integration in Luhmanns Theorie sozialer Systeme"*, in: Haferkamp, H./M. Schmid (Hg.), Sinn, Kommunikation und soziale Differenzierung. Beiträge zu Luhmanns Theorie sozialer Systeme, Frankfurt a.M., 247-274

_____ (1987b): *"Strategien der Intervention in autonome Systeme"*, in: Baecker, D./J. Markowitz/R. Stichweh u.a. (Hg.), Theorie als Passion. Niklas Luhmann zum 60. Geburtstag, Frankfurt a.M., 333-361

_____ (1994): *"Staat und Gesellschaft"*, in: Dammann, K./D. Grunow/ K.P. Japp (Hg.), Die Verwaltung des politischen Systems. Neuere systemtheoretische Zugriffe auf ein altes Thema, Opladen, 13-26

_____ (1999(3)): *Systemtheorie II: Interventionstheorie. Grundzüge einer Theorie der Intervention in komplexe Systeme*, 3. bearb. Aufl., Stuttgart

_____ (2000a): *"Die Gesellschaft der Systemtheorie"*, in: Ethik und Sozialwissenschaften, Jg. 11, H. 2, I95-209

_____ (2000b(6)): *Systemtheorie I: Grundlagen. Eine Einführung in die Grund-probleme der Theorie sozialer Systeme*, 6. Überarb. Aufl., Stuttgart

_____ (2001(3)): *Systemtheorie III: Steuerungstheorie. Grundüuge einer Theorie der Steuerung komplexer Systeme*, 3. Aufl., Stuttgart

Wils, J.-P. (1991): *"Die vagabundierende Religion"*, in: Sociologia Internationales, Jg. 29, H. 2, 141-147

Wimmer, R. (1999): *"Wider den Veranderungsoptimismus. Zu den Möglichkeiten und Grenzen einer radikalen Transformation von Organisationen"*, in: Soziale Systeme, Jg. 5, H. 1, 159-180

Wirtz, T. (1999): *"Entscheidung. Niklas Luhmann und Carl Schmitt"*, in: Koschorke, A.IC. Vismann (Hg.), Widerstände der Systemtheorie. Kulturtheoretische Analyse zum Werk von Niklas Luhmann, Berlin, 175-197

Wittenbecher, I. (1999): *Verstehen ohne zu verstehen. Soziologische Systemtheorie und Hermeneutik in vergleichender Differenz*, Wiesbaden

Wobbe, T. (2000): *Weltgesellschaft*, Bielefeld

Wohlrab-Sahr, M. (2001): *"Religionslosigkeit als Thema der Religions-*

soziologie", in: Monatsschrift für Pastoraltheologie zur Vertiefung des gesamten pfarramtlichen Wirkens, Jg. 90, H. 4, 152-168

Zanetti, V. (1988): "*Kann man ohne Körper denken? Über das Verhältnis von Leib und Bewußsein bei Luhmann und Kant*", in: Gumbrecht, H.U./ K.L. Pfeiffer (Hg.), Materialität der Kommunikation, Frankfurt a.M., 280-294

Ziegert, K. A (2000): "*Rechtstheorie, Reflexionstheorien des Rechtssystems und die Eigenwertproduktion des Rechts*", in: de Berg, H./J. Schmidt (Hg.), Rezeption und Reflexion. Zur Rezeption der Systemtheorie Niklas Luhmanns außerhalb der Soziologie, Frankfurt a.M., 93-133

Zielcke, A (1977): "*System und funktionale Methode bei Niklas Luhmann*", in: Archiv für Rechts- und Sozialphilosophie, Jg. 63, H. 1, 105-128

Ziemann, A (1998a): "*Die eingeschlossenen Ausgeschlossenen. Zur Problematik funktionaler Totalinklusion im Rahmen des Strafvollzugsgesetzes*", in: Soziale Systeme, Jg. 4, H. 1, 31-57

_____ (1998b): Interaktionen, der Raum und die Sinne, in: Simmel Newsletter, Jg. 8, H. 1, 54-68

_____ (2002): "*Perzeption, Interaktion und die Ökologie der Gesellschaft — eine systemtheoretische Suche nach den Sinnen*", in: Österreichische Zeitschrift für Soziologie, Jg. 27, H. 2, 69-86 Zimmermann, K. (1989): Die Abschaffung des Subjekts in den Schranken der Subjektphilosophie, in: Das Argument, Jg. 31, H. 6, 855-870

Zolo, D. (1985): "*Reflexive Selbstbegründung der Soziologie und Autopoiesis*", in: Soziale Welt, Jg. 36, H. 4, 519-534

인명 색인

Ahlemann 88

Ahlemeyer 29

Alber 87

Albert 95

Albrecht 88

Al-Roubaie 87, 91

Ammassar 37

Anderson 135

Ardigo 164

Arnold 87

Aschke 67, 109

Baecker 35, 52, 55, 60, 67, 70, 87, 91, 95, 98, 109, 125, 135, 137, 169, 174

Bahrenberg 95

Baier 37

Backen 91

Balke 34

Bango 95

Baraldi 18

Barben 19, 87

Bardmann 18, 87, 174

Bassler 87

Bauch 87

Baum 100

Beckenbach 87

Becker 17, 75, 88

Bednarz 37

Beermann 45, 55, 170

Beetz 91, 109, 123

Bendel 18, 105, 111, 119

Bender 100, 152

Berger, J. 75, 170, 179

Berger, P.A. 35

Berghahn 88

Berghaus 17, 67, 87

Bergmann, J. 88

Bergmann, W. 98, 125

Bette 63

Beyer 87, 95

Beyerle 87

Beyme 100, 164, 170

Bieling   91, 95, 123, 125

Blankenburg   87

Bode   87

Bohn   50, 125

Bohnen   45, 67, 72

Bolsinger   87

Bommes   125

Bonacker   88

Bora   125

Borger   87

Brandt   152

Breuer   37, 95, 100, 170, 182

Briegleb   125

Brill   87

Brodbeck   87

Brodocz   87, 123

Brosziewski   18

Brunkhorst   95

Buchholz   63, 70

Bühl   34, 61, 87, 119, 139, 169, 171, 181

Buhrow   125

Burger   37

Buß   86

Bußhoff   12, 87, 180

Calhoun   87

Christis   53

Christodoulidis   87

Clam   67, 149, 152, 165

Corsi   18, 87, 109

Dallmann   18, 86, 87

Damerow   78

Dammann   91

de Berg   87, 170

Deflem   88

Demirovic   170

di Fabio   125

Disselbeck   87

Dobbelaere   87

Dotzler   87

Dreier   87

Drepper   87, 125

Droste   87

Druwe   87, 170

Dür   18

Dunsire   170

Dziewas   64

Eirmbter   29, 124

Eley   34, 170

Ellrich   34, 67, 125, 128, 152

Englisch   152

Esposito   18, 87, 100, 120, 135

Esser　39, 123, 170, 181

Fach　174

Filippov　35, 95

Firsching　94

Flasch　175

Foerster　67

Fohnnann　87

Friedrichs　37, 94

Fritscher　37

Fuchs, P.　18, 54, 63, 87, 88, 94, 95, 121, 135, 153, 169

Fuchs, S.　100, 125

Füllsack　182

Gabriel　91

Ganssmann　78, 87, 94, 179

Gause　87

Gehring　100

Gerhards　37, 52, 75, 98

Giegel　67, 100, 123, 128, 170, 176

Giesecke　87

Gilgemann　37, 87

Gizewski　56

Göbel　19, 27, 53, 87, 125, 159

Götke　53

Grathoff　164, 174

Greshoff　34, 71, 180

Greven　171

Grimm　170

Gripp-Hagelstange　18, 43, 87, 144, 153, 178, 179

Gromitsaris　78

Groothoff　87

Groys　87

Grünberger　27, 54, 67, 91

Grundmann　29

Grunow　91

Gumbrecht　87, 135

Habermas　34, 94, 100, 142, 153, 170

Haferkamp　123, 170

Hahn, A.　29, 34, 44, 50, 53, 71, 87, 100, 124, 125

Hahn, M.　100

Halfmann　29, 124, 125

Harrison　88

Hauck　48, 128

Hegselmann　37, 94

Heidenescher　29, 70, 88

Hejl　179

Hellmann 87, 88

Helmstetter 52, 98

Henning 135

Hemes 91

Hillebrandt 87

Hiller 29

Hochgemer 29

Hochschild 87

Höhn 87

Hörisch 174

Hohm 17, 45, 54, 66, 75, 78, 87, 88, 91, 123, 125

Holl 135, 139

Holzer 46, 87

Hondrich 75

Hornung 67

Horster 18, 37, 78, 135

Hüttenmann 52, 98

Hutter 87, 123, 169

Jäger 87

Jahraus 87, 109, 150

Japp 29, 91, 124

Joerges 174

Kargl 60, 70, 87

Karle 87

Kastl 152

Kasuga 87

Kemper 56

Khurana 63, 150

Kieserling 39, 67, 87, 88, 121

King 87, 88

Kirsch 91

Kiss 17, 27, 176

Kleve 87

Kneer 17, 27, 50, 54, 67, 68, 71, 91, 117, 121, 124, 128, 137, 170

Knodt 170

Knorr-Cetina 182

Knyphausen 91

Kößler 95

Kött 87

Kohring 87

Konopka 63, 124

Koschorke 52, 109

Krämer 161

Kraft 68

Krause 19, 159

Krawietz 87, 123

Kretzschmar 87

Krieger 18, 63, 71, 94, 112

Kronauer 125, 129

Krüger 55

Künzler 78, 86, 87

Kuhm 35, 95, 125

Kurtz 109, 123, 128

Ladeur 87, 123, 142
Laermans 87
Lamprecht 18
Lange, H. 87
Lange, S. 78, 83
Lauermann 135, 174
Lechner 100
Leflaive 91
Lenzen 87
Leupold 58
Lewis 128
Leydesdorff 182
Lieckweg 91, 94, 109, 123
Linduschka 142
Lipp 30, 164
Lohmann 34
Ludewig 119
Maciejewski 170
Mackert 125
Mahlmann 88
Mai 124
Malowitz 125
Marcinkowski 87
Maresch 95
Marius 150
Markowitz 63, 67, 72

Marshall 100
Martens 67, 109, 123, 170
May 87
Meinberg 87
Menne-Haritz 91
Menzel 128
Merten, K. 87
Merten, R. 87
Merz-Benz 152
Metzner 86, 153
Meyer 87, 91
Miller 46, 87, 117
Misheva 88
Müller 87
Münch 80, 84, 86, 87, 123, 128, 129, 170, 171, 181
Murphy 87
Nahamowitz 87, 124, 170
Narr 75, 95, 169, 170, 179
Nassehi 17, 27, 50, 54, 68, 74, 75, 91, 117, 121, 124, 125, 128, 137, 152, 169, 175
Neckel 129, 170
Nishizaka 87
Nollmann 91, 125
Oberdorfer 45, 87

Oelkers　87

Oexle　46

Offe　87

Ort　87

Otto　75, 170

Papcke　98, 142

Pasero　89

Pfeffer　119

Pfeiffer　18, 67, 72, 109, 180

Pfütze　135, 142, 171

Plumpe　87

Podak　142

Pollack　87, 91

Portele　78

Pottage　100

Prangel　87

Preyer　18, 27, 46, 54, 86, 128

Priban　87

Priddat　87

Priebe　87

Projekt Ideologie-Theorie　37

Rasch　125

Reckwitz　52, 67, 98

Reese-Schäfer　18, 86, 124, 128, 137, 174, 179, 182

Reinhardt-Becker　17, 75, 88

Reiser　174

Rempel　100

Rill　63

Roberts　87

Ronge　87, 124

Rossbach　135, 175

Roth　89

Rotter　87

Rottleuthner　87

Rucht　89

Ruhloff　87

Runze　170, 179

Rustemeyer　152

Saldern　87

Saurwein　87, 123

Scambler　87

Scharpf　87, 124

Schemann　123

Schencking　87

Scherr　87, 125, 175

Schiewek　78

Schimank　46, 75, 87, 91, 117, 123, 124, 125, 170

Schlögl　87

Schloz　87

Schmalz-Bruns　87

Schmidt, B. M.   87

Schmidt, H.   87

Schmidt, H.-B.   12, 34, 93

Schmidt, J.   54, 170

Schmidt, J. F. K.   125

Schmidt, M.   61

Schmidt, S.J.   87

Schneider   67, 68, 70, 71

Schöfthaler   170

Schöps   86

Scholz   87, 121

Schroer   63, 125, 126

Schützeichel   19, 33, 35, 37, 44, 46, 70, 161

Schulte   135, 139, 153, 174, 175

Schulze   87

Schulze-Boeing   77

Schwanitz   87, 169, 174, 178

Schwinn   75, 94, 128, 142, 170

Sens   37, 94

Siegenthaler   46, 87

Sigrist   177

Sill   87, 135

Simon   63, 89

Simsa   109

Sixel   128

Sloterdijk   174

Soentgen   18, 159, 174

Solte   95

Spangenberg   87

Stäheli   81, 125, 135, 179

Stanitzek   67

Stark   18, 117, 123, 164

Stanitzke   177

Stegmaier   128

Stichweh   30, 35, 67, 87, 94, 95, 125, 169

Stünzner   87, 91

Sutter   88

Tacke   87

Taschwer   29

Tenorth   87

Ternes   179

Teubner   46, 87, 89, 123, 128, 169, 180

Thomas   87

Thome   170

Treptow   125

Tudyka   95

Twenhöfel   67

Tyrell   66, 75, 86, 88, 89, 91, 125, 270

Unverferth   77

Vaccarini   34

Verschraegen   87

Vismann   52

Wagner   29, 152

Walger   87

Walker   87

Weber, G.   87

Weber, S.   87

Weigert   128

Weinbach   89

Weinberger   87, 128

Weischenberg   87

Weiss   170

Welker   45, 87

Wenzel   87

Werber   35, 87

Werner   123

Wetzel   153

Weyer   170, 176

Wieland   87

Willke   119, 124, 169, 170

Wils   87

Wimmer   91

Wirtz   128, 170

Wittenbecher   68

Wobbe   95

Wohlrab-Sahr   87

Wolf   129, 170

Zanetti   54

Ziegert   87

Zielcke   37

Ziemann   35, 45, 89, 125

Zimmermann   142, 152

Zipprian   29, 151

Zolo   39

사항 색인

ㄱ

가족 66, 121

가치 19번 각주, 22, 47, 61, 67, 77, 82, 85, 94, 100, 119, 128-130, 173

갈등 39, 66, 77

개념들 146, 179, 180

개념들 - 무차이 146

개방성, 인지적, 인지적 개방성을 볼 것.

개별 소통 56, 68, 71, 97

개연성/비개연성 46, 50; 우발도 볼 것

개인 38, 73-74, 94, 117, 120; 인물, 심리적 체계도 볼 것.

개입 인과성 112; 인과성도 볼 것.

객체 37, 141, 145,

결정 91-92, 111, 117, 124; 대안도 볼 것.

결정 전제 92

경력 126

경제 52, 57-58, 62, 78, 81-82, 90, 106, 114, 121-122

계몽, 사회학적 27, 37-38, 150, 165, 171, 183; 사회학도 볼 것.

계층화된/계층에 적합한 분화, 분화, 계층화된/계층에 적합한을 볼 것.

계획, 조종을 볼 것.

교환관계 33, 106, 111, 124, 163; 투입-산출-관계들, 성과도 볼 것.

공명 118-119

공생적 기제 81, 83

과거 63; 시간도 볼 것

관계/관계화 20, 22, 31, 36, 61, 77, 103-107, 109, 113-115

관찰 - 관찰, 1계/2계 143-144. 관찰자, 맹점, 유표 공간/무표 공간

관찰 18, 19, 29, 77, 86, 92, 98, 100, 135-155

관찰자 18, 29, 35, 74, 112-115, 141-143; 관찰도 볼 것.

교란 47, 60, 63, 74, 98, 110, 118, 160, 176, 183; 정보, 소통도 볼 것.

교육 156번 각주, 77, 81, 121

구분 135-155, 180-181; 관찰, 형식도 볼 것

구성원자격 91, 123, 126

구성주의, 체계이론적 37, 144, 147, 151, 152, 175; 관찰, 인식, 형식, 유표 공간/무표 공간, 실재도 볼 것.

구조 57, 59, 61, 62, 81, 90, 92, 94, 118; 기억도 볼 것.

구조적 표류 109

권력 82, 117, 129

귀속 100번 각주, 29, 35, 45, 64, 70, 74, 90, 112, 142, 144, 179, 182

규범 67, 77, 82, 128-130, 173, 182

기능 33, 36, 37, 76, 81, 82, 104, 113; 등가기능주의, 분화, 기능적, 방법, 기능적, 문제도 볼 것.

기능적 등가물, 등가기능주의를 볼 것.

기능적 분화, 분화, 기능적을 볼 것

기대 44, 45, 91, 118, 124

기술/테크놀로지 29

기억 61, 63, 92, 98; 구조도 볼 것.

ㄴ

논리, 이치적 148, 149

ㄷ

다중심성 76, 115

다체계소속성 121-124

대상, 객체를 볼 것.

대안 92

대중매체 156번 각주, 83, 129

도덕 67, 77, 82, 100, 119, 128-130, 170, 173

외부분화 32, 47, 75, 76, 84, 148

동기 74

동기화 80, 91

동시성 34, 35, 46, 58, 62, 97

동어반복, 역설/동어반복을 볼 것

동일성 31, 65, 68, 111

등가관계 113, 114, 115, 149

등가기능주의 22, 36, 94, 119, 151, 159; 방법, 기능적, 문제도 볼 것.

ㅁ

매체 170번 각주, 29, 33, 35, 45, 52, 57-58, 78-80, 82, 84, 98, 107, 111, 117, 118, 121, 129; 형식. 소통 매체, 상징적으로 일반화된도 볼 것.

맹점 135, 141, 143, 144; 관찰자, 관찰, 자기준거/타자준거를 볼 것.

목적/목적-수단-관계 19번 각주, 22, 28-30, 36, 181; 등가기능주의, 인과성, 방법, 기능적, 가치도 볼 것

무엇-질문 150, 160, 165

문자 47

문제 21, 23, 27, 92; 등가기능주의, 방법, 기능적도 볼 것.

물질성 연속체 112번 각주, 55, 109; 연동도 볼 것.

미래 63, 80; 시간도 볼 것

ㅂ

방법

방법 - 기능적　36-39, 164; 등가기능주의, 문제도 볼 것

방법 - 사이버네틱　37, 151, 163; 관찰도 볼 것.

배제, 포함/배제를 볼 것.

법　28, 31, 49, 66, 81, 122, 136

변이　47; 진화도 볼 것

변환관계　111, 112, 113, 114

보편이론　146, 153; 사회학적 불확실성도 볼 것 44, 91, 92, 120, 124, 171, 172

복잡성　21, 22, 27-35, 47, 58, 106, 147, 163; 의미도 볼 것

복잡성 격차　30

-의 환원/-의 상승　29, 30-33, 47, 163

부분체계　47, 52, 66, 75-77, 81-84, 92, 94, 99, 104, 115, 117, 119, 126, 130, 137, 147, 164

분절적 분화, 분화, 분절적을 볼 것.

분해　64, 124

분화　22, 32, 50, 84, 119, 147

- 계층적/계층에 따른　50, 76-77: 사회, 사회적 체계들도 볼 것.

- 기능적　50, 65-67, 75-77, 94, 118, 124-128

- 분절적　50, 77

- 사회적/사회전체적　22, 50, 53, 75-77

분화 - 중심/주변에 따른　50, 77

블랙박스　45, 89

비대칭　136

ㅅ

사건　47, 50, 52, 56, 57, 97, 182; 요소를 볼 것

사랑　66, 83, 104, 121

사실 차원　19, 35, 78; 의미, 의미차원도 볼 것.

사회　17-23, 52, 66, 67, 75, 76, 81, 90, 94-100, 117-120, 128

사회 분화, 분화, 사회적/사회전체적인을 볼 것.

사회적 구조　53, 81-84, 180

사회적 불평등　27, 118, 179

사회적 차원　19, 35, 47, 50, 150; 의미, 의미 차원들

사회적 체계　100번 각주, 29-30, 56-57, 35-67, 82, 97, 142, 148, 181

사회적 통합(Sozialintegration)　94, 117-120

사회적 행위　29, 38, 44-46, 51; 행위/체험, 사회적 체계도 볼 것.

사회학　37, 54, 165; 계몽, 사회학적, 보편 이론도 볼 것.

상징　78

상징적으로 일반화된 소통 매체, 소통매체, 상징적으로 일반화된도 볼 것

상호작용체계　66, 88-91, 92, 117

상호주관성 38, 65; 주체, 이성도 볼 것

상호침투 71-74, 104, 118, 123

생각 54; 심리적 체계도 볼 것.

생명 54, 81, 95, 149

선택 46; 진화도 볼 것.

선택성 46, 47, 48, 119, 126, 128, 129, 164, 154

성과 60, 66, 76, 84; 등가관계, 구성주의, 체계이론적, 연동, 단단한, 변환관계도 볼 것.

성찰 38, 104-106, 153; 관찰, 인식, 자기관찰/타자관찰

세계 18, 29, 35, 46, 105, 147, 154, 162, 163; 의미도 볼 것.

세계 복잡성 30

세계사회 67

소통 56, 65, 67-71, 91, 94-100, 160.; 정보, 통보, 이해도 볼 것.

소통 매체, 상징적으로 일반화된 76, 79, 119; 일반화, 매체, 상징도 볼 것.

소통적/사회적 사실 65, 66, 67, 76, 00

소통적 이해 100번 각주, 56

순환 43, 140, 145, 163

시간 19, 62, 63, 68, 137, 145, 150; 동시성, 시간성도 볼 것

시간성 56, 57, 58, 62, 68, 71, 90, 97, 137, 139; 지속적 붕괴, 동시성, 시간도 볼 것.

시간 차원 19, 35, 45, 47, 50, 121; 의미, 의미차원도 볼 것

시작/시작함 43, 45, 136, 138

신뢰 119

실재 142, 144-146, 150, 181; 관찰, 인식, 구성주의, 체계이론적도 볼 것.

실체 36, 151

심리적 체계 34, 54, 57, 63-65, 69, 95, 161; 자아/타자, 개인, 인간, 인물도 볼 것.

ㅇ

악마 174

악마적 일반화 80

안정화 47, 68; 진화도 볼 것.

어떻게-질문 112, 142, 144

언어 18, 47, 57, 73, 110, 179; 의미론도 볼 것.

역사적 기계 55

역설/동어반복 38, 39, 47, 72, 119, 137, 139, 140, 143; 관찰, 맹점, 인식, 구성주의, 체계이론적도 볼 것.

역설적, 역설/동어반복을 볼 것.

연결 능력 27, 55, 56, 68, 142

연결 소통 55-63, 71

연동 62, 92, 103, 106; 상호침투도 볼 것.

- 구조적 73, 77, 103, 106, 119, 122, 163: 통합, 상호침투도 볼 것

- 느슨한 57, 103, 106, 163; 상호침투, 변환관계도 볼 것

- 단단한   92, 103, 106; 등가 관계, 성과도 볼 것.
- 작동상   106, 111, 112, 113, 114; 작동상 폐쇄성도 볼 것.
예술   156번 각주 80, 86, 159
완전   100, 164
요소   27, 33, 54, 56, 57, 58, 60, 61, 96. 98, 107, 109, 110, 111, 147, 149; 사건도 볼 것.
우발   44, 46; 개연성/비개연성도 볼 것
우연성   28, 44, 45, 46, 69, 80, 153, 172, 182, 183; 이중 우연성, 선택성도 볼 것.
우연성 공식   76, 80, 119
변환   112
위계   94
위험   29, 118, 124
유표 공간/무표 공간   43, 136, 137, 145, 180; 관찰, 인식, 형식, 실재도 볼 것.
압축   61
의도성   28, 61, 123, 173, 180; 탈의도화, 주체, 이성, 목적도 볼 것.
의미   28, 33-35, 44, 45, 55, 57, 73, 146, 161; 세계도 볼 것
의미 차원들   19, 47, 50, 121, 150; 사실 차원, 사회적 차원, 시간 차원도 볼 것.
의미론   52, 135, 177, 183; 개념들도 볼 것.
의미체계   34, 54, 57, 149
의식, 심리적 체계를 볼 것.
이론들   176; 프로그램/프로그램화도 볼 것

이성   64, 65, 99, 142, 171; 상호주관성, 주체도 볼 것
이중 우연성   44-46, 69, 74, 105; 블랙박스도 볼 것.
이치적 논리, 논리, 이치적을 볼 것
이항적 코드화, 코드/코드화를 볼 것
이해   56, 68, 70, 160; 소통도 볼 것
인간   30, 38, 44, 54, 64, 67, 77, 94, 99, 117, 120, 125, 160; 자아/타자. 개인, 포함/배제, 인물, 심리적 체계도 볼 것.
인과성   29, 33, 92, 107, 112, 173, 182; 목적, 목적-수단-관계도 볼 것.
인물   100번 각주, 57, 66, 67. 69, 73, 89, 91, 106, 110, 121, 123, 162; 자아/타자, 인간, 심리적 체계, 조직체계도 볼 것.
인쇄술   47
인식 - 사회적   74, 관찰자, 관찰, 구성주의, 체계이론적, 유표 공간/무표 공간, 역설/동어반복, 실재도 볼 것.
인식   330번 각주, 36, 37, 145, 152, 165, 178
인식의 교수이론, 구성주의를 볼 것
인지적 개방성   61, 62, 212, 213, 180; 자기생산적 체계도 볼 것.
일반화 - 상징적, 소통 매체, 상징적으로 일반화된을 볼 것.
일반화 - 악마적, 악마적 일반화를 볼 것.
일반화   78

ㅈ

자기 가능화　56, 63, 98, 107; 자기생산적 체계도 볼 것.

자기준거/타자준거　31, 34, 37, 55, 58, 60, 61, 73, 75, 76, 139, 140, 143; 자기생산적 체계도 볼 것.

자기관찰/타자관찰　100번 각주, 39, 70, 129, 138, 142, 143; 관찰, 성찰도 볼 것.

자기단순화　100번 각주, 57, 147, 151

자기면제 금지　153, 170

자기부정　120

자기생산 체계　22, 27, 33, 55-63, 63-67, 96, 147, 154, 165, 180; 인지적 개방성, 작동상 폐쇄성도 볼 것.

자기선택　46, 48, 50, 72, 119

자기성찰, 성찰을 볼 것.

자기유효화　150

자기-자신에-대한-체계-관계'　105, 109, 114: 자기-자신에-대한-체계-관찰'도 볼 것.

자기적응　109

자기준거

자기준거 - 기초적　57, 181

자기준거 - 동반하는　61

자기준거/타자준거

자기준거/타자준거, 구분도 볼 것.

자기함의　126, 152; 관찰자, 관찰도 볼 것.

자아/타자　135번 각주, 35, 44, 63; 인간, 인물, 심리적 체계도 볼 것.

자연　28, 36, 173

자유　48, 89

자율　74, 117, 122, 124, 129, 164
- 작동적, 작동적 폐쇄성을 볼 것.

작동　59, 68, 71, 106, 113, 138, 164

작동상 폐쇄성　59, 60, 97, 114, 121, 124, 129, 147, 152, 164, 180; 자율, 자기생산적 체계, 요소, 사건도 볼 것

작동적 구성주의, 구성주의, 체계이론적을 볼 것

재귀성　63, 104, 114

재-진입　79, 80, 139, 145; 관찰, 형식, 자기관찰, 타자관찰도 볼 것,

재현　80, 99, 164; 차이, 통일성, 전체-부분-도식도 볼 것.

전체-부분-도식　44, 45, 77, 118, 164; 재현도 볼 것.

정보　47, 50, 55, 60, 96; 교란, 소통도 볼 것

정치　55, 81, 86, 119, 122, 124, 129

제도　81

조종　86, 119, 124, 170, 173; 통합, 다중심성, 공명도 볼 것

조직체계　50, 66, 88, 90, 91, 115, 118, 126, 149; 인물도 볼 것.

존속 공식　120

존재/부재　35, 36, 43, 136, 152, 153, 177

존재론　177; 관찰, 인식, 실재, 존재/부재도 볼 것.

종교　156번 각주 75, 99

주제　57, 75, 85

주체 37, 135, 142, 145, 182; 상호주관성, 이성도 볼 것.

준거, 체계준거를 볼 것.

중심/주변, 중심/주변에 따른 분화

지각 44, 45, 47, 60, 64, 89, 104; 심리적 체계도 볼 것

지배 86

지불/비지불 경제를 볼 것

지속적 붕괴 61, 118, 147, 183

지시(Bezeichnung) 136-140; 관찰, 유표 공간/무표 공간, 의미론도 볼 것,

지식 165

지평 29, 31, 33, 35, 85, 97, 107, 161

직교성 84

진리 38, 78, 85, 90, 114, 117, 122, 173; 인식, 학문도 볼 것

진보 48, 50

진화 기제들 50

진화, 사회전체적/사회적 32, 46-53, 75, 78, 99, 119, 148, 166, 173, 183

진화상 성취 182번 각주, 46, 84, 166

ㅊ

차이 65, 68, 77, 79, 99, 136, 146, 149

창발 45, 46, 50, 54, 72, 74, 98, 165, 166, 182

체계
- 사회적, 사회적 체계를 볼 것
- 심리적, 심리적 체계를 볼 것
- 자기생산적, 자기생산적 체계도 볼 것
- 폐쇄적/개방적 32, 55

체계 경계 31, 33, 114, 120

체계 관계들 104, 112, 147, 177; 자기생산적 체계, 통합, 상호침투, 연동, 다체계소속성, 체계-환경-이론, '자기-자신에-대한-체계-관계', 체계-대-체계-관계도 볼 것

체계 구분들 53, 55, 77, 177; 사회적 체계도 볼 것

체계 복잡성 31

체계 소속성 90, 115, 121

체계/환경-차이 30, 105, 109, 121

체계/환경-이론 33, 154, 163

체계/환경-구분 136 ;체계-환경-관계, 체계-환경-차이를 볼 것

체계/환경-차이도 볼 것.

체계-대-체계-관계 105-106, 109

체계이론 17, 146

체계이론적 통합 66, 77, 94, 117; 상호침투, 연동도 볼 것.

체계준거 103, 115, 122

체험 행위/체험을 볼 것.

친밀체계 66, 90

ㅋ

코드/코드화 47, 48, 50, 52, 60, 75, 76, 79,

80, 82, 84-87, 128, 130, 142

ㅌ

타자생산 체계 54, 55

탈의도화 28

탈이데올로기화 28

통보 68, 70; 행위, 소통, 소통적 행위도 볼 것.

통일성(동일성) 79, 71, 79, 99, 100, 136, 145, 149, 162 차이도 볼 것.

- 작동적 34

투입-산출-관계 29, 112; 교환관계도 볼 것.

ㅍ

패러다임 전환 18, 455, 159

평범한 기계 55;

폐쇄성; 작동적 폐쇄성, 체계, 폐쇄적, 개방적을 볼 것

폐쇄적/개방적 체계; 인지적 개방성, 작동적 폐쇄성, 체계, 폐쇄된/개방적, 체계-환경-이론을 볼 것.

포함/배제 50, 77, 94, 124, 162

프로그램/프로그램화 67, 76, 84; 조종도 볼 것.

ㅎ

학문 66, 77, 85, 153

합리성 77, 120, 124; 성찰, 재귀성, 자기관찰/타자관찰, '자기-자신에-대한-체계-관찰'도 볼 것.

항의 156번 각주, 75, 77

해체 47, 165

행동, 행위/체험을 볼 것

행위/체험 170번 각주, 28, 35, 44, 47, 69, 78, 89, 104, 123, 129, 160, 161, 177

행위자 123, 177, 181; 행위, 인물도 볼 것.

행위체계 30, 161, 178; 행위/체험도 볼 것.

현실; 소통적/사회적, 소통적/사회적 현실도 볼 것

현재; 시간을 볼 것.

형식 9, 13, 19, 20, 48, 64, 88ff., 105; 매체도 볼 것

화폐; 경제를 볼 것.

확인 45, 61

환경 22, 29, 30, 46, 37, 77, 80; 체계/환경-차이도 볼 것

환경 복잡성 32

환경 적응성 62, 95, 111; 자기생산적 체계

환자 치료 124번, 156번 각주, 66, 75

횡단 137; 형식, 유표 공간/무표 공간도 볼 것